城市中国

# 中国式社区

王德福 著

CHINESE STYLE COMMUNITY

中国人民大学出版社
·北京·

# 序
## 理解中国式城市社区治理现代化

王德福博士的大作即将出版，嘱我为之写序。对此，我内心颇有些惶恐，因为不管是从资历上还是从学识上都怕难以锦上添花。幸得王德福博士信任，他再三让我放手大胆去写，我就恭敬不如从命了。王德福博士既是我的师兄，也是多年一起穿梭于城市田野以推进城市社区治理研究的"战友"。每当读到书中鲜活的概念和解释体系，我脑海中就会浮现出当时田野现场讨论的场景。本书既是王德福博士近十年来持续深耕城市社区治理研究的成果结晶，也是一部理解中国式城市社区治理现代化经验与方向的力作。

何谓中国式城市社区治理现代化？这里的关键在于对"中国式社区"的理解。"社区"这一概念本身来源于德国社会学家滕尼斯于1887年出版的著作 *Gemeinschaft und Gesellschaft*，该书后来由美国学者查尔斯·罗密斯翻译为 *Community and Society*，对应的中文译本为《共同体与社会》。中文的"社区""共同体"概念对应的都是英文的 community。2000 年 11 月，中共中央办公厅、国务院办公厅转发《民政部关于在全国推进城市社区建设的意见》，由此社区建设在全国轰轰烈烈地展开，这也标志着"社区"这一学术概念正式被吸纳为我国城市社区治理建制的一部分。"社区"这一词虽然是舶来品，但是在创新性地被吸纳为城市基层政权建设的一部分后，便具有了独特的内涵和生命轨迹。

纵览社区建设推进二十余年来的学界努力，城市社区治理的研究主要有两条路径：一是从理论出发的社区治理研究，这类研究多以西方的共同体理论、民主与自治理论等为参照系，来透视中国社区治理经验，并加以扬弃，进而推动中国社区治理现代化改革；二是从实践出发的社区治理研究，这类研究旨在理解我国社区治理实践本身的经验逻辑以及存在的问题，进而尝试对中国特色的社区治理体制和机制进行本土理论化的提炼。前一类社区治理研究可以说是二十余年来学界研究的主流，但目前已进入研究的瓶颈期，陷入学术研究表面繁荣的内卷化状态。后一类社区治理研究尚为学界研究的细流，力量虽小却饱含生命力与希望。王德福博士的著作则是典型的从实践出发的城市社区治理研究路径。在党中央提出"加快构建中国特色哲学社会科学"的战略任务的时代背景下，《国家"十四五"时期哲学社会科学发展规划》指出坚持以中国传统、中国实践、中国问题作为学术话语建构的出发点和落脚点。因此，我们可以乐观地期待下一个二十年，从实践出发的城市社区治理研究路径将有极大可能从涓涓细流发展为学界研究的主流。

围绕着对中国式城市社区治理现代化问题的理解，在我看来王德福博士主要从以下三个维度做出了原创性的探索：

其一，空间的维度。他将中国式小区的特征概括为由集合式建筑空间和高密度居住空间形成的社会空间单元，这一点在与西方国家城市住宅空间形态做比较时就会更为凸显。他在书中也提到美国和日本分别在2001年和2008年的数据，二者独栋独立式住宅的比例分别超过70%和90%。这与我2018年12月在英国伦敦和2019年4月在日本东京、京都、大阪、奈良等多个城市漫步时的所见一致。这些城市的住宅以低矮的独栋或联排建筑居多，极少有中国式大规模中高层封闭式小区。中国式小区空间有两个值得讨论的特点：一是空间的公私边界与性质。我发现英国伦敦城市住宅空间形态公私边界清晰，对应的是国家与社会的二元边界，由此我们就能理解西方国家与社会二元关系下的所谓公民社会理论的经验基础了。而中国式城市住宅空间形态则是公共—半公半私—私人的三元互动关系。二是空间的密度与规模。

其二，社会的维度。理解中国式社区的内涵，离不开对中国城市陌生人社会关系与行为逻辑的结构化提炼。相较于传统村庄熟人社会内部信息对称，只要访谈若干关键人物，就能迅速对村庄社会整体进行结构化提炼，作为陌生人社会城市社区的基础底色则是信息不对称，干群之间、邻里之间彼此都不甚熟悉，这也加大了田野调查的难度。因此，学界目前关于我国都市社会性质本身的研究总体上比较薄弱，缺乏对本土化概念和理论的建构。王德福博士的著作已经开始有意识地去推进对我国城市陌生人社会关系与行为逻辑的理解，如所提出的高密度陌生化小区下的复杂邻里、积极分子、消极分子等概念都很有启发性。

其三，治理的维度。中国式城市住宅的空间性质和社会性质，是社区治理现代化改革的基础。我国社区治理的内容主要包含两个部分。一是以社区"两委"为核心的关于社区治理组织性质的讨论，以及关于社区治理体制与机制的探讨。社区建设先后经历的几轮社区治理改革创新也都是围绕此问题展开的。社区在西方社会更多是一个文化性概念，而在中国社会却成为一个治理性概念。王德福博士在著作中提出的"主辅结构""简约治理""混合式激励""人格化自治"等便是在尝试对中国特色社区治理体制与机制运转逻辑进行本土化理论提炼。二是住宅小区内以物业管理与业主自治为核心的社会治理领域。随着城市化的发展，物业管理纠纷目前已经成为城市治理的痛点，业主自治常常陷入失灵的状态。由于建筑物区分所有权、业主自治与物业管理制度引入中国的时间还比较短，制度发育还不够成熟，却又涉及中国城市住房未来能否"养老"的问题，利益重大，立足本土经验的研究迫在眉睫。王德福博士对物业管理和业主自治为何陷入集体行动困境做了深入分析，并提出了"组织催化合作"的破解路径。

经过近十年的开拓与积累，我们已经从以上三个维度对中国式社区治理现代化的内涵展开了一定的原创性探索研究。面对汹涌的数字化浪潮，数字媒介技术也在快速应用于城市社区中，这会对城市陌生人邻里社会的交往与互动带来什么影响？又会对城市社区治理和业主自治带来什么样的增量？如社区居民微信群、业主微信群、楼栋微信群等多层次微信群的建立，将城市陌生邻里虚拟组织起来，是否会再造一种新的城市网络邻里形态？电子在线投票技术的应用，是否会改变业委会选举和业主自治的机制？当前互联网的发展已经成为社会运转的底层架构，也已经基础设施化了，学术研究需要对被技术再造的新的城市邻里社会形态和治理形态进行回应。因此，未来对城市社区治理的研究需要增加技术的维度，分析技术—社会—治理的互动关系。

中国社会正处于快速转型期，社会问题层出不穷，社会经验不断更新，这就需要我们不断走向田野，在田野的灵感中推进对中国式城市社区治理现代化的认识和理论化提炼，为构建中国特色社区治理理论体系和学术话语体系的远期目标而努力。

张雪霖

2024 年 1 月 14 日

# 目 录

## 第一章 中国式社区：空间与结构

一、空间基础……2

二、社会性质……14

三、社区基层组织……21

四、积极分子……34

五、街居治理共同体……41

## 第二章 社区治理体系：组织与制度

一、社区居委会：行政性与自治性……53

二、社区工作者……60

三、社区服务：需求与供给……70

四、社区自治：空间与事件……80

五、业主自治……90

**第三章　社区治理实践：策略与原则**

　　一、社区动员策略……109

　　二、模糊化运作策略……133

　　三、简约治理原则……142

**第四章　社区治理实践：服务与自治**

　　一、社区服务供给与协作机制……162

　　二、物业纠纷发生与化解机制……170

　　三、集体行动与业主自治……190

　　四、人格化自治体系……198

**第五章　社区治理实践：群体激励与干部培养**

　　一、积极分子及其激励机制……213

　　二、消极分子及其约束机制……231

　　三、新生代社工与干部培养路径……249

**第六章　社区治理现代化：定位与路径**

　　一、社区治理现代化……271

　　二、党建引领……294

三、自治融合……317

# 第七章 结语：迈向治理共同体

一、社区建设二十年……346

二、社区建设双重目标……351

三、社区建设的"强服务弱治理"……356

# 后 记

一、中国式社区的提出……370

二、中国式社区的问题与前途……373

三、社区治理共同体……375

四、结语……378

# 第一章
## 中国式社区：空间与结构

"社区"前面加上"中国式"的定语，意在强调社区治理的国情基础。这里的"国情基础"可以大致从四个维度理解：

一是空间维度，即社区的空间载体。城市空间具有高度建构性，当下中国社区的空间形态与住房制度改革以来的房地产业发展紧密相关。2000年启动的城市社区建设，某种意义上也是因应城市空间重组而进行的国家治理单元重构。城市社区的空间基础就是住宅小区。现实中，住宅小区类型多样，也存在较大内部差异。其中，商品房小区是最主要的类型。笔者用集合住宅和围合空间来概括商品房小区的空间形态特点。某种意义上，空间形态决定性地塑造了社区社会性质。

二是社会维度，即社区社会性质，其特点可概括为大规模陌生人社群。笔者在本章重点强调高密度居住和复杂邻里两个方面。高密度，决定了居住群体规模较大，由其引发的拥挤效应会放大社群生活对个体的影响，也会放大日常细微摩擦的负面效应。复杂邻里旨在强调，邻里关系中互动深度的浅层化与关系形态本身的复杂化是并存的，这要求人们在小区里居住与生活必须重新学会与邻里相处。

三是结构维度，即社区治理主体形成的相对稳定的互动形态。我们要看到社区治理主体多元化的基本现实，但并不能就此简单地认为形成了多元共治格局。实际上，在真实的社区治理逻辑中，各主体并非均质化的，而是呈现出有主有辅、主辅互补的样态，笔者称之为主辅结构。笔者还特意将"积极分子"这个主体单独呈现出来，并将在全书不同部分反复探讨其在社区治理中的关键作用。

四是体制维度。从治理体制或者说治理体系来看，社区与街道是两个不可分割的整体，构成完整的城市基层治理单元。社区治理的诸多重要特点只有放置在街居体系中才能得到恰切的理解。也只有将街居视为体制上的基层治理共同体，才能更恰切地探讨社区治理现代化问题。

# 一、空间基础

## 1. 居住的革命

如果要评选 21 世纪以来最影响中国人生活的事件，住房制度改革肯定位列其中。1998年，我国实行了近40年的住房实物分配制度终结。2003年，国家提出让多数家庭购买或承租普通商品住房，将大多数家庭的住房需求推向了市场。也是在这一年，房地产业被正式确立为国民经济支柱产业，房地产业由此进入高速发展期，城市居民居住条件迅速改善。2000年，我国城市居民人均居住面积为10.25平方米，2020年达到36.52平方米，户均92.17平方米。居住面积增加虽然不是居住条件改善的全部，但无疑是影响居住舒适度的基础因素，它意味着人们可以选择更加丰富自由的居住模式。

居住模式的改变是全方位的，几乎就是一场生活方式的"革命"，其内涵可以从家庭与社会两个层面来认识。

在家庭层面，居住面积增加意味着室内功能空间更加完善，多居室满足了家庭成员更加私密的居住需求，更多家庭可以实现老年人与成年子女的居住分离，改变了居住紧张条件下几世同堂的生活困窘，缓和和减少了家庭冲突。不过，这也会产生代际疏离和老年人照料缺失的问题。

在社会层面，我们可以从以下四个方面理解：

一是社会的陌生化。福利分房时代，相同的住宅来源途径促成了大量单位小区的形成，户籍制度和获取住房的依附性又将人们的迁移能力降到最低，小区很容易因此产生长期且稳定的社会交往，进而形成地缘关系与业缘关系相融合的熟人社会。住房市场化赋予人们购房自主权，家庭的购买力几乎成为决定小区居住群体构成的唯一因素，职业、地域、年龄等身份属性高度异质化，由此形成的新型居住小区完全成为陌生人社会。老旧小区也在发生着住房交易和社会流动，天天打照面的老邻居慢慢消失，陌生面孔越来越多，甚至有的还没来得及混个脸熟，就又换了新人，居民间的熟悉程度大大下降。以往，邻居之间可以熟悉到对彼此的家庭关系、内部矛盾了然于胸，现在则几乎连邻居的名字都难以知晓。

二是邻里纠纷的变化。成套住宅的功能完备性使得居家生活的个体自主性空前增强，人们很少再需要找邻居借油盐酱醋，帮忙看孩子、照顾宠物，家庭生活的私密性无限放大，以前共用厨卫带来的频繁互动，包括争吵与纠纷都消失了。与此同时，共用小区电梯、绿地等共有设施和公共空间引发的矛盾纠纷则不断增多。不同群体工作节奏和生活节律的差异，使大家生活行动的时间分布无法统一，老年人要早起锻炼身体，年轻人却习惯晚起，老人们在小区里放着音乐打太极拳、跳广场舞都可能引来年轻人的不满。

三是小区管理复杂化。以前，无论是住单位公房还是政府公房，房屋和公用设施维修以及居住区保洁、保安等管理问题，都有相应管理部门负责。现在不同了，大家必须交纳物业费，聘用专业的物业公司来对小区共有设施进行维修管护，对小区公共空间进行保养和管理，还要缴纳住宅专项维修资金来应对共有设施的大型维修和更新，等等。这个过程中要处理的互动关系和事件，其复杂性和难度远超从前。

四是小区功能简单化。单位建设居住区时，会优先考虑通勤问题，一般都是毗邻工作地点建设，且小区功能相对完备，大量公共活动需求都可以在小区内满足。现在，职住分离已成常态，越是大城市，这个问题越严重。不仅职住分离，城市功能分区还带来人们休闲购物、健身娱乐等社会活动与居住空间的分离。住宅小区几乎只剩下纯粹的居住功能，一些住宅小区集中又远离中心城区的地方甚至形成"睡城"。这进一步弱化了人们在小区内的社会性需求，但同时也增强了人们对小区满足其生活化需求的期待等。

综上，居住的革命在城市社会中塑造出的新型社会空间，成为城市社区治理的空间基础。如何认识其空间特性，尤其是具有中国本土意涵的特性，进而辨析其对城市社区治理的学理意义，是本书要回答的主要问题。

## 2. 空间转向

许多研究者都在关心居住模式变化背后的深层变革，以及由其带来的政治社会后果，其中最受关注的，是产权性质变化及其影响。从公房向私房的变化，意味着人们获得了房屋这一重要生活资料的完整支配权。俗话说,"有恒产者有恒心",房屋从公有财产变成私有财产,城市居民从单位福利分配体系的依附者变为独立的财产所有者,这个转变不可谓不深刻。产权性质的变化必然带来人们对产权权益的主张,权利意识由此产生,维权行动开始出现。特别是近些年来,针对开发商和物业公司的维权行动、针对政府公共建设的邻避运动等时有发生,城市居民自主选举业主委员会(简称业委会)实行业主自治也日益普遍,城市物业纠纷已经进入多发期。

一些学者从这些新生社会现象中,发掘出一些学术意涵,认为这意味着中国人公民意识的集体觉醒,公民社会正在形成[1]。在这种视域下,行政化日益严重且越是改革行政化越严重的居民委员会(简称居委会),几乎已经丧失了自治属性。于是一些学者把兴趣和热情毫不吝啬地投向了新生的业主自治运动,在他们看来业委会便肩负起开辟中国基层民主新局面的历史性重任。这个逻辑被有的学者归纳为"行动锻造公民,抗争生产社会,维权改变中国",即"居住的政治"[2]。不过,这种研究方式受西方社会理论影响过重,近来学界正在进行反思,特别是针对其简单比附西方"社会运动""市民社会"等

---

[1] 夏建中. 中国公民社会的先声:以业主委员会为例. 文史哲,2003(3).
[2] 郭于华,沈原. 居住的政治:B市业主维权与社区建设的实证研究. 开放时代,2012(2).

理论，在"私有产权""社会运动""公民社会"这几个概念之间做简单的线性关联，却忽视其背后的复杂社会环境[①]，结果是陷入西方的话语陷阱而不自知。

这类研究存在的主要问题，是将业主群体从其生活的社会空间孤立出来了，更将其片断化的维权行动同完整的小区生活割裂，以致对这个群体及其行动的政治社会意义做了有些偏离现实的解读。实际上，维权之后的业主自治，才是业主生活更主要的面向，也是小区治理的常态。如果将业主维权和业主自治都纳入小区治理的视域中，就会认识到，二者本质上都是业主这个陌生人群体如何通过集体行动实现小区公共事务治理的问题。业主的集体行动是在住宅小区这个社会空间中展开的，辨析后者的空间特性，有助于对集体行动的复杂性形成更恰切的认识。

业主维权研究至少还在关注住宅小区内的空间现象，一般的城市社区治理研究却往往忽视这个空间基础，既不去分析空间特性对社区治理事务的塑造，也不去分析其对居民组织起来形成集体行动的客观条件，造成许多研究结论失之于空泛。西方学者对都市空间的经验研究，曾经推动了社

---

① 李友梅. 中国社会管理新格局下遭遇的问题：一种基于中观机制分析的视角. 学术月刊，2012，44（7）.

会学的空间转向,"关注城市空间对人的意义以及创造容纳社会生活的场所的行为"[①]。在这里,空间显然不只是背景因素,也不只是被简单作为研究对象,重要的是探讨空间对行动者的塑造,对社会结构与社会关系的影响,这也离不开对空间自身特性的揭示。对社区治理研究来说,需要将空间实实在在地引入对治理经验的考察和分析中来。笔者认为,住宅小区构成了一个非常独特的社会空间,其空间特性包括集合式建筑空间与高密度居住空间两个维度,也就是"中国式小区"。

### 3. 集合住宅与围合空间

中国式小区在建筑空间形态上,表现为若干栋集合住宅与围合式公共空间构成的大型封闭式小区。

集合住宅是住房所有权或者更准确说是建筑物区分所有权所存在的物化空间,它在客观上给定了人们实现其产权权益的空间关系。高密度居住则是产权人或者扩大到全体居民,依据产权关系所形成的社会空间,它是人们实现其产权权益必须关切到的包括但不限于相邻关系在内的社会关系。

"集合住宅"这个概念应该是来自日本,不同国家叫法不

---

① 潘泽泉. 当代社会学理论的社会空间转向. 江苏社会科学,2009(1).

一，一般指的是多户住宅构成的一种建筑形式。《中国大百科全书》中对"多户住宅"的定义是"在一幢建筑内，有多个居住单元，供多户居住的居住建筑类型。住户一般使用公共走廊和楼梯、电梯"。集合住宅由来已久，更是随着现代城市的发展而普遍化。著名的"马赛公寓"被公认为现代集合住宅的里程碑式作品。这栋公寓大楼共有18层，有23种不同的居住单元，共337户，可供1 500～1 700名居民居住。除住宅外，这栋大楼的7—8层是商店和洗衣房等公用设施，17层有幼儿园和托儿所，楼顶则是屋顶花园和健身场所等。这正是当下我国城市最普遍的住宅楼结构。当然，其中的公用设施全部被转移到住宅之外，与其共同构成了功能完善的居住小区。

不过，尽管集合住宅源自西方城市，但现在并非西方城市居民主流的居住形式。当时开发商们建设集合住宅的初衷是为了解决工业化带来的工人住房困难问题，而在二战以后，集合住宅所具有的土地利用率和居住容纳率高等优点，使其成为政府重建城市和更新城市的首选建筑形式。但是，集合住宅也存在天然的缺陷，居住拥挤必然影响舒适度。于是，越来越多的中产阶级搬离这些位于中心城区的集合住宅，到郊区购买属于自己的独立住宅。汽车工业的发展进一步助推了这种居住行为，世界城市化史上著名的"城市郊区化"（或者叫"逆城市化")由此产生[1]。在美国,拥有一套郊区独立住宅也成为中产阶级"美国梦"的重要内容。与此同时,位于中心城区的集合住宅,则成为政府保障性住房的主要供给方式。大量城市低收入阶层,包括少数族裔、外来移民、边缘群体等便汇集到这些被高收入阶层和中产阶级抛弃的高层集合住宅中。这里问题丛生,矛盾多发,更是战后美国等西方国家城市运动的主要策源地,造成了发达国家城市中心区的"社会塌陷"。

20 世纪 70 年代末,西方国家开始推进以振兴中心城区为主的新一轮城市更新,加上大城市日益严重的交通拥堵放大了职住分离的不适,部分高收入阶层开始重新搬入中心城区,出现了所谓"再城市化"现象。与"再城市化"运动相伴随的阶层排斥和社会不公,引发了剧烈的权力冲突和城市社会运动,这也是西方城市社会理论尤其关注相关议题的社会基础[2]。不过,并不能认为"再城市化"会改变西方发达国家城市的居住形态。实际上,高收入阶层购买的中心城区集合住宅与低收入阶层居住的集合住宅完全不能同日而语,前者都是位于黄金地段的豪宅,户型宽敞、设施一流,且居住密度很低。

可以用一组数据来呈现集合住宅在不同国家城市居住形式

---

[1] 吴国兵,刘均宇. 中外城市郊区化的比较. 城市规划,2000(8).
[2] 史密斯. 新城市前沿:士绅化与恢复失地运动者之城. 李晔国,译. 南京:译林出版社,2018.

中的比重。2001年，美国住宅总计1.19亿套，其中独立住宅占76.8%，美国人普遍认同的标准是，一套住宅中每个房间使用超过1人就算拥挤[①]。2008年，在日本3 302.51万栋住房中，独立住宅占91.23%，三大都市圈中，关东大都市圈的独立住宅占比为86.87%，中京大都市圈为91.49%，近畿大都市圈为90.84%[②]。我国缺乏相应的统计，但无论从实践经验还是从学界研究来看，集合住宅已成为我国城市最主要的居住形态。考虑到我国人多地少的基本国情，集合住宅更被认为是区别于西方的"中国式小区"的必然选择。进一步看，我国集合住宅不仅数量多，而且具有明显的高层化特点。一般来说，7层及以上住宅属于"高层住宅"。以此为标准，2001年美国7层及以上住宅只占1.8%，日本7层及以上住宅占9.02%，即使是首都东京，高层住宅的比重也只有19.43%，15层以上住宅更是只有2.52%[③]。相比之下，我国城市的高层住宅则是住宅形式的主流。

围合式公共空间是中国式小区在建筑空间形态上的另一重要特点。围合式公共空间是指位于集合住宅到城市市政空间之间的通过明确建筑边界区隔开的业主共有空间。围合式公共空

---

① 刘美霞. 中美住宅形式对比研究. 中国建设信息，2004（11）.
② 周建高. 论我国住宅集合化的弊端与破解路径. 中国名城，2012（7）.
③ 金海燕，任宏. 中外城市住宅高度形态比较研究. 城市问题，2012（1）.

间与集合住宅组合在一起，就成了我们常见的封闭式小区。封闭式小区的设计理念源自"邻里单位"，是单位大院的延续[①]。国外尽管也存在封闭式小区，但并不是主流，规模也比较小，主流形态是街区制，即专有（私有）住宅之外便是城市的开放式市政空间[②]。在开放式的街区制下，业主的共有共用部分只是走廊、电梯等室内空间与设施设备。在这样的空间格局中，住户之间仅在使用少量共用设施设备时打交道，走出公寓大门就进入市政公用空间——不再属于居住生活的一部分。在物业管理上封闭式小区属于"大厦型物业"，即物业管理活动主要发生在封闭的楼栋内。封闭式小区存在的围合式公共空间，是业主共有共用部分，是业主在日常生活中要频繁发生互动的场所，包括空间利用冲突，比如群体活动对场地的争夺、噪声污染等。围合式公共空间的存在，增强了业主生活的便利性，但也相应增加了很多管理事务，是物业管理的重要方面。大型封闭式小区的管理事务与公寓或小型小区内的管理事务完全不是一个数量级，而且复杂程度更高。

居住在由集合住宅组成的小区里，意味着要面临独立住宅所不存在的问题。这些问题大致可以分为三类：一是建筑形式

---

① 邹颖，卞洪滨. 对中国城市居住小区模式的思考. 世界建筑，2000（5）.
② 汪碧刚. 中西居住文化背景下的街区制比较研究. 经济社会体制比较，2016（5）.

衍生的问题，二是集合居住产生的相邻关系问题，三是高密度居住衍生的问题。建筑形式衍生的问题主要有：集合住宅本身具有的居住舒适度缺陷；住宅毗邻存在的安全问题连带性，最典型的就是火灾，一户着火，很容易因建筑物相连而蔓延到其他户；高层建筑的高空抛物、高空坠落等问题，高空抛物既造成小区环境卫生问题，又存在造成伤亡事故的可能。媒体调查显示：61.56%的人遭遇过高空抛物，15.88%的人被坠物砸到过。30克重的物体从4楼落下，能让人头顶起肿包；从8楼坠下，可致人头皮破损；从18楼掉下，会砸碎行人的头骨；从25楼掉下则可致人当场死亡，而这个重量仅相当于半颗鸡蛋[1]。近年来由此引发的诉讼案件更是不胜枚举。集合居住产生的相邻关系问题主要是：房屋装修对建筑物安全的影响，相邻居住产生的油烟、噪声、漏水等纠纷。集合住宅中存在大量的建筑物共有共用部分，即使正常使用都可能影响他人，更不要说一些过度主张个人权益而侵犯他人和公共利益的行为，比如饲养宠物问题。至于第三类问题，高密度居住几乎是集合住宅必然形成的居住样态，也是理解中国式小区的一个关键词，需要单独论述。

---

[1] 丁波. 高空抛物伤人该谁买单？多数受害者表示取证难自认倒霉.（2015-07-02）[2023-05-06]. https://zjnews.zjol.com.cn/system/2015/07/02/020722264.shtml.

## 二、社会性质

### 1. 高密度居住

高密度居住空间是我们这个人口大国的必然选择,以尽可能利用有限的土地承载更多人口。从新中国成立后早期的低层(1~3层)或多层(4~6层)高密度职工新村、单位小区,到21世纪以来主流的高层、超高层高密度小区,无一不是高密度住区。与独立住宅组成的住区相比,集合住宅组成的住区,单位面积上承载的人口数量显然要高出许多。中心城区的高密度居住最为明显,不可替代的区位优势使其寸土寸金,加上中心城区大多通过旧城改造方式供地,单块开发土地面积往往并不大,这进一步推高了其新建住宅小区的居住密度,常常达到1 500人/公顷。比如广州越秀区,新建小区容积率几乎都超过5.0,为数不少的超过8.0[①]。2014年的《成都市城市规划管理技术规定》中,主城区住宅容积率普遍在4.0甚至更高。笔者在深圳罗湖区调研时更是深感当地住区人口密度之高。我们去过的一个名为新天地名居的小区,其用地面积仅1万多平方米,建筑面积却达到10万多平方米,容积率高达9.0。这个小区由5栋31层的超高层塔楼连接组成,居住着1 600多户

---

① 胡晓青. 中国城市住区居住密度特征. 住宅科技,2015,35(6).

四五千人。

　　高密度居住带来的问题，可以归结为"拥挤效应"。心理学上有一个著名的"拥挤实验"。1962年，心理学家约翰·卡尔霍恩利用小白鼠做了这个实验，他发现小白鼠密度达到正常密度的2.5倍以后，其行为活动出现明显异常，即"行为沦丧"：部分强壮的小鼠表现狂躁并具有攻击性，另一部分小鼠则出现"病理性退缩"。这种高密度居住带来的行为异常便是"拥挤效应"[1]。现代大城市的拥挤已成为常态，无论是上下班高峰期的道路拥挤，还是节假日商场、广场、公园的人员拥挤，都让我们在享受现代化城市生活的便利性的同时，不得不忍受与更多的人挤在一起，拥挤已成为"城市病"的代名词。而从居住区来看，拥挤意味着上下班时的电梯拥堵，意味着小区公用设施更高的使用强度，意味着频繁忍受他人行为带来的负外部性。拥挤对人们心理与行为的另一个重要影响是，它进一步强化了人们对居住和家庭生活的私密性、舒适性的需求。从拥挤的城市道路和公交地铁上回到家里，人们渴望的是不受侵扰的身心放松：关上房门享受私密生活的自由与惬意、温馨与甜蜜，或者到小区花园、广场享受与家人一同活动

---

[1] 霍克. 改变心理学的40项研究：探索心理学研究的历史. 白学军，等译. 北京：中国轻工业出版社，2004：337。

的亲密和放松。在这种情况下，人们在小区内的社交需求会降到最低，陌生他者的介入往往会变成不礼貌的侵扰。处于私密居住空间中的时间是那么有限而且宝贵，这就使得任何侵扰都变得不可忍受，而人们对侵扰的反应也就很容易变得急躁和粗暴。

群体的陌生化会放大这种拥挤效应。在一个熟人社会中，人际互动预期长久且稳定，人们对社会支持的需要又会强化地缘关系的重要性，亲密交往的功能需要会在一定程度上替代私密生活的需要。在一个由陌生人组成的社会空间中，无论是交往预期还是社会支持需要都大为弱化，而人们对生活私密性和自由性的需要则会压倒对亲密的地缘交往的需要，亲密交往则更多安排在居住空间之外的城市公共空间中，通过血缘、业缘关系来实现。在一个拥挤的熟人社会中，人们基于长久的交往预期和社会支持的需要，会对生活交集中的接触与摩擦有更高的耐受度，个人行为也会更多考虑到机会成本问题，社会舆论、群体制裁才会成为可能。而在拥挤的陌生人社会中，这种耐受度会显著降低，机会主义行为的成本更低，人们往往更容易走极端，要么自我而冷漠，关起门来过日子，要么暴躁容易冲动——蝇头小利都会变成意气之争，互不相让，鸡毛蒜皮的小事也很容易扩大化，变得难以收拾，非要分出个是非对错。

## 2. 复杂邻里

高密度居住带来的另一个典型问题是复杂邻里。邻里关系也就是地缘关系。中国人常讲"远亲不如近邻",这是对集体生存经验的总结,意思是邻里关系是最便利的社会支持网,可以帮我们应对生活中的不确定性。在流动性极低的乡土社会中,地缘关系具有先赋性和不可选择性,社会交往必须在给定的地缘关系网中展开,人们就倾向于维护这种关系。随着社会流动增加,地缘关系最先受到冲击,其可选择性渐渐凸显出来。在城市社会中,地缘关系在人们社会支持网中的作用趋于边缘化,亲缘、业缘与趣缘关系更为重要。正如上文所说,地缘交往的内在动力不足。在这种情况下,大型集合式空间与高密度居住形式,共同塑造了陌生人社会邻里关系的特点,笔者称之为"复杂邻里"。它具有"一低两高"三层内涵:一是社会关联度低。人们对地缘关系的社会支持需要弱,社会交往频次少,且有限的交往也大多只是单一交往,不可能产生乡土社会那种附着了人情关系的深度交往,也就很难形成社会关系网,不能发育出社区性的社会资本,彼此的社会关联程度比较低。二是生活关联度高。一方面,日常生活中共同使用小区共用设施设备和公共空间时,必然发生互动和相互影响;另一方面,居家生活时也要受到上下左右邻居的影响,比如楼上楼下的漏水、噪声问题，房屋装修改造造成的承重结构问题，阳台滴水问题，等等。也就是说，日常生活中邻里之间不得不产生相互影响。三是关系脆弱性高，即邻里关系很容易因为利益分歧和冲突而破裂。原因很简单，社会关联度低，就造成邻里关系缺乏功能依赖的长期稳定预期，缺乏由此形成的人情润滑和维系，一旦在生活中发生利益碰撞和冲突，双方都倾向于一次性计算和分清是非对错，很容易导致关系永久性破裂，且缺乏社会性的关系修复机制。这就是邻里关系的矛盾性和复杂性：一方面，日常生活需要共处；另一方面，每个人都以为自己足以独处，"互不相关"[①]。显然，如果是独立住宅和小型社区，邻里关系就会是社会关联度与生活关联度都很低的状况，就不会产生如此明显的矛盾性与复杂性。

### 3. 集体行动

此时再回头思考"居住的革命"的问题，应该可以认识到，中国城市的居住革命产生了集合式的高密度居住空间，而且是一个陌生化的社会空间。这样的居住空间既分布在城市中心区，也广泛存在于新城区，这样的社会空间构成了我们城市

---

① 桂勇，黄荣贵. 城市社区：共同体还是"互不相关的邻里". 华中师范大学学报（人文社会科学版），2006（6）.

社会的基础单元。西方发达国家的城市空间格局和社会单元具有更为明显和彻底的阶层分化特点，其主要发生在中心城区，以边缘群体、特殊群体为主体的社会运动天然带有反抗阶层分化、争取"被认可"的权利的基因。而它们以中产阶级为主体、以低密度独立式居住为主要形态的社区，也与我们高密度集合式居住的社区完全不同。在我们的社区中，陌生人之间的拥挤效应所产生的人际交往问题、社区整合问题以及社区事务的数量、复杂程度等，都不是前者可以比拟的。在这样的基础上，无论是实现业主自治还是居民自治，都面临先天制约。抛开这个基础，就会犯将问题简单化的错误。

比如，尽管表面看来，房屋产权性质的变革使中西方城市社会具有了相似的产权基础，成了"业主"的中国人也表现出积极的维权意识，但如果据此就匆忙得出形成西方所谓公民社会的判断，就显得有些草率了。就真正意义的公民而言，完整的公民责任还应包括公共责任，具体到小区生活中，便是能够合作起来完成公共事务治理。正如本书一再强调的，大型封闭式小区所存在的共有设施设备与共有空间的使用和管理问题，其复杂性和难度，是西方的城市市民很难体会的。如果说面向资本或权力的向外维权，更能体现西方城市市民的权利意识的话，那么，在小区公共事务治理中的向内维权，则更能代表中国城市市民的权利意识。实际上，以此来衡量的话，使用

"私民社会"这一说法似乎更恰当些[①]。

更重要的其实还不是市民权利意识,否则,这里面似乎暗含了对国民素质差异的评判。实际上,上述差异主要还是与空间基础差异有关。从小区级公共事务治理来看,在欧美等发达国家的城市中,即使是集合住宅,也主要作为出租公寓和政府公共住房。无论是哪种,居住者都以租户为主,租户也主要是刚就业的工薪阶层和低收入阶层,而其所有者要么是政府,要么是私人老板。我国就不一样了,除部分政府公租房外,集合住宅几乎都是私人所有。这里产权属性的作用就体现出来了。简单来说,在住宅维修管理等事务中,所有者的责任是最大的,而接受所有者委托的管理主体(如物业公司),要在上述事务中频繁与所有者和使用者打交道。一个简单的道理是,所有者数量的多少对交易成本的影响是决定性的。即使面对使用者,管理主体也可以借助所有者的力量施加更有效的影响。

居住革命在我们的城市基层治理语境中的最重要含义是,如何达成有效的集体行动,以实现真正的城市基层社会空间的善治。当下中国式小区所形成的高密度陌生化的社会单元,从基层治理主体的关系角度看,无一不面临交易成本高的问题。

---

[①] 张雪霖. 私民社会:对业主维权与民主自治实践的反思. 云南行政学院学报,2017,19(2).

简单来说，物业公司与大量分散的业主之间、大量分散的业主与业主委员会之间、居民委员会与大量分散的居民之间、地方政府和执法机构与大量分散的居民和治理对象之间，都存在无比巨大的交易成本，任何两方都呈现出组织化程度不对等，进而行动能力不对称的问题。比如，分散的业主难以对物业公司形成有力量的制衡，就只能使用拒交物业费这样本质上两败俱伤的粗糙维权手段，同样地，分散的业主也难以监督由少数人组成的业委会，后者就可能出现"代理人失控"问题。反过来，物业公司也难以通过正常手段约束分散的业主。笔者将这种状况称为"双向不对称"的结构性困境。要改变这种广泛存在的制约基层治理的"一对多"的结构性困境，关键在于使大量分散的业主有效组织起来，实现集体行动。业主组织起来，才有力量，才能更有效地化解身边的小事，才能更好地维护自身合法权益，才能更好地实现不同主体之间的协作共赢。而这一切，都建立在正确认识中国式小区的空间基础上。

在上述意义上，中国式小区，即高密度陌生化社会空间，是我们认识和理解我国城市社区和社区治理的起点。

## 三、社区基层组织

社区治理就是在前述空间基础和社会性质上展开的。无论从社会事实还是从学界共识来看，社区治理结构多元化都已无可争议。但仅仅用"多元"还不足以概括出中国式社区的治理结构的关键特性，笔者尝试用"主辅结构"来描述。"主辅"比"多元"更能揭示出治理主体在实践中的实然关系样态。所谓主辅结构，就是社区基层组织（基层党组织与居民委员会）与社区其他力量构成的社区治理结构。

除居委会和基层党组织外，当下各地社区中最活跃的组织化的治理主体是社会组织和业主自治组织（相应地还包括物业公司）。社会组织既有内生型的居民自组织，也有外生型的专业社会组织。业主自治组织主要是业主委员会。

### 1. 社会组织

社会组织在社区治理中被寄予相当高的期望。《城乡社区服务体系建设规划（2016—2020年）》曾提出，到2020年，城市社区平均拥有不少于10个社区社会组织。《"十四五"城乡社区服务体系建设规划》中，没有再对此提出量化指标，但提出要开展培育发展社区社会组织专项行动，并且一如既往地鼓励社会组织承接政府购买的社区服务。无论是南京、杭州等经济发达的大城市，还是黄冈这样经济欠发达的中小城市，政府均投入大量资源用于培育和引入社会组织。2017年笔者到杭州上城区调研，当时该区登记注册的社区社会组织有700多家，政府计划3年内投入5 000万元予以扶持，并将发展社会组织数量纳入社区考核。黄冈市C街道财力薄弱，社区工作人员的工资都不能完全按时足额发放，但仍然每年拿出十余万元引入两家社会组织进社区提供服务。笔者所在的武汉市，连续十年开展社会组织公益创投大赛，每年评选10个"杰出公益项目"和10个"优秀公益项目"，从2013年到2022年的10年间，共培育200个"双十"公益项目，累计投入公益创投资金5 000万元。截至2023年1月，武汉市的社会组织已达到2.7万个，其中在市、区民政局登记的社会组织达到6 299个，已备案的社区社会组织有2.1万个。

不过，从笔者这些年的调研情况来看，社会组织发挥的实际效果，与政府的预期和支持力度相比是不相称的。

南京丁村社区[①]常驻专业社会组织有30多个，涵盖青少年教育、邻里调解、为老服务（包括临终关怀服务）等众多群体和服务内容。该社区是民政部认定的社会组织培育示范社区，其特殊性在于该社区是村改居社区，尚有集体产业收入，社区年办公经费达800万元，有足够的经济实力扶持社会组织的运转。问题是，这些社会组织实际上提供的服务过于专

---

① 基于学术惯例，本书涉及的街道办事处、社区、小区等真实名称，以及人名等，均为化名。

业化，辐射人群过于特殊而范围有限，当其面临的主要群体是生活习惯依然农村化的村改居社区居民时，存在严重的"水土不服"。社区居委会主任坦言："社区养他们就是锦上添花，主要工作还不是社区来做，让他们做他们也做不了。"常驻佛山L社区的一家家庭综合服务中心，其负责人总结两年工作经历后说："很困惑，基本上每天来的就那几个老面孔，我们（政府购买服务）合同上规定要为几个社区提供服务，实际上来的主要是这个社区的。"南京翠园社区是当地最早一批国际化居住小区，社区一些居民自发组建了众多社会组织，其社区负责人甚至到全国其他城市建立分支机构并提供培训服务。翠园社区是一个典型的以内生型社会组织为特色的社区。然而，该社区的治理状况并没有因为大量社会组织的存在而比其他社区更好，反倒长期陷入业主派系斗争、业委会运转困难以及居委会边缘化的问题中，社区基层组织、社会组织与业主自治组织的良性互动关系始终没有建立起来，三者各自为战，南京市力推的"三驾马车"联席会议制度在该社区已基本形同虚设。在笔者调研的诸多社区中，唯一一个在社区治理中发挥了积极作用的社会组织是杭州小岭社区的花友会。这个由社区退休老人自发组成的以种花养花为活动内容的居民自组织与基层组织互动良好，并积极参与到社区环境美化等工作中。花友会的骨干成员（基本上都是党员）同时也是社区积极分子，承担了楼组长、退管（退休人员管理）组组长、护河员等诸多社会角色。不过仔细分析就会发现，表面上是花友会这个社会组织，实质上是这些骨干力量在发挥作用，其作用机制实际上与花友会这个组织关系不大，而是后文将要详述的一种本土的社区治理机制。

目前，社会组织在社区治理中的参与形式主要有三种：一是提供专业化服务，主要是针对老年人、儿童、残疾人等特殊人群的特殊服务，这类人群是目前各地的重点扶持对象。服务类社会组织直接对接目标人群，与社区绝大多数普通居民和社区常规治理关系不大，其存在的主要问题是专业化服务无法对接普通居民的普通需求，使得购买此类服务的公共财政资金在使用上存在公平性质疑。二是承办社区活动，包括开展环保宣传、承办社区节日庆祝活动（如举办晚会、给老年人庆祝生日、端午节包粽子等）。现在有些地方确实出现了这种类似"职业活动承包商"的所谓社会组织，它们只是因活动而进入社区，自然与居民和社区的关联度极弱，不可能深度介入社区治理。值得深思的是，它们某种意义上是在挤压和排斥基层组织的活动空间，因为这些活动原本可由居委会或居民自组织来开展。通过政府购买服务的方式开展这些社区活动，实际上剥夺了基层组织的机会，而承办社区活动本应是密切基层组织与居民关系的重要渠道[①]。三是组织居民兴趣活动。这类主要是社区内生型的居民自组织，比如广场舞队、合唱队、围棋小组等。实际上其组织化程度很低，人员流动性比较大，以组织形式参与到社区治理中的比较少，基本上还是骨干成员以个人身份参与为主。所以，总体来看社会组织在社区治理中发挥的实际效果是比较有限的，至少并不像外界想象和其宣传的那样理想。用杭州 H 社区党组织书记的话来表述就是"有了社会组织，我社区还是这么忙"。

实践中一些社会组织本质上是一个经营社会事务或社会服务的市场组织，其市场性远大于社会性。社会组织更像悬浮在社区上的一层油，游离在社区治理实践之外，无论是在促进社区整合、推动社区建设上，还是在解决社区治理的实际问题上，作用都微乎其微。社会组织本质上的这一点不改变，社会组织将很难作为一支积极力量为社区治理发挥作用。

### 2. 业主自治组织

业委会是另外一个新兴的治理主体。随着住房市场化，越

---

[①] 杭州候门社区党组织书记说"这些活动社区也能搞，就是花点钱花点精力，他们搞了也没什么意义，解决不了实际问题"，紫江社区党组织书记认为"(这些活动)交给我们来搞比他们搞得还好，花钱也更少。现在变成我社区来配合他们搞，还要帮他们找人参与"。

来越多市民拥有了具有独立产权的房子，住进了商品房小区，并成立了业委会，引入了物业公司，实施小区业主自治。然而，笔者调研时接触到的有关业委会的信息多是"负面"的。其主要有以下几种情况：

一是业主难以有效监督业委会，业委会陷入利益纷争。南京翠园社区某高档商品房小区（是当地房价最早突破 4 万元/平方米的小区）连续几届业委会陷入派系斗争，往往是前任业委会被指集体腐败，不仅贪污小区公共收益，而且与物业公司存在利益输送，所有业委会成员都被免收物业费和停车费。近年来新交付的住宅小区大多拥有数千万元甚至上亿元的专项维修资金，每年公共区域的经营收益动辄数百万元甚至上千万元，利益巨大，分散的业主如何有效监督业委会已成为极为迫切的治理难题。

二是业委会与社区基层组织不能形成良性的协同治理关系。南京名苑社区的业委会极其强势，不配合居委会的工作，以小区属业主所有为由，对居委会在小区内的各种活动处处设卡（比如不允许居委会挂宣传横幅、举办活动需要找业委会申请场地等）。用社区党组织书记的话说，"业委会凌驾于居委会之上，不接受居委会指导"，这位党组织书记甚至反复强调业委会不能跟居委会并列，二者不是平等的关系。

不过总体看来，还是居委会的主导作用明显，南京名苑社区这种情况相对较少。业主也好，业委会也好，还是认为应该在居委会的领导和支持下开展工作。从实际来看，居委会在协调业委会与物业公司的关系，以及当业主自治陷入困境后出来善后、支撑困局上，都发挥着关键作用。

三是业委会与物业公司普遍存在对立。从调研情况来看，业委会与物业公司的具体互动关系各地有较大差异，但大多数小区的业委会与物业公司比较对立，不少业委会认为它们天然是监督物业公司的。虽然从法律关系上看二者是平等的合约主体，但实际上要么物业公司因业委会组织性不强而强势，要么业委会因自身组织性太强而影响物业公司正常运转，其后果都是影响小区物业管理质量，以致近年来各地物业纠纷频发并出现刚性化趋势。2017年笔者在佛山和杭州调研时，连续遇到两位新上任的业委会主任，在经过多年乱局之后，两位主任都认为业委会与物业公司是合作与监督的关系，不仅要监督，更要合作，坚决不能变成对立关系。

至于其他有可能成为多元力量、各地政府也在积极倡导和推动的，主要是辖区单位，尤其是机关事业单位和国有性质的企业。实践中常见的提法叫"社区共建"，尤以党建推动为多，比如佛山的"1+N+X"的"区域化党建"模式。推动辖区单位参与社区共建，主要还是希望激活它们所拥有的优势资源，为社区提供必要的支持。所以，辖区单位对社区共建的实质性参与其实并不多，以开放活动场地、支持活动经费、派人参与社区活动（比如医院的义诊）等为主，也就是以物质支持和联合办活动为主。社区共建在一定程度上有助于增加社区的治理资源，但指望通过共建，让辖区单位实质性地解决社区治理中的基本问题，不太现实。

### 3. 主辅结构

所谓社区治理结构就是社区治理中的主体及其关系。从宽泛的意义上说，社区治理结构既包括社区内的主体关系，也包括街道办事处、辖区单位以及其他对社区治理发挥作用的主体力量。随着城市社会转型和社区体制改革，社区治理主体日益多元化，单位制时期基层组织一元主导的格局不复存在，包括社会组织、业主自治组织等社会性力量在内的主体参与到了社区治理中。同时，随着城市管理重心下沉，原来集中于区级以上政府的行政执法力量被派驻到了街道一级，公安、城管、市场监管等执法部门和街道办事处对社区治理的介入越来越直接和深入，社区治理已经深度嵌入城市基层治理体系中。

在社区治理结构研究中具有主导性的是"多元共治"理论。"多元"既有规范性意义，也是对当下社区治理主体多元化的事实判断；"共治"则主要是对多元主体在社区治理中参与机制的规范性要求，即平等、合作、协商。许多学者认为，完善"多元治理结构（机制）"对于当前中国社会管理创新具有重要意义。"多元共治"理论在认识社区治理主体多元化上是正确的，但在揭示主体关系上却难免有"应然"取代"实然"之嫌。实际上，多元治理结构的合作共治在实践中大多流于形式，"多元共治"仍然主要是一种规范性的理念，而远非当下社区治理的实际。要正确认识社区治理结构，应该注意这样两个方面：一是要考察多元主体在社区治理实际中的互动关系和逻辑，"平等""合作"的概括显然过于宽泛；二是要将社区治理嵌入城市基层治理体系中考察，不应将行政力量的介入预设为负面影响而简单化地批判甚至回避，应该客观地考察其在社区治理中的作用。

在社区治理实践中，基层组织无疑仍是最重要的主体。基层组织仍然是国家权力在社区中唯一具有合法性的代表，承担着基础性的社会管理和公共服务职责。尽管许多社区居民与基层组织很少发生联系，甚至相当数量的居民不知道居委会办公地点，但只要他们有需要，仍然要与基层组织打交道。随着实行市场化物业管理的住宅小区日益增加，物业公司和业主自治组织（业委会）在社区治理中发挥的作用不断增强，物业公司已经成为社区治理中最主要的市场性力量，业主自治组织则成为重要的社会性力量。但是，由这两个主体构成的理想意义上的小区自治尚未完全实现，业主与物业公司、业主与业委会、业委会与物业公司之间经常发生矛盾纠纷。南京、上海等城市都在探索让基层组织在小区管理中发挥更加积极的作用[①]。实践中,基层组织和街道办等部门在物业管理纠纷、业委会换届选举中的作用是非常关键的。

社区中另外两大不容忽视的社会性力量是社会组织和社区居民。前文讨论了社会组织在社区治理中的补充性作用,其流动性和专业性限制了其对社区治理的深度介入,社会组织仍局限于为少数社区特殊群体(高龄老人、残疾人、儿童等)提供特殊服务,其在社区中的地位甚至比较边缘,而且由于其高度依赖"政府购买服务"的体制,所以依附性比较强,在社区中很难作为一个独立的主体行动。

正如美国学者博克斯所区分的那样,社区居民其实分化为"积极参与者""搭便车者""看门人",其中只有"积极参与者",也就是积极分子才是最有意愿和能力参与社区公共事务的群

---

① 南京市 2016 年颁布的《南京市住宅物业管理条例》加强了政府部门、街道社区对物业管理的监督检查职责,明确要求建立由街道办事处(镇人民政府)、社区居(村)民委员会、公安机关、业主委员会、物业服务企业等参加的联席会议制度,由它们协调处理物业管理和业主自治中的有关事项。上海市 2017 年颁布的《上海市居民委员会工作条例》第二十条、二十一条专门规定了居委会在业主自治和物业管理中的作用,要求居委会加强对业委会的指导监督,引导其规范运作,业委会所做决定要告知居委会,居委会委员可担任业委会成员,居委会依法调解物业管理纠纷等。

体[1]。"积极分子"在中国语境中具有独特意义，它是中国共产党群众动员传统的延续，是基层组织与普通居民之间沟通的桥梁和媒介。对于普通居民来讲，积极分子某种意义上发挥的作用，可以称为"替代性参与"或者说"媒介式参与"，即普通居民的很多利益诉求不是通过他们的直接参与表达出来，而是通过积极分子来表达。积极分子并不一定是社区精英，他们更多是有热情、有时间，又有一定能力的普通居民，尤以刚退休的中低龄老年人为多。积极分子一直是基层组织最主要的辅助性社会力量，一直到20世纪90年代，居委会专职人员都非常少，大多只有居委会主任和极少量专职委员，日常工作包括计划生育、环境卫生等都是由积极分子协助完成的。因此，积极分子又被称为"居民骨干"，是社区基层组织的"贴心人"。在当下的社区治理中，积极分子发挥作用的范围虽然已大为缩小，但其作用仍比其他社会性力量重要。

此外，另外一个不容忽视的重要主体就是街道办和辖区单位所构成的行政性力量[2]。街道办作为政府派出机构是一级政

---

[1] 关爽，郁建兴，孙柏瑛．让公民治理运转起来：重新审视《公民治理：引领21世纪的美国社区》．公共行政评论，2014，7（5）．

[2] 当然，有的辖区单位并非行政单位，比如国企、学校等企事业单位，它们被要求参与社区共建，包括党建，但其作用仍然局限于为社区提供资源支持。相较而言，城管、公安等行政执法部门在社区治理中的作用更为积极，介入程度更深。本书重点讨论这类行政力量在社区治理中的作用。

权，在居民认同中俨然是一级政府。社区行政化主要就表现为街道将上级政府的行政任务分解到社区，但街道办并非只做"二传手"。实际上行政任务往往是在街道与社区之间进行程序上的分工，街道并非完全将行政任务分派到社区，也就是说，"街居"关系在实践中包含重要的分工协作性质。辖区单位同样如此，特别是具有执法权限的执法部门，不仅经常性地直接进入社区执法，而且对基层组织提供了必不可少的支持、策应、保障等功能。行政性力量与基层组织在治理中的分工协作关系是社区简约治理的重要方面，后文将会详细探讨。这里所要强调的是，行政性力量客观上构成了社区治理中非常重要的主体，在以往的研究中，这个主体被过于忽视了。

综上所述，多元主体在社区治理中的作用实际上是有差异的。我们可以在理念上说多元主体是平等合作的关系，但实践中各主体的行动能力和影响力却是存在差异的。基层组织无疑是主导性力量，而市场性力量（物业公司）、行政性力量、社会性力量则是辅助性力量。当然，辅助性力量之间也存在差异。居民积极分子和行政性力量是主要的辅助性力量，而市场性力量和业主自治组织是次要的辅助性力量，相对而言，社会组织的作用最小。这样一个多元主体共存、作用程度有差异的社区治理结构，我们可以称之为主辅结构。"主辅"揭示了多元主体之间的相对关系和各主体在社区治理中的作用差异，应该说

"主辅结构"比"多元共治"更能概括社区治理的实然样态。当然，随着城市社会转型和基层治理转型，各主体力量的相对关系必然要发生变化，而主辅结构也并非一个静态不变的结构，可以说，它是对当下中国式社区治理多元主体相对稳定的关系模式的概括。

## 四、积极分子

### 1. 积极分子：体制性与社会性

上文提到，"积极分子"在中国语境中具有独特意义，它是中国共产党群众动员传统的延续，是基层组织与普通居民之间沟通的桥梁和媒介。这里有必要对其做进一步深入探讨。

有一种颇为流行的观点，即社区自治中居民参与越多越好。社区被认为不宜开展自治的一个原因就是规模太大，居民利益关联度小，居民参与意愿低。广泛且积极的居民参与自然需要相应的组织载体，否则社区自治就会损失其有序性和有效性。然而，自治组织即使搭建起来，在实际运转过程中，真正比较活跃的参与者仍然只是少数。许多城市曾经在政府主导下普遍成立业委会，可真正有效运转的非常少。

当然，有"空转"的，也有"实转"的。笔者在调研中遇到一个经典案例，一个小区短短几年内更换了三家物业公司，业委会也反复遭遇罢免，终于在最近一次罢免后，新一届业委会组建成功，并大胆采用了极具挑战性的酬金制物业管理模式，小区秩序才得以稳定下来，这届业委会也成为小区近20年来唯一一届期满正常换届且连任成功的业委会。社区居委会尽管被认为过度行政化了，但同样有不少居委会在社区内组织起了有效的居民自治，一些"微治理""微自治"实践案例，背后都少不了所在社区居委会（当然也包括社区党组织）发挥的重要作用。

同样的自治组织、同样的制度条件，为什么自治实践会出现巨大差异呢？有效运转的自治组织都有一个相似之处，那就是聚集了若干居民积极分子。某种意义上讲，不是自治组织塑造了自治实践，而是积极分子塑造了自治实践。这对更加现实地认识"组织"与"个人"的关系具有重要意义：一方面，将促使我们更加关注自治组织与积极分子的契合度，使其能够更加开放和有效地将积极分子吸纳进来，实现组织的真正运转，而非无目的地讨论自治组织的理想模型；另一方面，我们也需要更加理性地看待社区自治中的居民参与，适当放弃对"全民参与"的过度期待。与其想方设法动员和扩大居民参与，倒不如更关注如何将积极分子从普通居民中识别和动员起来，为他们的积极行动创造组织条件和制度条件。

"积极分子"是一个社会认可度很高的本土词语,其身份标识效果明显。积极分子包含但不限于社区工作中的热心居民,这里所指的是那些几乎无偿地、主动地承担小区公共事务治理责任的人。积极分子包括但不限于"社区领袖""社区精英""社区能人"等。有些人并不一定具有"精英""领袖"等内含的社会地位、权威等个人禀赋,其区别于普通居民的关键特质是有更强的责任心和参与意识,一般也具有社区自治所需要的某些能力,但这些能力与"精英""领袖"等并无必然关系。我们也不能将"积极分子"简单附会西方政治学中的"积极公民"概念,尽管二者都有超越"公民维私主义"综合征的意涵,但"积极分子"的面向专指社会性公共事务领域,不同于"积极公民"强调的政治参与[1]。总之,积极分子接近奥斯特罗姆意义上的"制度组织者"、合作"催化剂"角色[2],是社会集体行动中的"关键群体"。

　　在实践中,积极分子群体可以分为两类。一类是体制性积极分子,特指那些与政府和基层组织等形成比较亲密的合作关系的群体。他们积极参与社区举办的有关活动,承担了体制赋

---

[1] 肖滨. 让公民直面"res publica":当代共和主义塑造积极公民的战略性选择. 南京大学学报(哲学·人文科学·社会科学版), 2006(6).
[2] 奥斯特罗姆. 公共事物的治理之道:集体行动制度的演进. 余逊达, 陈旭东, 译. 上海:上海译文出版社, 2012:197.

予的楼组长、居民代表等公共身份,其主要作用是配合与辅助社区完成上级任务、维系组织与群众的关系等[①]。另一类是社会性积极分子,特指在居民自治、业主自治等居民自组织中作为关键组织者的群体,其作用类似社会领袖。两个群体有交叉重叠,本书在使用"积极分子"这一概念时,在不同议题中会各有侧重,将结合具体语境对其作详细探讨。

**2. 群体特质**

积极分子群体有三方面特质,分别是人格特质、社会性参与优势以及行动能力专长。

人格特质属于个人禀赋,包括个性、价值观、责任感等。人格特质是积极分子区别于普通居民的首要特征。积极分子人格特质的共性是,性格比较外向、开朗和热情,有较强的社交偏好,普遍愿意走出家门,具有比较明确的公共责任意识,能够从参与公共事务中获得正向价值反馈,自我实现意愿明显高于普通人。一般来说,积极分子大多具备上述人格特质,但具备上述人格特质的人却并不一定成为积极分子。相较普通人,具备上述人格特质的居民实现自我价值的方式更加多样,选择空间更大。他们往往也是社区生活中的活跃居民,是各种文体活动、志愿活动的积极参与者,可以作为潜在的积极分子。如

---

[①] 上海某社区居委会副主任形象地称之为居委会的"贴心人"。

何将其转化为真正的积极分子,是社区自治要解决的重要问题。同时,积极分子参与自治实践的积极性是否可持续,目前也主要依靠与其人格特质相关的价值实现的自我激励,但这种自我激励具有可替代性和脆弱性,这是社区自治要解决的又一重要问题。

社会性参与优势是指影响个体参与的社会性因素(或非个体因素)中限制性少而支持性多。社会性因素包括但不限于家庭和工作两方面,常见的是家庭事务多寡、家庭成员支持度以及工作时间自由度。在当下的村民自治事务中积极分子大多来源于"负担不重的人"[①],也就是不需要照看孙辈、没有家庭事务缠身的中低龄老年人。与乡村社会中青年人基本外流相比,城市社区中的居民群体结构是比较完整的。与农民的农业生产节律相对自由不同,居民受工作的限制非常大。于是,社会性参与优势主要表现为家庭负担轻,工作限制少,中低龄老年人、全职主妇、教师、律师、个体经营者和私营企业主等群体的社会性参与优势比较明显。

行动能力专长又可分为两方面:一是专业知识和技能;二是群众工作能力,或者常说的"跟人打交道"的社交能力。专业知识和技能比较好理解,社区自治事务涉及法律、财务、管

---

① 贺雪峰. 谁的乡村建设:乡村振兴战略的实施前提. 探索与争鸣,2017(12).

理、工程等诸多方面专业知识，个体如果具备这方面技能，将显著提升参与能力，当然，有些能力也可以在参与中逐步学习。前文提到的那个小区业委会的案例就非常典型，新一届业委会汇聚了工程老板、私企老总、国企退休财务管理人员、企业高级白领等多方面人才，这是其敢于采用酬金制的基本条件。后一种能力容易被忽视，但某种程度上可能比专业知识和技能还要关键。社区自治面对的对象是普通居民，自治工作本质上是做群众工作。城市社区是陌生人社会，缺乏乡土熟人社会中内生的权威和情面资源，做群众工作更加依赖建立在平等基础上的说服、感化、软磨硬泡、妥协、个性化施策等工作方法和工作策略，具有很强的人格化色彩。对此，本书下一节还要专门探讨。这里只是强调群众工作能力的重要性。实践中，在机关企事业单位中从事党务、"工青妇"、后勤等管理工作的退休人员，往往要比私营企业主等更擅长群众工作。

在三方面特质中，人格特质是基础，社会性参与优势是条件，行动能力专长则是加分项。现实中，不同积极分子所具备的上述特质会有差异，从而使社区自治在实践中表现出与其特质的高度相关性，这是社区自治人格化面向的重要体现。

**3. 积极作用**

积极分子在社区治理中的作用，需要在居民参与的结构性分化中认识。毛泽东在《关于领导方法的若干问题》中指出:"任何有群众的地方,大致都有比较积极的、中间状态的和比较落后的三部分人。故领导者必须善于团结少数积极分子作为领导的骨干,并凭借这批骨干去提高中间分子,争取落后分子。"[1]受此启发,结合调研经验,笔者将居民划分为积极分子、中间分子和消极分子三种。从比例来看,中间分子肯定是大多数,积极分子和消极分子都是少数。社区自治的效果,取决于这三类群体在自治实践中的互动或者博弈会产生怎样的结果,更确切地说,取决于积极分子与消极分子的博弈结果。从实践来看,消极分子的影响往往更大,积极分子的积极性则脆弱得多。

具体地,积极分子关键群体发挥着发现问题、发起行动、承担初始组织成本,并作为居民代理人处理日常事务等作用,其中尤为重要的是代表大多数普通居民处理日常自治事务。因此,大多数居民——主要是中间分子——才可以"不参与"或"弱参与"。但是消极分子会干扰甚至破坏自治运转。广义的"消极"包括中间分子的"不参与"或"弱参与",这里特指狭义的"消极",即"搭便车"、破坏性反对、伤害等明显最大化

---

[1] 毛泽东. 毛泽东选集:第3卷. 2版.北京:人民出版社,1991:898.

个体利益或侵害多数人利益的行为[①]。积极分子是能制衡消极分子还是被其反制，很大程度上决定着社区自治的成败。现实中更为普遍的往往是积极分子被消极分子伤害，积极性丧失而退出，社区自治陷入瘫痪。

保障积极分子可持续地积极参与，是构建社区自治体系必须要考虑的问题，本书第五章还会详细探讨该问题。这里先指出的是，一个无法提供选择性激励的自治组织是不可能长久的。一个组织如果产生的反向激励强于正向激励，就会造成消极分子主导自治秩序，中间分子"被代表"[②]，积极分子被压制，社区自治走向失败。

## 五、街居治理共同体

### 1. 街居关系

许多研究表明，街道办事处虽然在法律意义上仍然不是一

---

[①] 笔者曾经撰文讨论过消极分子的消极行为对集体行动产生的反向激励作用，参见：王德福. 业主自治中的消极分子及其约束机制. 华中农业大学学报（社会科学版），2019（3）。

[②] 贺雪峰提醒，乡村社会正在失去对边缘性群体的约束能力，以致在有的地方"刁民"开始主导社会秩序，甚至"代表"（或代替）了农民群体。这个分析同样适用于城市社会。参见：贺雪峰. 乡村的去政治化及其后果：关于取消农业税后国家与农民关系的一个初步讨论. 哈尔滨工业大学学报（社会科学版），2012，14（1）。

级政府，却几乎具备了一级政府的全部职能。街道办事处是近年来各地推进城市基层治理体制改革的着力点之一，不过理论界对其一直存在"存废之争"[①]，实践中也出现了多种模式，其中比较典型的是安徽铜陵撤销街道办的试验。街道办事处改革针对的也是其日益严重的行政化问题，其表现就是街道办机构膨胀、人员繁多。从某种意义上讲，街道的行政化与社区的行政化基于同样的逻辑，因为社区承担的行政任务几乎都是通过街道传递下来的，很少有上级政府部门越过街道直接向社区派设任务，街道办也因此被称为"二传手"。实际情况显然并非如此简单，街道一级并不因为将某些行政任务或行政任务的某些部分分派给社区就减轻了自身的治理压力。作为"压力型体制"的末端环节，其承担的压力随着"城市治理重心下沉"和"公共服务前移"而不断提高，面临的"权责利不匹配"困境依然没有破解。笔者调研发现，街道与社区共同处于城市基层治理转型中，在基层治理实践中已经形成治理共同体。

街居治理共同体是指街道与社区在城市基层治理实践中形成的既分工又协作的关系模式。其分工性表现为，基于公共服务可达性和城市管理简约性的目标，在职责划分和治理实践中进行层级间的分配。

---

① 高乐.当前我国街居体制改革实践中的两种路径及评析.中国行政管理，2016（7）.

所谓公共服务可达性，主要是指居民低成本地、便利地获得相应服务。为提高可达性，可以根据服务事项的技术要求和制度规范进行流程拆解，将材料受理、信息甄别、结果反馈等技术要求低、不涉及法律权限等的基础性流程放在社区一级作为"前台"，而将街道职能部门作为后台。后台除根据上级授权负责相应流程外，还负责与享有完整行政权限的上级部门进行内部沟通，完成除基础性流程外的那些技术要求高的专业性流程。

所谓城市管理简约性，主要是指基于基层社会固有的模糊性特点，为降低行政成本（特别是行政执法成本）和规避行政风险而将城市管理（包括狭义的城市管理和社会管理）中的基础性问题和基础性程序交由社区，由社区采取非正式治理的方式进行初步处理，街道相关部门和执法力量只在非正式治理方式存在不足的情况下出场。职责和流程上的分工也意味着追责压力的不对称，即虽然表面上社区承担了大量基础性服务和基础性管理事务，但基础性事务一般来讲是琐碎但不容易出风险的事务，因而社区面临的追责压力要比承担专业服务和执法任务的街道小得多。在实践中，社区甚至会进行策略性的责任规避和风险转移。

理解了街居治理分工的内在逻辑，就不难理解其协作性了。街居治理的协作性就是在分工的基础上，街居两级在具体治理实践中互为主体、相辅相成地完成治理目标。首先是街道为主体、社区为辅助的协作，这是公共服务前移和城市管理下沉的内在要求。其次是社区为主体、街道为辅助的协作，这在社区治理中是比较常见的。社区本身自足性和自主性较弱，许多问题的解决都需要社区协调街道和其他外部资源。在一些基础性管理事务的操作过程中，街道作为一种威慑力量它的到场对于社区非正式治理的实施具有积极影响。总之，这种既分工又协作的关系构成了街居治理共同体的主要内涵。这表明，行政化并非包括街道在内的行政体系简单向下传递的结果，大量的行政性治理工作是由街居两级通过分工协作共同完成的。

街居治理共同体并非传统"街居制"的简单延续。笔者在这里只想指出"街居治理共同体"与"街居制"的联系与区别。首先，二者并非同一范畴。"街居治理共同体"是对"社区制"基础上基层治理实践中街居关系的概括，它重点刻画的是街居两级在基层治理实践中的分工协作逻辑。"街居制"则是对我国某一时期城市基层治理体制的概括，街居制下的街道与居委会同当下的街道与社区已经不能同日而语。其次，街居治理共同体的形成离不开街居制的制度遗产。且不说"社区制"仍在形成当中，尚未成熟，当下的街居关系其实仍然延续着街居制的某些逻辑，其中固然有路径依赖的原因，但更是基层治理的内在特性所决定的。无论城市还是乡村，基层治理都是在"责权利不匹配"的处境中展开的，权力和资源有限而责任无限的张力某种程度上要求基层治理更充分地进行组织动员、资源动员和社会动员，以弥补正式治理资源的不足。街居制在某种意义上为街居分工协作提供了制度保障，其制度遗产为当下的街居体制继承，并在治理共同体的实践中得到某种程度的强化，这也可以部分解释为什么理想意义上的社区体制迟迟无法建立。

**2. 街居协作机制**

街居协作大致体现为以下几种比较常见的运作策略：

一是应付-默许策略：这种策略主要应用于一些形式主义和软指标考核的行政任务中：社区通过"选择性应付"应对这些任务，同时街道一级对社区的应付行为给予默许和容忍。既有研究过度强调了社区"应付"的一面，却忽视了一个关键问题，即街道对社区可以应付的工作和应付手段实际上并非不知情，社区选择性应付之所以可能，得益于街道对这种行为的默许。街道给予的制度空间是应付策略运作的前提，街居协作实施应付-默许策略。能够应用应付-默许策略的行政任务包括文化宣传、档案记录、部分创建活动等。这些任务的特点是比较依赖对文字材料和图片资料等静态、固化文本记录的考核，上级难以进行现场监督。文本记录的好处在于可以截取片断以代表整体，而降低运作成本。主要应付手段有：表演式参与，动员积极分子和社工制造居民参与假象；一事多用，将同一个活动进行多角度开发，如分别包装成老龄活动、妇女活动、计生协会活动等，对其进行充分的全方位的开发；形式替代内容，将宣传动员工作简化成贴海报、拉横幅等，用形式化的宣传工具替代对居民的直接动员。通过应付－默许策略的运作，基层可以化解掉相当一部分行政任务。

二是适度博弈策略，即讨价还价。适度博弈是科层组织内政策执行过程中的常见策略，在街居两级之间同样存在。面对街道分派的行政任务，社区并非被动地全部接受，而是可以在任务目标设定、任务实施过程和责任追究等环节采取一定的策略进行博弈。在此过程中，街居双方营造出一个具有一定弹性的任务执行空间，其原则是既能根据任务目标的轻重缓急策略性地配置治理资源，基本完成相应目标要求，又能彼此留有余地。

具体的博弈策略包括：围绕任务目标设定的讨价还价，比如究竟完成多大比例，是 95% 还是 90%，都可以谈判，是一周完成还是十天完成，也不一定严格限定；任务实施过程中巧妙利用突发情况扩大任务执行弹性，比如小区拆违时遇到"钉子户"，这既是治理难题，同时社区也可以借机为拆违工作争取更多时间；责任追究中的"避险"（规避风险）、"免责"

策略，比如社区会倾向于更积极地将问题上报到街道和相关部门，社区的逻辑是"出了问题没上报是我的责任，上报了没处理就不是我的责任了"，网格化管理的实施在一定程度上增加了社区的"避险"机会。当然博弈必须控制在适度范围内，"适度"不是一个静态的可以测量的指标，而是街居两级在长期治理实践和多次重复性博弈过程中形成的动态均衡。博弈策略之所以可能，与基层治理面临的复杂条件有关。不同类型社区的不同先天条件使得任务目标设定和任务执行过程难以完全一致，具体实践过程中又必然出现各种不可控的意外，这些都为讨价还价奠定了客观基础。基层治理毕竟是直接与复杂动态的社会打交道，这与科层体制内的可控性不能相提并论。

三是梯度治理策略。所谓梯度治理就是街居两级在具体治理实践中，根据治理事件的轻重缓急，基于简约原则和风险规避逻辑采取的梯度化配置治理资源的机制。这表现在两个方面：一个方面是前文所述的基础性事务与专业性事务的分配，将基础性服务的流程放置在社区这个前台，将基础性治理通过社区的非正式方式化解，避免全部问题和诉求都堆积到资源本就有限的正式行政体系内，这是一种相对客观的分工方式；另一个方面是主动打破严格的层级分工的梯度配置策略，包括社区将街道执法力量引入基础性事务治理流程，以及街道在专业性事务治理流程中引入社区非正式资源。

在前一种情境中，街道执法力量的到场主要发挥威慑作用，是用其所代表的政府权威为社区治理行为背书，但其把握的原则是尽量只是消极性到场，而非积极性作为，否则执法力量过早介入或不合适的介入不但会增加执法成本，而且可能会引发风险。比如在小区拆违中，有的违建认定存在法律上的模糊之处，但其确实影响到其他居民的生活，且若不拆除将影响整个工作进展，社区能采取的措施是反复劝说，其中不乏故意模糊法律政策进行强制，城管力量到场而不作为（即不直接拆违）实际上可以起到很有效的威慑作用。在后一种情境中，社区非正式力量的介入则可以缓冲正式执法力量造成的对立性和紧张性，或者将严格按照法律执行则成本高昂或风险巨大的事件通过非正式方式柔性化解。许多研究都发现了城市基层治理中这种柔性运作策略的存在，只不过更关注行政力量自身的柔性运作方式，而忽视了街居两级的协作方式。梯度治理策略是街居治理共同体实现有效治理的基础性运作机制，它与应付－默许策略、适度博弈策略一起构成了街居治理体系主要的运作机制，实践中三者是相辅相成的。

### 3. 街居体系改革

街居治理共同体的形成是城市基层治理转型的结果，是由基层治理的内在特性决定的。在"责权利不匹配"的基本制度约束下，街居治理共同体是基层充分进行组织动员、资源动员和社会动员，合理配置正式与非正式治理资源，简约有效地提供公共服务和进行社会管理，同时策略性地规避风险的结果。

街居治理共同体面临的困境在于，社区积累非正式治理资源的能力正在弱化。其表现主要是社区社会动员效果已被长期锁定在低水平状态，社区可动员的居民群体和数量甚至在缩减。当下的社区动员出现了明显的"精英替代"现象，即社区对少数积极分子等社区精英的动员替代了对大多数普通居民的直接动员。随着社会分化，社区精英与普通居民的区隔化日益严重，现在社区积极分子的带动作用同原来同质程度较高的单位社区相比已经大为弱化。此外，社区积累非正式资源的对象日益限制在特定范围内，主要是通过社区获取政府公共福利的群体，对其余居民则甚少有接触，这就造成社区与居民的相互陌生化，势必影响街居体系在治理实践中灵活配置治理资源的空间与能力。造成社区治理能力弱化的原因有很多，与本书讨论直接相关的就是过度行政化的影响。过度行政化不仅将社区主要工作精力耗散在与居民无关的不产生实际治理绩效的行政事务中，而且社区应付这类事务的策略性行为会进一步将普通居民排斥在外。社区低成本、便利地应付上级的策略实际上造成其不愿意直接去动员更多居民、与居民直接打交道，而陷入动员少数积极分子、以形式应付形式的路径依赖中。另外，一些行政任务在执行过程中对非正式治理资源的过度甚至透支利用也会降低其可持续使用的可能性。比如前文所说的拆违等容易造成与治理主体对立化、紧张化的工作，过度依赖以往积累的情面资源，可能造成关系破裂，反而不利于日后的工作。

可以进一步讨论的是，从提高基层治理能力的角度看，笼统地"去行政化"是不妥的。行政化恐怕不是"有"和"无"的问题，而是"多"与"少"的问题，或更准确地说是"合理"与"不合理"、"过度"与"适度"的问题。或许很难有理想的制度设计一劳永逸地将边界划分清晰，正如"社区准入制度"面临的困境一般。当然，那些容易识别的形式主义的行政性事务，是亟须改革的，这也是那些去行政化改革执行最容易、实效最明显的方面。对于更深层次的去行政化改革来说，应该围绕提高街居体系的治理能力展开，尤其是要有利于提高基层积累非正式治理资源的能力，为此破除相应的制度障碍。承接上文的讨论，笔者以为一方面要减少和弱化那些在实践中经常被"应付"的考核目标，防止社区动员中"精英替代"现象的进一步恶化。在保留行政服务这一社区与居民的制度性关联机制的同时，要强化以网格管理为基础的具有"逆向政治参与"性质的治理要求，推动社区基层工作人员更多、更广泛地深入到绝大多数普通居民日常生活中去，拓展社区积累非正式治理资源的范围。另一方面，在梯度治理的资源配置过程中，要强化对正式执法力量的运用，防止过度透支基层的非正式治理资源。

近年来，各地正在深入推进新一轮街道综合体制改革。按照"治理重心下沉"的要求，通过将执法力量下沉到街道，实现街道一级责权统一，解决一直以来"看得见、管不了"的问题。按说这一改革应该很受基层欢迎，实际上却并非如此。笔者在武汉调研时，一位街道党工委书记就对此颇为抵触，原因有两个：一是执法权下沉后，执法力量不足问题更加凸显。在依法行政要求下，街道一级扩充执法力量困难重重，原来主要依靠编外辅助人员的方式行不通了。二是执法权下沉后，街道一级责任更重，条块关系反而更加失衡。用那位书记的话说，以前还能以权力不足为正当理由同部门谈判，现在连这个正当理由都没有了。部门更轻松了，属地管理压力更大了。其实，除此之外，还有一个重要原因，就是笔者前面提到的梯度治理策略：以前街道社区两级是可以通过群众工作的方式解决很多问题的，现在这一空间反而被压缩了。

2023年4月，《半月谈》杂志刊登了一篇这样的报道，题目是《前脚还在谈心，转身就要执法？执法权下放基层干部面临身份之惑》，对此进行了非常充分的刻画。其中有一句尤其值得深思："过去跟群众打成一片的乡镇干部，突然成了群众'对立面'。"

# 第二章
## 社区治理体系：组织与制度

本章从组织与制度的维度，探讨社区内部的治理体系问题。其中，组织维度聚焦社区居委会和社区工作者，制度维度则分别探讨社区服务、社区自治和业主自治。

从组织维度看，社区治理体系的主导结构是社区居委会。当然，准确地说，社区治理中主导性的组织力量还包括社区党组织。近年来的"党建引领"更是将党组织的核心地位凸显出来。不过，一方面，实践中二者并不会清晰区分，很多时候，笔者也会用"社区基层组织"统称两者；另一方面，围绕着社区居委会展开的"行政/自治"问题，一直是国内社区治理研究的经典议题。因此，笔者在这里先探讨居委会的组织属性问题，而将党建引领放在本书第六章讨论。社区工作者是社区基层组织的主要构成力量，是社区治理的主要人格化载体之一。对社区工作者的探讨将从所谓"职业困境"这个现实问题切入，本章重点讨论社区工作者的代际更替，这也是社区治理变迁的一个观察角度。

本章探讨的制度维度，并非具体的社区治理制度，而是指制度化了的社区治理内容，即社区服务、社区自治和业主自治。社区服务包括两个方面：一是自上而下的国家公共服务，如何通过社区这个中间环节，递送到城市居民手中；二是自下而上的社区内生需求，如何通过社区和国家的回应来满足。本章将重点探讨后者，剖析当下社区居民的主要需求类型及其供给方式。社区自治和业主自治本质上是一回事，都是社区居民组织起来实现公共事务治理的过程。但是，从制度上看，二者分别属于基层群众自治制度和业主自治制度。前者是宪法规定的人民民主的实现形式，后者则只是基于建筑物区分所有权形成的民事行为。本章先分别讨论两种自治的基本特点，后面章节中还会进一步展开更详细的分析。

# 一、社区居委会：行政性与自治性

### 1."类行政组织"

城市社区治理体制是新中国国家政权建设的产物，从新中国成立初期城市基层政权重建，到单位制时期街居制的确立与成熟，再到社区建设确立社区制，行政性与自治性的问题始终贯穿社区演变全过程。街居制时期，街道和居委会仅仅承担着单位之外人员和事务的管理，具有明显的"附属性"和"剩余性"特点。20世纪80年代，随着大批知青返城和单位社会随经济体制改革而萎缩，城市的基层社会服务和社会管理压力骤然增加。在"社会福利社会办"理念的指导下，社区服务开始发展，居委会功能随之膨胀，居委会行政化问题开始凸显。20世纪90年代末，国有体制改革和住房体制改革加速推进，城市社会剧烈转型，街居制的不适应性日益突出。21世纪初，民政部门在全国推进社区建设，目标是解决居委会行政化问题，激活居民自治，扩大社会参与，提升社区治理能力。然而，时至今日，社区行政化问题非但没有彻底解决，反而有不断加重趋势，社区建设陷入"内卷化"。

社区行政化最直观的表现是居委会自身的行政化。在居民眼中，居委会就是他们身边的政府；在社区工作者看来，居委会是政府在社区的腿；在学者看来，居委会已成为"类行政组织"[①]。具体来看，其主要包括这样几个方面：一是成员公职化。社区两委委员和普通社工的选拔考核、职位安排、工资来源等全部由政府统一安排，与正式行政人员除编制、待遇有别外几无差异。二是运作方式行政化。日常管理制度、工作制

---

① 吴刚. 类行政组织的概念. 中国行政管理，2001（7）.

度、职能设置等与行政机关日益趋同。三是工作内容行政化。社区工作主要是完成上级安排的行政任务，甚至连入户走访、民事调解等自治性很强的工作，也被纳入网格管理等行政任务的考核内容中，具有明显的行政色彩。总之，从组织形态和运作方式来看，居委会确实行政化了。

社区居委会的行政化与农村村委会的行政化具有一定相似性，后者已成为近年来各地推进农村基层治理体制改革的主要对象之一，其内容主要包括村干部职业化、工作制度正规化等[1]。二者目前仍然存在的一个关键区别是，村委会组成人员仍然来源于本村村民[2]，而居委会组成人员的在地化比重很小。尽管都要按照法律要求组织居民选举，但在工作人员流动化、职业化的情况下，建立在陌生人社会基础上的选举几乎没有实质意义。笔者2016年到杭州上城区调研，发现当地正在试行"专职居民委员"制度，即在居委会中设置若干名本地居民委员职位，他们由居民选举产生，与其他委员遵从同样的工作制度并领取报酬。专职居民委员制度试图密切居委会与居民的联系，克服居委会行政化、基层社工流动化的弊端，但实践效果

---

[1] 杜姣. 村级组织建设路径的地区差异研究：以珠三角地区、中西部地区村庄为经验基础. 中国行政管理，2020（4）.

[2] 比较特殊的是苏南地区农村。笔者2021年在张家港调研，发现当地村两委委员和一般工作人员已全部职业化，完全打破了村庄地域限制。

还有待观察。

## 2. 辩证看待行政属性

社区行政化最为人诟病的是社区承担了过多的政府行政性事务,相应地用于回应居民服务性诉求的精力就少了很多。社区组织的一些被寄望于能够增加社区社会资本的活动,实质上也变成了应付上级检查、完成量化考核目标的"公事",而流于形式。在社会组织发育迟缓而居委会主导作用又发挥不足的情况下,居民自然长期陷于分散的无组织状态,社区自治被锁定在低水平状态难以突破。行政化作为制约社区自治的主要因素受到众多研究者的批评,"去行政化"就成为一项重要共识[1]。

但去行政化改革的实践效果相当模糊,甚至不乏争议。且不说社区自治并没有随着去行政化而自然到来,也不说居委会在去行政化改革后普遍陷入无事可做的"边缘化"窘境[2],但就去行政化改革本身的效果来看,也难言理想,主要表现在三个方面:一是针对具体事务的改革效果大多比较好,比如减

---

[1] 侯利文,文军. 科层为体、自治为用:居委会主动行政化的内生逻辑:以苏南地区宜街为例. 社会学研究,2022,37(1).
[2] 张雪霖,王德福. 社区居委会去行政化改革的悖论及其原因探析. 北京行政学院学报,2016(1).

少上级检查评比（包括台账）、规范社区证明等。二是几乎所有制度和组织层面的改革都流于形式：制度层面的改革最典型的是"社区准入制度"——由民政部门主导的准入制度在实践中难以制衡和约束其他政府部门的职能下沉；组织层面的改革如"议行分设""居站分离"等，在社区层面设置更多组织架构，实际上要么因操作层面的"合署办公交叉任职"而流于形式，要么就徒增组织间的交易成本，有些组织层面的改革甚至适得其反。三是常规工作层面的改革经受不住中心工作的考验。现有改革大多针对的是社区承担的常规行政任务，一旦社区遭遇上级的中心工作，所有的改革都要让位。中心工作往往是政治任务，其特点就是无论是否符合准入制度都要准入，政治要求超越制度限制；中心工作要求短期内集中配置社区资源，包括组织资源和人力资源，无论是居委会还是社工站都要服从。去行政化改革的实践经验表明，行政任务难以一去了之，作为整个基层治理体系的基础性环节，行政任务已经深深嵌入社区治理之中。换句话说，行政性已经成为社区的组织属性和治理属性的组成部分，而不单单是外在的附加性的属性。

将行政性作为社区组织属性和治理属性的内在组成部分而非附加属性，就可以更恰切地理解"行政化作为一个问题"的内涵。准确地说，"行政化"本身不是问题，"过度行政化"或者"不合理的行政化"才是问题。所谓"过度"和"不合理"意指社区承担了与基层治理内在需求不相符的行政任务。这些不相符的行政任务是上级行政体系"误判"基层治理需求或纯粹基于自身考量而制造的"虚假"治理要求,总之是治理目标与治理需求相脱节的产物。其中最典型的就是各种形式主义的行政任务,包括重复的、不必要的检查评比,因部门信息壁垒和"踢皮球"产生的不合理证明问题等。这些形式主义的行政任务在去行政化改革中是最容易被取消的,也是改革效果最明显的。但是,这类行政化问题从根本上看并非"社区行政化"问题,而更多的是官僚体制的问题。除去这些"不合理"或"过度"的部分,那些已经深嵌在社区组织属性和治理属性之中的行政性就成为"不可能"或至少是很难被"改革"的部分。

实际上,"正常"或者说"合理"的行政任务非但不是社区的"负担"和社区治理中的消极性因素,反而是"社区之所以为社区"的重要基础和社区治理有效性的重要资源。首先,社区承担的行政任务中有相当一部分属于行政服务,这是伴随"城市管理重心下沉"而实施的"公共服务前移"的结果。社会救助与社会福利、计生服务与劳动服务等行政服务前移到社区,大大提高了居民低成本地获取政府公共服务的效率。南京有的区在社区去行政化改革中曾试行将行政服务集中到街道一级,但很快因为影响居民办事效率而失败[①]。其次,社区作为行政服务前台实际上有助于密切与居民的关系。在工作、休闲与居住分离已成社会常态的情况下,大多数居民与社区最主要的关联就是依靠行政服务。社区作为行政服务前台不仅有利于居民办事,而且有利于在办事过程中了解居民需求,掌握社区信息,发掘社区积极分子,积累与居民的人情等社会性资源,这些构成了社区治理的基础性资源。如果缺少这一项,社区对居民的意义将大为降低,社区也将失去积累治理资源,尤其是非正式的社会性资源的重要渠道。再次,行政任务与社区内在需求并非天然对立,实践中二者既有模糊之处,同时某些行政任务也有助于回应社区内在需求,比如环境整治、社区矫正、治安维稳等。最后,社区的自足性和自主性较弱,与街道和政府职能部门的制度性关联构成其治理能力的重要基础。无论是市政基础设施还是社会文化设施都是城市体系的一部分,社区内在问题与需求的产生既非完全源自自身,

---

[①] 2016年7月,笔者在杭州调研时,与某区民政局和街道、社区相关工作人员座谈讨论该问题。该区民政局为推动社区改革拟将社区公共服务站合并,若干社区共用一个公共服务站。街道和社区工作人员对此改革措施的主要忧虑就是可能增加居民办事成本。考虑到当下的社区规模已经足够大,社区服务半径或已接近极限,特别是对获取社区行政服务需求最多的老年居民来说,贸然扩大社区服务半径的负面影响是显而易见的。2017年7月,笔者到苏州调研,当地也正在推行居站分设改革。可见这项改革影响之大。

其解决也更多依赖整个城市治理系统。社区最主要的功能是协调资源，而街道和相关的政府职能部门则是最主要的协调对象和资源来源。社区承担行政任务也是社区参与城市基层治理的过程。

更进一步考察会发现，在基层治理实践中，社区并非单独、孤立地承担行政任务和完成治理要求，街道及随着城市管理重心下沉而派驻街道的相关职能部门与社区一起，构成了一个相对完整的基层治理体系。本书将街道及相关派驻部门作为一个层级，将社区作为一个层级，二者构成了一个可以称为"街居治理共同体"的基层治理体系——通过层级之间的协作共同进行基层治理。理解街居治理共同体及其协作机制，有助于避免既有研究将街道与社区割裂甚至对立起来的问题，更恰切地考察包括社区行政化在内的城市基层治理的内在机理。

## 二、社区工作者

### 1. 职业困境？

社区工作者是社区治理的中坚力量。截至 2020 年底，全国社区工作者已达 433.8 万人。按照《"十四五"城乡社区服务体系建设规划》（以下简称"规划"）要求，2025 年每万城镇常住人口配备 18 名社区工作者，比 2020 年的配置标准提高 20%。这支庞大的基层队伍，在抗击新冠疫情中发挥了巨大作用，习近平总书记称其与各行各业参与疫情防控的人员一起"充分彰显了打赢疫情防控人民战争的伟力"[1]。《中共中央 国务院关于加强基层治理体系和治理能力现代化建设的意见》强调，"加强基层治理队伍建设"，"研究制定加强城乡社区工作者队伍建设政策措施"。规划提出"十四五"期间启动"社区人才队伍建设行动"，"健全社区工作者职业体系，建立岗位薪酬制度并完善动态调整和职业成长机制"。构建面向社区工作者的更加完善的职业激励体系，是推进社区治理现代化的题中应有之义。

社区工作者，简称为"社工"[2]，是指通过政府招聘，在社区从事公共服务和社会治理的专职工作人员。社区工作者包括社区党组织和居委会专职组成人员（俗称的"居委会干部"）、负责某项或若干项公共服务职责的社区干事（有的地方称为

---

[1] 习近平.给武汉东湖新城社区全体社区工作者的回信（二〇二〇年四月八日）//中共中央党史和文献研究院.习近平关于统筹疫情防控和经济社会发展重要论述选编.北京：中央文献出版社，2020：140.

[2] 这个称呼容易与"专业社工"混淆，但为了表述方便，本书采用这个说法，有时还会使用"基层社工"的说法，两者意思是一样的。随着很多地方推动社区工作者通过考试取得社会工作师证书，"基层社工"与"专业社工"出现了身份交叉，但后者主要集中在社会工作专业机构，二者还是容易区分的。

"专干")、职能部门派驻社区的协理员等。近年来各地也陆续将专职网格员纳入社区工作者管理。尽管社工群体是一个数量庞大的存在,更是社区治理的中坚力量,但相关研究却还比较薄弱。正如有学者指出的,大量研究虽关注到社区结构的"形",但忽视了社区工作者这个核心动力[1]。多数研究限于"问题描述—原因分析—解决建议"框架内,呈现了社工群体面临的职业困境,其共识是"两低一窄",即薪酬待遇低、社会认同度低、晋升通道狭窄[2],所提出的解决办法也多从策略层面出发,即完善考核制度,加大支持力度,如资金投入。这类研究的缺陷是深度不足,对社工职业性质存在明显误解,将其混同于一般职业,提出的建议表面看来有针对性,实际却可能"南辕北辙"。

近来一些相对深入的研究开始注意到社工的身份和行为逻辑,揭示社工在行政体制中的"从属""边缘"地位,剖析其在体制与社会缝隙中的策略行为。王学梦将该群体称为"社区代理人",认为其角色自1949年以来经历了"阶级净化型""生产营利型""职业经纪型"到"全能专业型"的转变,认为

---

[1] 汪鸿波,费梅苹. 新中国成立70年来我国城市社区工作者形象的变迁与重构:基于上海的历史考察. 内蒙古社会科学(汉文版), 2019, 40(5).
[2] 王红,王正中. 社区工作者职业发展的现状、困境及求解路径:基于淮安市社区工作者职业发展的深度访谈. 四川行政学院学报, 2022(1).

当前基层社工已成为深度依附于科层组织系统的"行政化附属"[①]。刘莉等也认为基层社工处于"无职而有责"的身份失衡状况，在经济-社会、政治和人际关系上对政府存在制度性依赖[②]。许宝君指出基层社工处在"压力型体制"结构之中，属于"体制内边缘性群体"，这塑造出其"非制度性软抗争"的行为逻辑[③]。王海宇认为基层社工在结构性约束中呈现出能动性与结构性相结合的"有限度的自主"[④]。孙旭友发现职业认同和定位等塑造了新一代社工刻意与社区保持距离的"脱域"风格，采取"去人情化"的工作方式，并分析了其可能对社区治理造成的影响[⑤]。芦恒则通过对社区干部的叙事实践，刻画了社区干部抱怨和夸大困境的"诉苦"现象，并富有启发地揭示了"为什么基层社区干部工资低，又没有'体制内身份'，却可以坚持做下去？"的心理动因[⑥]。在这些研究中，"体制""结

---

[①] 王学梦. 1949年以来我国城市社区代理人角色生成与嬗变：以杭州市上城区为分析单位. 理论月刊，2021（3）.

[②] 刘莉，刘俊麟. 无职而有责：社区工作者身份失衡的制度性解释. 社会工作，2021（4）.

[③] 许宝君. 社区工作者的职业困境与非制度性应对. 城市问题，2020（5）.

[④] 王海宇. 有限度的自主：当前社区治理中的社区干部. 青年研究，2018（2）.

[⑤] 孙旭友. 去人情化：新一代社区工作者的治理倾向和社区"脱域"策略. 社会工作与管理，2016，16（4）.

[⑥] 芦恒. 找回责任：社区干部"诉苦"的叙事实践研究. 社会工作，2021（2）.

构"对社工来说似乎是消极的、限制性的,"从属""依附""边缘""抗争"等话语,折射出研究者对行政体制或明或暗的批判。包括前述研究在内,这些研究尽管确实"说出"了部分事实,却都有"夸大"的嫌疑,因为其面临以下解释上的困境:现实中,社区工作者岗位对相当部分群体显示出较强职业吸引力,而且,尽管存在职业不稳定性,但毕竟有大量社工将其确立为终身职业。这应该如何解释呢?

近年来,学界对中国特色干部选拔和人事激励制度与实践进行了大量研究,很多研究关注到"临时工""编外人员""政府雇员"等特殊群体。社工群体与这些群体有相似之处,都不属于严格意义上的编制内人员,而且处于"基层"这个治理场域中。但社工又与其存在重要差别,比如,上述群体只是部门正式人员的补充力量,而社工是社区的主体力量。社工虽不具有行政体制意义上的正式编制,却具有政治体制意义上的正式地位,是基层工作的中坚力量,是国家与群众联系的"最后一公里",是人民群众当家作主的人格化代表。也是在这个意义上,对社工群体的研究,就不能将其简单等同于一般职业群体,而应该深入探讨其内含的基层人事激励与干部选拔逻辑和意义。笔者以为,学界目前尚未对社工群体的职业属性给出契合本土情境的学理认识,因此对其特有的人事激励逻辑存在误解:过度夸大了困境,忽视了现有激励机制的合理性,及其隐含的基层干部培养与选拔意义。本书试图弥补上述不足。"政治路线确定之后，干部就是决定的因素。"[1]实现社区治理现代化，同样需要从广大社区工作者中培养和选拔一大批优秀社区干部，本书第五章将对如何构建适应社区治理现代化需要的干部培养机制做些必要但简要的讨论。

## 2. 代际更替与工作嬗变

作为一项正式职业，"社区工作者"是伴随社区建设诞生的。民政部在1999年《全国社区建设实验区工作实施方案》中首次提出建立职业化的社区工作队伍；在2000年《关于在全国推进城市社区建设的意见》中正式提出建立"社区工作者"队伍。在此之前，只有"居委会干部"的说法。随着社区职能扩展，社会保障、社会救助、计划生育等部门职能向社区下沉，社区工作人员超出"居委会干部"所能界定的范围，需要用更具包容性的"社区工作者"来统称社区工作人员。这里使用"社区工作者"指称居委会和社区基层工作者，包括社区体制确立前的居委会时代的基层工作者。考察社区工作者群体与其工作内容的历史演变，有助于更恰切地认识其职业特点，理清"人"与"事"是如何相互塑造的。

---

[1] 毛泽东. 毛泽东选集：第2卷. 2版. 北京：人民出版社，1991：526.

（1）代际更替

1954年，第一届全国人大常委会第四次会议通过《城市居民委员会组织条例》，居民委员会体制正式形成。一直到2000年社区体制确立前，这近50年时间都可称为"居委会时代"，2000年至今则进入"社区时代"。社区工作者的组成结构则大致经历了三次变化，呈现出明显的代际更替特征，可分别称为"老一代社工""中生代社工""新生代社工"。

老一代社工，即俗称的"居委会大妈"，其构成以职工家属和家庭妇女为主，大多数是中老年女性，工作带有较强公益性，其报酬属于"务工补贴"性质，标准较低。这一代社工横跨多个重要历史时期，其构成因时因地会有变动，比如上海曾经有社会闲散人员加入，但是"居委会大妈"却成为全社会对其职业形象的集体记忆。他们留下了深远的社区工作遗产，尤其是其工作方式和工作作风，至今仍然影响着一些老年居民对社区工作的评价和期待。从全国来看，老一代社工自20世纪90年代中期开始，陆续退出社区工作一线，开始被中生代社工取代，到21世纪初期，两代社工的代际更替基本完成。

中生代社工，是第一代职业化社区工作者，其构成以中年女性为主，是政府面向社会公开招聘的专职社区工作者，大多数属于国企下岗再就业人员。社区工作从此正式成为一个正式职业。中生代社工的产生最早是在北京、上海等大城市，政府从国有企业从事党群工作的中低层管理人员中，招聘了第一批专职社工充实到居委会中。随着社区建设展开，中生代社工逐渐成为社区中坚力量。同老一代社工相比，中生代社工更加年富力强，受教育水平明显提升[1]。中生代社工在21世纪初取代老一代社工成为社区主力，到2010年左右，开始陆续被新生代社工替代。

新生代社工，是当前社区工作的中坚力量，其构成以中青年人为主，女性仍然占多数。新生代社工主要包括两个群体：一是初次就业的应届大学毕业生，二是主动进行职业转型的中青年人。新生代社工与中生代社工的主要区别有两点：一是新生代社工基本属于主动选择，而中生代社工相对更加被动；二是新生代社工的职业经历与社区工作的关联度更弱，中生代社工则大多来源于国企，有过党群工作经验。同老一代社工和中生代社工相比，新生代社工的职业稳定性较差。但若细分初次就业群体和职业转型群体的话，会发现二者的职业稳定性存在巨大差异，笔者将在后文深入探讨。

三代社工的代际更替，背后反映的是城市社区治理的深刻转型。社区治理转型需要适配相应类型的社区工作者，社区工

---

[1] 比如武汉市江汉区经过招聘后，社区居委会成员的平均年龄由55岁下降到38岁，大专以上文化水平的从5%上升到20%。参见：多吉才让. 城市社区建设读本. 北京：中国社会出版社，2001：633。

作者的代际更替,又反过来塑造了社区治理风格的时代差异。

(2)工作嬗变

基层社工承担的工作大致可以分为三类:行政任务、公共服务和居民事务。行政任务即政府交办的需要在居民中贯彻实现并匹配相应考核要求的事务,既有城市管理等常规性事务,也有临时性、阶段性的交办任务,比如城市创建、重大活动保障等。公共服务是政府面向居民提供的具有公共品属性的教科文卫等民生类服务,主要涉及社会保障、民政、计生、文体、医疗卫生等方面。居民事务则指居民生活中产生的超出一家一户解决能力,但又不属于政府公共管理和公共服务范畴的社区性公共事务。上述类别并非截然分开,实践中会有交叉重合,但大致可用来认识和评估基层社工的工作内容及其演变。

老一代社工工作内容的特点是技术化、文牍化程度比较低,行政任务和公共服务工作以面对面动员为主,可以与居民事务较好地融合起来,实际中甚至没有明显区分。客观来说,老一代社工的管理和服务对象的规模比较小,一个居委会只管辖几百户,居民主要是与单位打交道,老一代社工因而有足够时间和精力去做面对面的动员工作,能够与居民建立起比较密切的关系,对居民的家庭情况、性格爱好等关键人格化信息较为熟悉。从 20 世纪 80 年代开始,国家开始推进社区服务,社区承担的任务量开始迅速增加,且其面对的群体结构也开始复杂化，老一代社工逐渐不适应新的工作需要。

中生代社工工作内容的最大变化是公共服务事项迅速增加。这一时期随着单位制解体，原本由单位承接的公共服务向社区转移，城市社会保障和社会福利制度建立并向社区延伸，公共服务从动员型转型为分配型，技术化、文牍化程度开始迅速提高，这也是政府的社工招聘开始对年龄和学历提出更高要求的原因。这一时期行政任务也在提高，社区行政化问题开始凸显，但其严重性并没有特别突出，社工仍有足够时间和精力去做面对面动员的群众工作。这一时期社会正剧烈转型，下岗工人再就业和社会稳定等压力比较大，需要社工去做大量的社会情绪安抚和维稳工作。毫不夸张地说，中生代社工充当了"社会心理治疗师"的角色，成为这一时期的城市"社会减压阀"。

新生代社工工作内容的特点是各项事务全方位地空前增加，以技术化、文牍化、规范化为标志的社区行政化日益严重，工作负荷远超前两代社工。一方面，城市化发展到新阶段，城市管理要求更加精细、标准更高，社区承担的行政任务迅猛增加，"创文""创卫"等长周期、高强度任务向几乎所有城市蔓延，同时公共服务事项在总体成熟定型后也开始追求更加精细、规范的分配，除了国家层面的公共服务，具有城市特点的地方公共服务也随着城市财力的提升而增加。另一方面，随着住房市场化的发展，新型商品房小区产生的业主维权、业主自治等事务出现并成为社区工作面临的新挑战,而随着 2000 年前建造的居住小区陆续老化,老旧小区管理也成为社区工作的重要内容。也就是说,新生代社工同时面临文牍化工作和动员性事务双重增加的挑战。于是,社区内部会形成有趣的群体分工:以初次就业为主体的年轻社工应对文牍化工作,以职业转型为主体的中年社工应对动员性事务。群体分工是正确认识新生代社工的职业发展问题的前提。

基层社工的代际更替与工作嬗变,表明不能简单用静态僵化的视角看待其面临的职业发展问题。社区工作是社工("人")与社区事务("事")的结合,人在变,事也在变。所做之事不同,做事之人从中获得的激励与发展就不同。社工的职业激励,也就是人事激励,本质上是实现人与事的匹配,即让合适的人做合适的事。

## 三、社区服务:需求与供给

### 1. 居民需求类型

居民需求大致可以分为三类:

第一类是基础性需求,即绝大多数普通居民的社会文化生活、居住环境条件、安全保障等方面的基本需求。具体地,对绝大多数普通居民来说,社会文化生活方面的基础性需求主要是有公共活动场所,这样居民能够自由进出,自由开展他们有兴趣、有能力参与的活动,比如打牌、聊天和简单的体育运动等。这样的公共活动场所需要一定的管理制度,但管理必须是简易和自主的,制度越简单越容易被人遵守,也才能真正实现其开放性和公共性。除了这类相对集中的公共场所,每个小区都会被居民开发出一些适合日常聚会的空间。另外,社区毗邻的城市公园、广场也会成为重要的公共场所。可以说,公园、广场已经成为嵌入社区生活有机体中的重要组成部分。居住环境条件方面的基础性需求也就是与物业管理相关的基本的保洁保绿保序要求。这方面需求根据居住社区基础条件的差异会有所不同,也与物业管理方式有关。由于难以形成公认的客观量化的标准,这类需求在实践中存在较大弹性,模糊空间也比较大,需求方和供给方之间很容易因此发生纠纷。安全保障方面的基础性需求就是居民对社区社会治安和社会秩序的要求,主要是指人身财产安全、邻里关系、社区公共环境秩序等。

第二类是特殊性需求,即部分居民因为个人兴趣爱好、经济社会地位和其他特殊因素形成的需求。这类需求的满足大多依赖比基础性需求更高的条件,包括个人禀赋条件、公共设施条件等。在社区中,居民的特殊性需求主要是唱歌、跳舞、戏曲、书法、绘画等需要一定才艺基础的兴趣爱好,以及儿童教育、休闲娱乐等。满足居民的才艺兴趣，需要社区提供必要的场地、设备甚至培训条件。拥有这类兴趣的居民往往同时也是热心参与社区事务的居民，其人数不会很多，但在全体居民中会形成一定的比例。考虑到他们能够影响到家庭和其他居民，而且社区将他们组织起来开展大型表演活动也能丰富普通居民的社会文化生活，所以，他们对社区建设具有很大的积极意义。不过，需要在特殊性需求中进行必要的区分，这也是为了划定社区服务供给的责任边界。有一些特殊性需求是某些社会阶层的群体或某些特殊家庭的特殊需要，比如一些全职主妇的休闲娱乐需求，一些家庭对子女才艺培训和教育的需求，等等。这类需求，其满足需要具备特殊的软硬件条件，且对服务供给方也有较高的要求，差异性和弹性都比较大。更重要的是，这类需求一般在市场上有供给主体，属于营利性的服务业。也就是说，市场上已经存在依据个人购买力和需求偏好而有所差异的服务供给主体，有这类特殊需求的特殊居民可以自行购买相应服务。这类需求是政府购买社区服务最容易混淆或者说越界的地方。相比之下，普通居民的特殊性需求其实比较一致，唱歌也好，跳广场舞也好，并不需要太高的专业水准。

第三类是专业性需求，这类需求的满足依赖较为专业的供给方式，比如高龄失能老人的陪护、特殊人群（精神病人、吸毒人员、社区矫正人员）的心理疏导等。专业性需求涉及的居民群体更小，而且这类群体大多与社区普通居民交往不多，是社区生活中的边缘群体。当然，普通居民也有专业性需求，比较典型的有政策法律咨询方面的需求，比如申请政策性的社会保障、社会福利和政府补贴，小区内住改商、饲养宠物，外来人口申办居住证及办理子女入学等。此外，物业管理中涉及法律的更多，业主维权更是需要专业的法律和政策知识。

**2. 居民分化与需求偏好**

一般来说，老年人比中青年人对社区的依赖性更高，弱势群体比普通群体对社区的依赖性更高。原因很简单，老年人受生理局限，社会活动范围有限，生活重心在社区，社区环境与其生活体验的关联更为直接与紧密。弱势群体比普通群体更加依赖政府提供的社会保障和社会福利，这些都需要经过社区这个中介和平台获取。对中青年人来说，他们的生活重心在工作单位和城市公共空间，工作和社交占据了其主要精力，相比之下，社区内的社会活动比较少。他们的诉求主要集中在社区物业管理方面，对包括停车管理、社区治安等物业服务的敏感度比较高，因为其在社区内的活动主要与此有关。他们对社区公共事务治理和公共文化生活的参与度相对来说是最低的，一个客观原因是时间有限。儿童和老年人对社区生活的需求是最高的，也可以说他们对社区的黏性最大。客观上，这两个群体受生理限制，活动范围本来就比较小。儿童的需求比较简单，主要是与社区内同龄群体间的社交、游戏等。社区对儿童需求的满足，实际上也回应了其家庭对子女课外看护和教育的需求。随着教育改革的深入，儿童在校时间不断压缩，校外教育压力越来越大。校外教育中既有适合市场供给的个性化教育需求，也有适合社区等公共服务机构供给的看护类基础性需求，二者的边界在实践中很容易混淆，尤其会造成公共服务供给边界的扩大化。当然，吸引儿童参与社区活动，也是间接动员作为父母的中青年人的有效手段。老年人的需求是最多的，他们既有对社区物业管理的需求，也有对社区提供的公共文化生活的需求，总之，因为他们的日常生活几乎都集中在社区，他们就有更多与社区打交道的机会。同中青年不同，老年人的需求往往是基础性的，是底线式的：物业管理能够维持基本秩序即可，社区公共文化生活则往往是下棋、打牌、简单的健身运动、合唱、跳广场舞等基本的文体活动等。

住房市场化使得城市社会阶层的分化基本上与社区类型重合，这个问题某种程度上也可以转化为不同类型社区的居民诉求差异。对中高收入群体来说，他们拥有一定经济实力，对居住环境和房产价值更为敏感，更关心社区物业管理水平和社区提供的公共服务。这个群体由于拥有经济、知识、社会资本等方面的优势，往往是社区维权的主力。基本上所有的邻避运动和业主维权行动中，都活跃着这个群体的身影。但是，他们对社区基层组织主导的社区治理的参与程度并不一定高，他们的社交生活等基本不在社区，对公共生活的诉求也是特殊化的。对主要提供基础性服务的社区基层组织来说，很难回应他们的诉求，却必须承担由这个群体引发的公共事务治理问题。低收入群体往往聚集在老旧社区，而且低收入群体中可能集中分布着"两劳"释放人员、精神病患者等特殊群体，这个群体对政府提供的社会保障和社会福利比较依赖，对社区基层组织的主要诉求就集中在这个方面。介于这两个群体之间的大多数普通居民，主要需要满足的还是基础性需求，但在一些社区维权主力的动员下，也会表达出更多的利益诉求。这个群体是社区常规物业纠纷事件的主体。这些常规物业纠纷往往是日常性的、琐碎的，同时也是具有累积性的，很容易因为无法及时有效化解而累积成剧烈冲突性事件。

分析居民分化的维度还有很多，但上述两个维度的分化在社区治理中是比较明显的。当然，这两个维度是可以重合的。不同类型社区中往往某种或某些群体相对集中，比如，老年人和低收入群体往往集中于老旧社区，中高收入群体则大多集中在高档商品房社区，而且由于这个群体的购买力较高，他们很可能在多个社区拥有房产，是社区治理中相对特殊的力量。而中高收入群体聚集的商品房社区中，一般也会存在相当数量的全职家庭妇女。这个中青年女性群体，由于没有工作，对社区的黏性比较大，对社区提供的公共文化生活的要求比较高，是社区治理中潜在的积极力量。

居民对社区的诉求以基础性需求为主，以特殊性需求为辅。绝大多数诉求几乎都是由每个家庭在日常生活中遇到的基本问题引发的，比如楼上漏水、宠物扰民等，这些问题时时刻刻都有可能出现，重复发生率非常高，很难有一劳永逸的一揽子解决方案，因此社区每天都要面对。同类型社区中，居民的诉求表达具有一致性，但又存在差异性，实践中很少出现利益完全一致的诉求。比如，有车或车多的居民希望减少社区绿地面积以增加停车位，而没车或车少的居民就不会同意。也就是说，上述依据年龄和收入进行的划分还是粗线条的，在居民诉求表达实践中，群体分化可能是比较复杂的，因时因地因事而异。社区是建构性的，与乡村社会可以通过情面关联等原生性的社会资源消弭部分利益分歧不同，居民在表达个体利益诉求时，独立程度更高，更少顾忌他人利益和公共利益。这正是社区回应居民利益诉求的复杂性和困难性所在。

### 3. 社区服务供给模式

居民在社区的需求主要通过四种方式获得回应，这四种方式各对应一类社区服务供给主体和供给模式。

第一种是市场化供给。市场化供给存在于物业服务领域，供给主体是物业公司。这种方式普遍存在于商品房社区和部分老旧社区。作为业主的社区居民选聘物业公司，由其管理和维护居住小区的环境，提供相应的物业服务。市场化的物业服务建立在业主与物业公司的服务契约基础上，其运行有赖于双方对契约的遵守，如果任何一方不履行契约要求，另一方都可以终止契约，业主可以解聘物业公司，物业公司可以撤出小区。但实践中的复杂性在于，我国现行的物业管理制度存在前期物业的设置，即居住小区从建成后到业主成立业委会之前，由开发商指定物业公司对小区进行管理，业主在购房时要接受前期物业管理的给定事实。前期物业基本都是开发商的子公司，小区交付后到业委会成立前，小区内包括共有产权部分在内的财产存在产权主体缺位等模糊空间，这为开发商与物业公司合谋侵犯业主利益提供了可能。并且到业委会成立自主选聘物业公司时，前期物业已在小区经营多年，其资源投入已形成利益黏着，而且其拥有信息不对称的优势，使得业主自主更换物业公司困难重重。物业服务具有琐碎性、重复性、温和性和模糊性等特点，伴随着物业管理全过程和业主的日常生活。物业公司与数量众多且分散的业主达成良性互动的成本很高，双方很容易发生纠纷，且纠纷很容易从细小琐碎的个体纠纷逐步累积扩大为业主对物业公司的群体性不满，即使个体服务诉求基本能够得到物业公司的回应，但仍然会成为潜在的业主拒交物业费的抗辩理由。物业管理实践中最常见的"收费难—降服务"的恶性循环就是纠纷累积化、扩大化的典型表现。也就是说，物业服务的供给虽然是市场化的，但其实践过程很难完全按照市场化的契约规则运行，市场交易问题往往演化为治理问题，且与业主自治等纠缠在一起，使问题更加复杂化。

第二种是社会化供给。社会化供给存在于物业管理、社区公共生活等多个领域，供给主体是社区居民及其自组织。在一些规模较小、市场化的物业公司不愿承接的居住小区，业主也可以通过自我管理的方式进行物业维护。业主组成业委会，业委会收取物业费后，直接招募保安和保洁员，并监督其工作。自我管理的好处是，取消了委托-代理关系，不存在监控代理人的问题，而且能够节省物业管理成本。但其局限性也比较明显，只有那些规模较小、物业管理内容简单（如没有太多公共区域的保绿保洁任务，车辆较少）且业主利益共识度高、物业费收缴比较容易的小区才可以实施。相对而言，社区公共生活领域的自我供给情况更多，其主要表现就是居民自发组成的广场舞队、合唱队、门球队等各种自组织。这些自组织，有的需要社区提供场地设备等支持，有的则完全由居民自我管理、自我服务。这些自组织往往组织化程度比较低，依赖少数积极分子的无私奉献，居民加入和退出都比较自由，没有严格细致的成文制度，且一般规模不能太大。这种社会化的自我供给方式的优点是，居民的需求偏好能够直接得到回应，不会产生供给错位的问题，而且成本低、效率高。这些居民自组织也往往是社区基层组织发现和培养积极分子的主要渠道。

第三种是专业化供给。这也是现在各地政府力推的购买社区服务的方式，其主体是专业型的社会组织，尤以社工机构为多。引入专业型社会组织，被认为是政府职能转型、提高公共服务供给效率的举措，许多城市，特别是发达城市为此不惜花费重金。这些社会组织为社区居民提供的服务广泛分布在居家养老、儿童托管、心理咨询、社区文化、环保宣传等领域，具有鲜明的专业性，由专业社会工作者具体操作。专业化的服务供给具有目标人群明确、服务周期固定、服务内容专业等特点。理想状态下，社会组织应该根据社区居民的需求偏好提供有针对性的专业服务，而且其供给效率要比其他供给方式高，这样才能达到政府购买服务的政策预期。然而从实践来看，效果并不理想。

第四种是行政化供给，以政府和社区基层组织为供给主体。这类服务主要集中在行政服务类、老旧社区的物业管理和社区公共活动等方面。在实践中，社区基层组织提供的服务几乎涉及居民生活的方方面面。作为政府行政服务延伸到居民身边的受理平台和办事窗口，社区基层组织大大方便了居民。基层组织在提供行政服务的同时，也在向居民进行政策宣传和法律普及。老旧社区的物业管理是社区基层组织服务供给的重点和难点，这些社区因为先天条件限制，以盈利为目的的市场化物业公司不会承接，只能依靠政府兜底。上级政府主要通过财政拨款来弥补物业费收缴不足（很多城市根本不收物业费）的亏空，但物业管理的具体实施需要社区基层组织负责。近年来，许多城市在探索新的管理模式，其中杭州的准物业管理是比较有代表性的。

这四种社区服务供给模式其实可以归结为两种：市场化供给和社会化供给实际上都是社区居民的自我供给，居民自行承担服务成本；专业化供给和行政化供给都是政府供给，社区服务成本主要由政府公共财政承担。服务供给是对需求的回应，其关键问题是供给与需求能够实现有效对接，且尽可能降低对接成本或者说交易成本。有效性是指服务能够精准回应居民差异化的需求偏好，低成本则是指合理的供给成本之外的物质和非物质成本。可以说，实现社区服务与居民需求的高效率、低成本对接，是衡量社区治理效果的重要标准。

## 四、社区自治：空间与事件

### 1."组织执念"

《中共中央关于坚持和完善中国特色社会主义制度　推进

国家治理体系和治理能力现代化若干重大问题的决定》提出，要"健全充满活力的基层群众自治制度"。2021年国务院新闻办发布《中国的民主》白皮书，指出基层群众自治制度在实践中"创造了一个又一个充满烟火气的民主形式"。"烟火气"很具象，"民主"又有些抽象，二者在"基层群众自治"身上发生了有趣的化学反应。基层群众自治很"高大"，它是中国特色全过程人民民主的重要制度安排和人民当家作主制度体系的重要组成部分；同时它又很"琐碎"，就存在于普通中国人日常生活里那些鸡毛蒜皮的小事之中。从某种意义上讲，"烟火气"塑造了基层群众自治的制度特性和实践品格，或者说，"烟火气"正是基层群众自治的实践面向。基层群众自治在城乡社会分别体现为居民自治和村民自治，本书将聚焦城市社区居民自治。需要说明的是，社区自治并不仅仅是居民自治，还包括业主自治。二者在社区自治体系中的关系，本书将在第六章重点探讨。这里则先探讨一个尚未在学理上得到充分阐述的问题：城市居民的日常生活，塑造出社区自治怎样的实践内涵与实践逻辑。本书试图提供一个新的视角来认识实践中的社区自治。

城市是群众自治制度的发源地，但居民自治实践却一直比较"坎坷"。应该说，学界在这个问题上几乎看法一致，即居民自治实践并不理想，至少自治并不充分，还没有将制度优势完全释放出来。"单位制"时期,居民自治只是单位的"补充"和"附属"。向"社区制"转型以来,伴随房地产市场的发展,在传统居民自治之外,建立在住宅小区基础上的业主自治制度开始发展起来。从居民自治来看,政府公共服务与社会治理重心下沉,"行政化"将居民自治推向新的困境。"去行政化"不仅主导了各地社区治理改革的方向和逻辑,也成为近些年学界研究的热点议题。有趣的是,在经过"议行分设""居站分设""服务外包"等诸多改革实践后,社区居民自治非但没有如约而至,反倒陷入"居委会边缘化"困境。于是,有学者反思认为,单纯的去行政化误解了"行政"与"自治"的关系,要认识到行政力量对居民自治具有建设性作用,可以实现"行政激活治理"[①]。还有一些学者绕开"行政/自治"这对议题,从居民自治本身发掘其更丰富的实践可能性。一种观点认为,居民自治陷入困境,主要是因为自治单元规模过大,居民利益相关度被稀释,缺乏使自治运转起来的社会资本,应该基于利益相关、地域相近、文化相连、规模适度和便于自治五大原则,推动自治单元下沉[②]。基于这种视角,一种被称为"微自治"或"微治理"的自治形式被发掘出来,小区、院落、楼

---

① 张庆贺.  "行政激活治理":社区行政化的新阐释. 求索,2021(5).
② 徐勇,贺磊. 培育自治:居民自治有效实现形式探索. 东南学术,2014(5).

栋等社区"神经末梢"被认为是更合适的空间载体,可以真正"带来居民共同利益需求的产生、垂直分化程度的降低、自治收益的提高、自治成本的降低,并为部分选择性激励措施的实施创造条件"[1]。也有学者对自治单元下沉论表示质疑,并提出以社区社团为载体,横向构建自治单元[2],推动居民基于兴趣爱好等自发形成的社会组织投身于"利益的共同表达和对公益的志愿服务上来,并借助系统性的互动合作机制使个体碎片化、随机性的参与向有序化、规范化转变"[3]。自治单元重组似乎弥合了居民自治"陷入困境"与微自治"丰富实践"之间的逻辑张力,实际上却暴露出其背后共享的"制度-组织"视角。也就是说,居民自治制度需要与之相匹配的自治组织承接,居民应该以某种形式的组织为媒介参与自治。所谓自治单元重组,其实就是要确立合适的组织规模。无论居民委员会,还是形形色色的居民自组织(或曰"微组织"),都是要为居民自治寻找组织载体。业主自治研究同样关注组织建设问题,强

---

[1] 梁贤艳,江立华.自治单元下沉背景下的城市社区"微自治"研究:以J小区从"点断"到"全覆盖"自治的内生探索为例.学习与实践,2017(8).
[2] 许宝君.我国城市社区居民自治单元重构:兼对"自治单元下沉"论的反思.东南学术,2021(1).
[3] 程同顺,魏莉.微治理:城市社区双维治理困境的回应路径.江海学刊,2017(6).

调法律制度和组织成本问题对业主组织起来造成的障碍。这种视角可以称为"组织执念"。

"执念"一词,并不隐含着笔者对该视角的否定。众所周知,"组织起来"在中国的语境中具有特殊的历史意义和现实价值,甚至是一种情怀,并且仍然是非常迫切的基层治理目标,乡村社会尤其如此。笔者想要强调的是,一方面,过于关注实体化的"自治组织"(作为名词的"组织"),可能会遮蔽我们对"自治实践"(作为动词的"组织")的认识。正如有学者批评过于纠结居委会自治属性是陷入组织纯度的"洁癖"一样,过于纠结自治的组织载体,反而会忽视真实世界中自治究竟如何运转起来的实践。另一方面,城市社会的陌生化、个体化总被认为是"组织起来"要解决的问题,而非起点和前提。实际上,城市社区建设二十多年来,通过将居民组织起来构建社会共同体的实践,其真实成效非常有限。在这个基本现实的前提下,社区居民自治究竟需要适配什么样的组织形式?或者,是否要实现一些研究隐含的类似乡村社会的组织程度?从笔者这些年的调研经验来看,社区自治的有效性并不必然与居民的组织强度相关,特别是在小区业主自治领域。从实体化自治组织的维度衡量,业主自治困难重重,但从自治实践来看,有许多业主自治组织形同虚设的小区反而实现了有效的治理。有鉴于此,笔者希望暂时搁置"组织执念",呈现和阐释发生在城市基层社会中那些丰富的居民自治实践及其内涵，进而探讨居民自治的特性需要适配怎样的组织体系。

## 2. 从"空间"到"事件"

"微治理""微自治"实践发生的空间尺度丰富多样，恰好说明空间并非影响社区自治的关键要素。若仍执着于将自治组织下沉，寻求与之相匹配的空间单元，必然会面临一个难解的问题：自治组织究竟下沉到哪个空间单元才最理想呢？小区？院落？楼栋？或是其他什么空间？又或者在所有空间层次上都设置相应的组织？这样一来，社区自治组织体系必将变得无比复杂，组织间的协调成本也会高到无法想象，反而违背社区自治组织应该简约扁平的基本原则，社区自治将会陷入更大困境。

如果转换视角，就会发现"微治理""微自治"中"微"的本质并非"空间"，而是"事件"，也就是说，"微治理""微自治"能够有效运行，关键不是其在较小的空间尺度上展开，而是其聚焦的是小微型事务。不同事务体量不同，涉及的利益相关群体的规模有差异，空间层次多样是呈现出来的结果。比如，老旧小区加装电梯，属于单元楼栋事务，就会出现"单元自治"或"楼栋自治"；小区地面停车位管理，属于小区事务，自然就需要"小区自治"来应对；等等。社区自治，是居民对内生的社区公共事务的自主治理。从社区公共事务的角度来剖析社区自治的实践逻辑，显然更合适。也就是说，"事件"比"空间"更适合作为考察社区自治的实践场域。当然，二者不是对立或替代关系，"事件"必然要在一定"空间"展开，但是，"事件"是动态的，"空间"是静态的，前者更有助于观察自治实践的灵活多样性。

并非所有社区公共事务都属于自治范畴，政府安排进社区的工作任务不在此列。社区自治要应对的事务，主要是内生于居民日常生活的各类事件，最典型的就是住宅小区物业管理事务。集合住宅和围合式公共空间构成的"中国式小区"是市民日常生活展开的基本空间，小区里每天都在发生各种各样的事件，总体来看都是鸡毛蒜皮的小事，如楼顶漏水、宠物扰民、高空抛物、停车纠纷、私搭乱建等。小事虽小，却直接影响市民的生活质量，"'小事'就是民心，久拖不决会变成'大事'"，因此，潘维认为将居民组织起来办好这些小事是当前国家治理的"核心任务"[①]。

### 3. 单向度生活与非均质生活事件

社区生活不同于村落生活。理想意义上，村落是村民生产

---

① 潘维. 信仰人民：中国共产党与中国政治传统. 北京：中国人民大学出版社，2017：146-160.

生活合一的总体性空间，村民的主要生活都在村落中展开，尤其是婚丧嫁娶等重要事件。农业生产和重要事件的紧迫性是村民达成合作的重要内在动因。社区，准确说住宅小区对绝大多数市民来说，只是生活空间，而且只是包括居住和部分休闲社交在内的部分生活需求展开的空间。不同群体对社区休闲社交的需求差异较大，老年人总体多于中青年人，大多数市民则通过城市公共空间满足。在这个意义上，社区生活是单向度的，无法像村落生活那样通过频繁的社会互动衍生出多向度社会意义。市民会刻意维持社区生活的单向度性，尽量减少社区内的人际互动，保持陌生而自由的私密化生活空间。单向度生活是理解社区生活事件的基础。

市民单向度生活塑造出社区生活事件的非均质性。首先，生活事件的时空分布非均质。生活事件孕育于日常生活，每时每刻都可能发生，也有可能很长时间不发生。一个住宅小区可能在入住后很多年内都没有特别大的问题，但随着空间场所和设施设备逐步老化或损坏，问题有可能在某一天突然爆发，出现的问题也有可能只是集中于小区某些居住组团，小区内不同区域、楼栋爆发的问题的类型、程度都不同。其次，生活事件的社会影响非均质。生活质量很大程度上取决于个体主观体验，对问题的耐受度存在巨大个体差异。同等分贝的外界声音，有人难以入睡，有人却可以不受影响。同一个物业公司提供的服务，有人满意，有人却可能处处看不惯。个体化的单向度生活会强化甚至极化这种非均质性，同一个小区针对同一事件出现两极分化的评价非常正常。最后，生活事件的复杂程度非均质。复杂程度是指事件牵涉的利益关系，利益关系越多，事件越复杂，自治难度就越高。利益关系不完全是指利益主体的数量，比如，一般来说加装电梯只涉及单元楼栋十几户利益主体，绿化改造涉及的主体数量更多，但前者利益关系的复杂程度可能更高。总之，生活事件的复杂性需要根据情境识别和分析。

生活事件的非均质与住宅小区内共有产权的模糊性有很大关系。不同空间场所和设施设备涉及的共有产权主体会有差异，这在自治实践中经常遇到，但法律却并没有明确说明，很容易造成普通人的不理解甚至误解。共有产权的模糊性是"中国式小区"的空间结构特性决定的，集合建筑的结构形式和构造形态比较复杂，承重结构、楼道、外墙、会所、车库等都是容易产生认知争议的共有部位。现在饱受争议的"公摊面积"问题本质上也是此类。

### 4. 生活事件的组织要求

生活事件具有非均质性，并不意味着其发生没有丝毫规律性。生活事件空间分布上的非均质性，说明寻求自治组织与空间单元的机械匹配并不合适，其组织要求是灵活性和协调性。

灵活性是指自治的组织形式和组织效率。组织形式灵活，就是不追求建立适配所有生活事件自治要求的正式完整组织，而更追求能够因应事件所需实现对最低限度利益主体动员的组织能力。特别是针对那些偶发性生活事件，完全可以采取"因事而起，事终而散"的组织策略。对局限于楼栋、单元、居住组团等小尺度空间层次上的生活事件，也不一定要建立相应的正式组织，完全可以依托住宅小区级的自治组织，实现对上述事件的治理。组织形式保持灵活的前提是组织效率要高，也就是事件发生后，能够及时将相关利益主体组织起来找到解决办法。组织效率是自治组织的生命，当事人对组织效率是最敏感的，因为社区单向度生活会使当事人将个体利益所受影响放大，更加迫切地希望尽快消除事件发生对其正常生活秩序造成的冲击。生活事件的非均质性要求自治组织能够以最快速度发现和回应所有事件。

实现组织灵活性，并不一定要将组织下沉到每个人身边，正如前文所说，这可能带来组织层次过于复杂而内部协调难度剧增的问题。相反，生活事件的非均质性要求组织更具协调性，以便能够因应涉及跨小尺度空间的事件。前后楼栋之间会发生绿地和停车纠纷，同一小区也会发生开发商分期建设造成的利益分歧问题，这些事件的解决，需要更高层级的自治组织进行协调。

总之，生活事件的非均质性对社区自治的组织能力要求更高，而对组织形式的要求可以比较灵活。

## 五、业主自治

### 1. 从"维权"到"自治"

"居住的革命"带来"业主社会"的形成。对城镇居民来说，自购住房是其家庭生计决策和资源配置方面的最重要抉择之一，因此，私有的住房产权就具有了丰富的经济、社会乃至政治意义。从经济角度看，住房产权涉及房产保值，几乎是当下普通中国人最重要的私人资产，其经济价值不容忽视。从社会角度看，住房产权意味着对居住环境（包括物质环境和人文环境）的选择，舒适的宜居体验是其主要的权利诉求。而从政治角度看，业主基于住房产权的经济价值和社会价值展开的维权行动，被认为有利于提高公民素质，推进业主自治[①]。业主维权行动的组织化和常态化结果，便是方兴未艾的业主自治现象。在这个意义上，"业主"具有比"居民"更特殊的意涵，而业主社会的形成与业主自治的兴起，则成为我国城市化和城

---

[①] 郭于华，沈原，陈鹏. 居住的政治：当代都市的业主维权和社区建设. 桂林：广西师范大学出版社，2014：36.

市治理转型过程中，最为突出的新兴政治社会现象之一。

业主自治运行的社会空间是商品房小区。同样作为社会空间，小区和村落有本质差异。村落经过长时间的自然发育，社会内部积累了厚重的社会资本，经过成员间的长期互动和功能依赖，形成了相对稳定且内化于心的秩序规则，还内生出了同秩序规则相匹配的激励惩罚机制，而且，村落基本形成了比较封闭且稳定的边界。总之，村落的治理是熟人社会的治理，村落成员的合作是熟人之间的合作。当下乡村治理中出现的合作困境，很大程度上是熟人社会变迁后，社会内生的激励惩罚机制效力减弱造成的。小区则不同，它是建构性的，成员的集聚具有很强的偶然性，彼此间陌生化程度很高，社会资本匮乏，且市民同农村居民相比，其功能满足的外向性很强，对小区的功能需求包括社会交往需求相对有限，更多是面向整个城市甚至通过互联网面向更广阔的世界。成员社会交往也更多依赖个体化的亲缘、业缘、趣缘关系，小区提供的地缘关系反倒比较弱，即使有熟人，城市生活方式也意味着互动频率有限。小区尽管有围墙这样一个实体边界，但其主要作用是框定小区级的公共品供给边界。由于任何人都可以通过房屋交易（买卖或租赁）进出，其社会边界就具有明显的不稳定性。如此一来，在可预见的时间内，小区根本不可能自然发育出村落那种厚重的社会资本和秩序规则，仍然是一个陌生人社会。因此，业主自治本质上是陌生人之间的合作，并由此形成陌生人社会的秩序规则。

"自治"同"维权"也存在根本差异。一般来说，维权行动指向的是外在于业主群体的"他者"，无论是对开发商还是对物业公司，抑或是对政府有关部门，维权要实现的是业主一致对外。自治则相反，尽管有些自治事务也涉及对外关系，但更多的是向内的，是小区围墙之内、业主社会内部的事务。其即使指向"他者"，也是因为"他者"在自治阶段已经成为小区内部事务管理的关联方，最典型的就是物业公司。这是差异之一。事件性质的差异更为明显。维权是指业主同外部力量厘定财产和空间的产权边界，也就是划分"内外边界"，主要是将被"他者"越界侵占的利益重新归位，变成"我们的"。边界厘定清晰后，自治基本上不再涉及这个问题，而主要围绕内部的财产经营管理和空间利用展开。这是差异之二。

在此基础上，维权与自治事务中的业主行动也就产生了第三个重要差异。向外部争取权益的维权更容易达成共识，维权目标的实现也不需要所有业主参与，很多人完全可以置身事外，坐收渔利，只要形成一定的参与规模，就能够达到效果。而且维权是事件性的，也就是无论周期多长、成败与否，终究是会结束的。向内的自治却不同，自治所要达到的目标本就具有很强的主观性，毕竟对小区居住环境的期待和体验个体化程度很高——有人认为小区没管好,有人却可能无所谓,有人可能觉得很好——这就决定了共识并非总是容易达成的。自治要处理的内部事务,涉及小区所有人,你可以不参与公共事务管理,却必须要利用小区内的设施设备,你的行为也必然要产生外部性后果,你必须接受管理,是"不参与的参与"。但并非所有人都有权利参与自治,特别是参与自治组织,因为《民法典》将小区自治的共同管理权限定为"业主",但生活在小区、制造小区内部问题的却有相当数量的非业主,比如业主的亲属、租户、商户等,这决定了业主自治的参与难度和应对事务的复杂性。同维权的事件性相比,自治是无法结束的,只要小区在,就要管理,就离不开自治。从某种意义上讲,维权是大事,自治要应对的却几乎都是日常化、生活化的鸡毛蒜皮的小事。维权是争权利,争的是直接可以感知的权利,是对增量利益的分配。自治却首先表现为约束权利,通过约束个体不适当的权利行使来维护小区秩序,最终使个体受益。这对个体来说是不容易感知的[①],它更多的是对存量利益的调整。打个并

---

① 奥尔森在分析集体行动中的个体理性时引用休谟的话说:"人的本性一般总是比较喜欢现成的而不是比较遥远的事物,这使我们对事物的需要只是停留在它们的目前状况而不是其内在价值上。没有比这一点更能导致人们的行为犯致命的错误。"参见:奥尔森. 集体行动的逻辑. 陈郁,郭宇峰,李崇新,译. 上海:格致出版社,1995:55。

不完全恰当的比喻，维权是一次性的斗争或者革命，是"同患难"，自治则是漫长无期的守成与建设，是"共富贵"，二者之难易对比可想而知，完全不是一个量级。

同样是集体行动，维权需要关键群体，自治也需要关键群体。关键群体是群体中率先产生"权利意识"和"问题意识"并有足够内动力行动起来的人，他们在促成集体行动中发挥着承担初始成本、形成示范效果、动员其他成员的作用。不过，维权的事件性强，是阶段性的，关键群体对自己的参与和付出有退出预期；自治却是一个漫长的遥遥无期的过程，再炽热的情怀、再强大的内动力，在日复一日同鸡毛蒜皮的小事打交道的过程中，都会被消磨掉。正是在这个意义上，自治事务中关键群体的持续激励要比维权行动更为重要。

目前相关研究大致可以分为维权研究和自治研究两大类。维权研究主要关注业主与物业公司、房地产开发商或政府有关部门之间，围绕利益受损事实或受损风险展开的维权行动，包括维权的行动逻辑[1]、业主内部分化[2]等。维权研究展示出业主对私有产权权益的关切与表达能力，揭示出维权行动中多元主

---

[1] 张磊. 业主维权行动：产生原因及动员机制：对北京市几个小区个案的考查. 社会学研究，2005（6）.
[2] 石发勇. 业主委员会、准派系政治与基层治理：以一个上海街区为例. 社会学研究，2010，25（3）.

体间，包括业主群体内部的复杂博弈状况。其存在的不足主要在于，一是将阶段性的维权行为从更常态化和更完整的居住生活中割裂出来，用维权事件中的产权意识和行动能力替代业主更完整全面的居住行为和共同管理活动，存在夸大业主行动能力和行动意义的风险。实际上，维权事件在业主全部的居住生活中只占很小的一部分，具有明显的阶段性[①]。业主在维权事件中所表现出的行动能力同常规居住生活中的行动能力相比，往往相去甚远。同时，居住区的共同管理活动的内涵也要比维权更为丰富。二是存在对业主产权权益的某种程度的误解，既割裂了业主权益的完整内涵，也过分夸大了业主权益同其他主体权益的对立性。

相比之下，自治研究更客观地展示了业主集体行动能力的不足。业主自治既包括维权的内容，也包括维权之外的常规化管理活动，而在这个常规管理阶段，业主内部之间的矛盾纠纷成为其面临的主要问题，但业主自治常常不能有效化解业主之间的利益矛盾，陷入组织化困境[②]。对于业主自治实现困难的原因，主要有两种解释路径。一种是将其归结为法律制度障碍。一个相当普遍的观点认为现行法律没有赋予业委会明确的

---

[①] 陈鹏. 国家–市场–社会三维视野下的业委会研究：以 B 市商品房社区为例. 公共管理学报，2013，10（3）.

[②] 沈毅. 社区建设的组织化困境. 城市问题，2009（11）.

法律地位，造成其作用受限。此外，现行前期物业管理制度和住宅专项维修资金管理制度，也限制了业主自治的两项主要自主权。另一种解释路径是在主体间关系中分析业主自治空间的不足。业主自治面临与政府有关部门、社区居委会、物业公司、开发商等多元主体的互动。有研究认为业主自治处于"不完全契约形态"[①]的社区治理结构中，而社区居委会领导地位的固化并不利于业主自治的成熟。业主自治的成长空间取决于国家在权力维续与权力让渡之间的权衡和取舍。但是也有研究认为国家权力的策略性运作可能有利于业主自治的发展[②]，居委会、物业公司与业委会的和谐相处和有机整合，可以实现业主自治的良性运行。

### 2. "业主权"辨析

"维权"往往预设业主行为的正当性，实际上却存在对真实世界业主完整权益的简单化理解甚至是误解。"维权"的产权基础是"建筑物区分所有权"。《民法典》第 271 条将该权利表述为："业主对建筑物内的住宅、经营性用房等专有部分享

---

① 汤艳文. 不完全契约形态：转型社会的社区治理结构：以上海康健地区业主委员会的发展为例. 上海行政学院学报，2004（2）.
② 黄晓星. 国家基层策略行为与社区过程：基于南苑业主自治的社区故事. 社会，2013，33（4）.

有所有权，对专有部分以外的共有部分享有共有和共同管理的权利。"建筑物区分所有权的特殊性在于，区分所有的房屋时不能将它们从建筑物及其整体空间中完全切割出来，业主对其专有部分所有权权益的享受离不开整个建筑物共用设施的支撑，这就是区分所有权的"相对性"[①]。

我们可以将业主的权利行使区分为三个具有内在关联的层次：

首先是业主对其专有部分享有的占有、使用、收益和处分的权利，以及对共有部分的共有权益。需要注意的是，要认识到专有权的完全实现离不开共有部分的支撑，不应把这个层次的权益从共有部分中割裂出来。共有部分所提供的居住环境的好坏直接影响着业主居住权益的实现与否，也影响着业主专有权变现的价值。

其次是业主对其专有权的行使受到建筑物整体性和相邻关系的约束。建筑物的整体性决定了业主对专有部分的某些行为不能完全自主，业主对专有部分的改造可能危及建筑物的安全、破坏整体美观或影响其他业主的使用，业主在其房屋内的行为也会产生负外部性，比如噪声扰民等。不受约束的权利行

---

① 高富平. 物权法原论：下. 北京：中国法制出版社，2001：919.

使既损害其他业主的权益,最终也会损害业主本人的权益[①]。我国城市居住模式同欧美日韩等发达国家和地区相比,最大特点是高层集合式住宅占比高,这就意味着我国居民在行使其区分所有权权益时,面临着高度复杂的相邻关系。维权研究将业主权益简化为业主同开发商和物业公司之间的关系,显然忽略了集合式居住造成的复杂相邻关系的存在。

最后是与权利相对的义务。没有脱离义务存在的权利,也没有脱离权利存在的义务,权利和义务的一体性要求我们将义务行使纳入对业主权益内涵的理解中。这尤其表现在共有部分。业主在共有部分的活动不仅不应对其产生破坏,还要为共有部分的维护承担付费、管理等义务。《民法典》第273条规定"业主对建筑物专有部分以外的共有部分,享有权利,承担义务",并进一步强调"不得以放弃权利不履行义务"。一个只享受权利却不肯履行义务的业主显然不能算合格的业主,更谈不上现代公民。然而,现实的复杂性就在于,人们在主张个人权利时的积极性总是超过其履行义务时的积极性,而少数人的"搭便车"行为,更是成为业主共同管理活动中的顽疾。

上述三个层次构成了建筑物区分所有权的全部内涵,缺少

---

[①] 法律因此对专有权行使做出更多限制,是专有部分所有权区别于一般所有权的重要特点。参见:齐恩平. 业主权的释义与建构. 修订版. 北京:法律出版社,2017:74。

任何一个层次，本质上都是对区分所有权的完整权益的破坏。后两个层次权利内涵的实现，需要业主的自觉，实践起来并不容易。人们往往对第一个层次的权利内涵更为敏感，以致经常发生超越权利边界的行为，即突破建筑物整体性和相邻关系的约束，过度主张和行使个人权利，对义务则更加冷漠。

业主自治是实现权利约束和义务履行的方式，其最终目的也是实现业主建筑物区分所有权的完整权益。因此，业主自治的功能，是将业主组织起来，更有效、更有力地维护全体业主的合法权益，同时自主选择有效方法实现对业主的权利约束，督促其履行义务，营造和维护宜居环境。业主自治是业主对其区分所有权的行使，其中共同管理权的客体是共有部分，其权利行使的相对人则包括业主在内。"维权"视角将业主权利行使的相对人简化成开发商或物业公司，预设了业主权益的一致性，这显然是对业主权利完整内涵的曲解。业主自治的实际内涵远超"业主维权"，区分的核心就是不将业主与资本或权力预设为二元对立的关系，自治本身不是目的，业主组织起来，与相关利益主体良性协作，实现小区善治才是目的。所谓良性协作关系就是业主、业委会与物业公司、社区基层组织等主体，在治理实践中形成合理的责权利关系，寻求各方利益诉求的最大公约数。小区善治就是为居民创造幸福宜居的外部环境，也为物业保值增值夯实基础。幸福宜居的生活权利才是业主最根本的权利。

### 3. 组织困境与能力限度

（1）业主自治的组织困境

①业委会成立难。业委会是业主自治的组织形式，组成业委会也是业主自治的基础。但各地业委会的组建情况并不理想[①]。对于业委会的成立（包括召开首次业主大会），各地的物业管理法规都有相应规定（见表2-1）。由于新建小区的基础数据和房屋销售情况等通常由开发商及前期物业公司掌握，业主本身并不掌握相关信息，这种信息不对称也会对业主申请成立业委会造成障碍。各地相关法规均要求开发商和物业公司及时向住建部门和街道办事处通报小区入住情况，在入住情况达到业委会的组建条件后，由政府有关部门、社区基层组织和物业公司等动员和召集业主筹备相关事宜。实践中确实会发生开发商和物业公司隐瞒不报或故意拖延的情况，这就为前期物业管理期间的利益纠纷埋下了隐患。因此，许多住宅小区业委会的成立，是由业主维权而起。从实践来看，管理规范的品牌房企和物业公司，在成立业委会上往往比较积极主动。中小型房企和资质较差的物业公司则比较消极。

---

① 有调查显示，全国大多数城市的业委会的成立比例不超过30%。参见：吴晓林. 房权政治：中国城市社区的业主维权. 北京：中央编译出版社，2016：85.

**表 2-1 部分城市物业管理法规规定的业委会成立条件**

1. 武汉：交付的房屋专有部分面积达到建筑物总面积百分之五十以上的；首次交付房屋专有部分之日起满两年且交付的房屋专有部分面积达到建筑物总面积百分之二十以上的；交付的房屋套数达到总套数百分之五十以上的。

2. 上海：房屋出售并交付使用的建筑面积达到百分之五十以上；或者首套房屋出售并交付使用已满两年。

3. 南京：物业管理区域内房屋出售并交付使用的建筑面积达到百分之五十以上；或者物业管理区域内业主已入住户数的比例达到百分之五十以上。

4. 杭州：物业管理区域内房屋出售并交付使用的建筑面积达到建筑物总面积百分之六十以上；或者首套房屋出售并交付使用已满两年、且房屋出售并交付使用的建筑面积达到建筑物总面积百分之三十以上的。

5. 深圳：新建物业管理区域物业出售且已经交付使用的建筑面积达到物业总建筑面积百分之二十以上或者首套物业出售并交付使用满一年；或者，物业管理区域占业主总人数百分之二十以上的业主或者占全体业主所持投票权数百分之二十以上的业主联名。

②业主自治决策困境。业主自治组织困境的第二个表现是决策难。业委会组建之后，特别是进入常规自治阶段后，其主要工作就是同物业公司合作（包括对其进行监督）开展小区物业管理。这其中必然涉及相关事项的决策与实施。业主自治的决策机制在实践中遇到的首要问题是业主大会召开难，导致大型决策效率低下。理论上，业主大会需要全体业主参加，但数千个业主全部参与决策显然并不现实。业主大会的召开可以采

用集体讨论和书面征求意见的形式。实际上，集体讨论在实践中也很难，业主大会基本都是采取书面形式召开。《民法典》"业主的建筑物区分所有权"一章对此做了专门规定。按照第278条的规定[①]，对于业主共同决定事项，应当由专有部分面积占比2/3以上的业主且人数占比2/3以上的业主参与表决。决定该条第1款第6项至第8项规定的事项，应当经参与表决专有部分面积3/4以上的业主且参与表决人数3/4以上的业主同意。决定该条第1款其他事项，应当经参与表决专有部分面积过半数的业主且参与表决人数过半数的业主同意。《民法典》的最新规定被认为是降低之前《物权法》和《物业管理条例》决策成本的进步。不过，新规定设定了"双2/3"的参与门槛。实践中，这似乎反而增加了组织难度。组织召开一次业主大会，需要耗费的时间成本、物质成本都非常高，很容易陷入议而难决、议而不决、决议引发争议等困境。这种高成本、低效率甚至无效率的决策制度，不仅推高了业主自治的运行难度，

---

① 《民法典》第278条规定了9类必须由全体业主决策的事项：（1）制定和修改业主大会议事规则；（2）制定和修改管理规约；（3）选举业主委员会或者更换业主委员会成员；（4）选聘和解聘物业服务企业或者其他管理人；（5）使用建筑物及其附属设施的维修资金；（6）筹集建筑物及其附属设施的维修资金；（7）改建、重建筑物及其附属设施；（8）改变共有部分的用途或者利用共有部分从事经营活动；（9）有关共有和共同管理权利的其他重大事项。

而且会削弱业主对自治的信心与参与热情。"同时，这种多数人制度实质牵涉在集体行动中的包容性与深思性的问题。现行制度侧重于强调包容性机制，这种选择有其合理性考虑，但却无相关选择性激励规则，因而实际中大多数业主选择了'理性的无为'"①。

③业主自治组织架构缺陷。现行物业管理法规对业主自治组织架构的设计是"业委会＋业主大会"模式。住建部发布的《业主大会和业主委员会指导规则》（后文简称《指导规则》）第31条规定，业主委员会由业主大会会议选举产生，由5至11人单数组成。这个组织架构在实践中存在的问题，一个是前文所说的决策与执行难，另一个与此相关，即由本就召开困难的业主大会来监督由少数人组成的业委会，效果很差。业主大会的召开有两种形式：一种是业委会召集的定期会议，这显然不能形成对业委会的监督；另一种是临时会议。举行临时会议需要符合下列三个条件之一：经专有部分占建筑物总面积20%以上且占总人数20%以上业主提议的；发生重大事故或者紧急事件需要及时处理的；业主大会议事规则或者管理规约规定的其他情况。但是，这个"双20%"的业主召集临时业

---

① 陈丹. 城市住宅区业主自治运行实效研究：基于个体决策的视角. 北京：法律出版社，2014：149.

主大会的条件并不容易达到。总之，现行组织架构在业委会与业主大会之间缺乏一个规模合理、运行简易的中层架构。这个中层的组织架构可以替代业主大会的部分自治职责，并有效发挥监督业委会的作用。

《指导规则》实际上存在"业主代表"的设计。其第27条规定："物业管理区域内业主人数较多的，可以幢、单元、楼层为单位，推选一名业主代表参加业主大会会议，推选及表决办法应当在业主大会议事规则中规定。"对于业主代表的权限，该规则第28条规定："业主可以书面委托的形式，约定由其推选的业主代表在一定期限内代其行使共同管理权，具体委托内容、期限、权限和程序由业主大会议事规则规定。"问题是，无论是《物业管理条例》还是更高位阶的《民法典》，都没有对业主代表予以明确规定，这就在实践中造成许多困扰。比如，业主如果不承认业主代表的"代表性"，不履行业主代表人会的决议，虽然有悖于业主自治规则，却可能得到相关法律的支持。2012年，江苏省以地方法规形式赋予了"业主代表大会"法律地位。其2012年修订的《江苏省物业管理条例》第12条规定："业主户数超过三百户的，可以成立业主代表大会，履行业主大会的职责。"该规定在其最新修订版条例中沿用。不过，由于更高位阶的《民法典》等法律规定仍然存在，相关的法律争议实际上并没有消除。

（2）业主自治的能力限度

首先是业委会行动能力有限。除业委会成员的个人素质外，还有两个先天性限制。其中之一是业委会的组织性质导致其激励不足。业委会成员是业主选举产生的代言人，业委会成员几乎都是无偿工作，只有部分公共收益较高的小区会给予少量通信补贴等，物质激励严重缺乏。竞选业委会委员的业主其积极动机主要有二：要么是有钱有闲，有志愿服务精神；要么是有正义感，愿意带领业主捍卫他们的正当权益。但是，业主自治要处理的基本都是细碎的小事，许多人因此缺乏动力，也就是说缺乏有效的激励机制。

其次是存在代理人失控的风险。业委会尽管行动能力有限，但毕竟拥有一定的权限，存在寻租空间。实践中比较常见的情况是，业委会私自侵占公共收益，或者业委会被物业公司收买：物业公司通过免除业委会成员物业费、停车费或给予其他物质利益的方式，获取业委会在公共收益分配、物业维修经费报账等事务上的"照顾"。相对于数量众多且分散的业主，人数有限而又掌握实际权限的业委会，自然更受物业公司关注。更复杂的是，业委会很可能被物业公司的利益关联方渗入，有的可能是住在本小区的物业公司员工或亲属，有的则可能是其他物业公司的员工或亲属。这些人的身份信息、与物业公司的利益关联情况并不一定能够在选举时被发现，他们进入业委会后更加容易导致业委会失控：前者对现物业公司是有利的，后者则可能鼓动业主更换物业公司。面对这些风险，业主实际上很难有有效措施。数量众多且分散的业主，无论是面对组织化的资本，还是面对作为业主代理人的业委会，都存在信息不对称和力量不对等问题。业委会代理人失控的问题，会与物业纠纷混在一起，加剧问题的复杂化[①]。

最后，业委会对业主缺乏约束能力。《物业管理条例》规定"业主大会或者业主委员会的决定，对业主具有约束力"，同时，业委会有"监督管理规约的实施"的职责。管理规约在某种意义上是小区业主自治的"宪章"，业主也有遵守管理规约，执行业主大会的决定和业主大会授权业委会做出的决定的法定义务。然而，法律的赋权在实践中的效力相当有限，特别是，业委会面对数量众多且分散的业主时实际上几乎没有强制

---

① 2023年4月3日，绵阳市人大常委会公布了新修订的《绵阳市物业管理条例》，该条例第15条第2款规定："业主委员会应当建立工作记录制度，对业主大会会议、业主委员会会议、物业服务合同签订等重要事项如实记录，建立档案并妥善保管。业主有权查阅、复制，业主委员会不得拒绝。"第32条规定："物业服务人或者业主委员会利用共有部分开展经营活动的，收支情况应当单独列账，至少每半年公示一次收支情况。业主对收支情况有异议的，物业服务人或者业主委员会应当及时答复。业主有权查阅、复制相关收支明细、合同等材料。"这首次在地方立法中规定了业主知情权的实现方式，为增强业主日常监督能力提供了法律依据。

性的约束力。业委会所监督的物业服务并非完全意义上的市场服务，物业公司对物业的管护既包括业主对物业的合理使用造成的折旧和损坏，还包括不合理使用甚至故意破坏，这就必然涉及对业主行为的约束。一些业主认为物业公司是其花钱聘用的服务者，无权对其行为进行监督（更别说带有强制性和惩罚性的管理），这是物业公司在履行服务合约中面临的根本性困境。业主制定管理规约，并赋权业委会监督规约实施，就是要通过业委会对少数业主破坏公共利益的行为进行约束，并限制某些搭便车行为。问题是，业委会既无行政执法权这样正式的权力，也没有有效的非正式治理手段。比如公开通报或批评业主的某些行为，往往会遭到业主"侵犯隐私"的质疑与抵制，若改为匿名化处理，又使其效果大打折扣。又比如业委会对业主不当行为进行劝说，若数量少则一次两次可能有效，却不是长久之计。面对物业公司最容易遇到的经营困难——业主拒交物业费，业委会实际上也很难采取有效措施，业委会帮忙催交反而会被质疑拿了物业公司的好处。由于缺乏维护管理规约权威和效力的有效手段，管理规约往往在实践中流于形式。

# 第三章
## 社区治理实践：策略与原则

从本章开始，笔者将用连续三章的篇幅探讨社区治理实践问题。本章探讨的内容是社区治理实践的策略与原则。

中国式社区治理的核心原则是"简约"。这既是基于社区治理内在需求的"应然"判断，也是基于对中国国家治理历史传统和本土经验的"实然"分析。从应然角度来说，社区治理的主要任务是办好居民的日常生活小事，它要求治理体系能够及时、灵活、高效地回应，这恰是复杂规范的科层组织所欠缺的；从实然角度来说，正如黄宗智先生所揭示的，中国国家治理在基层一直延续着简约治理的强大惯性，这未尝不是一种大国治理的智慧，而不仅仅是成本约束的结果[1]。简约治理当然不是完美的，它在当下遭遇的种种困境，非但没有表明简约治

---

[1] 黄宗智.集权的简约治理：中国以准官员和纠纷解决为主的半正式基层行政.开放时代，2008（2）．

理的"终结",反而更加凸显了重塑简约性的迫切。

在社区治理策略方面,笔者重点探讨两个议题:一个是学术界比较关心的社区参与问题,另一个则是笔者提出的主辅结构的协作逻辑。居民参与是治理得以展开的条件,居民社区参与不足,不仅是中国存在的问题,更是一个世界难题。笔者对此提出了一个具有挑战性的观点:社区参与真的越多越好吗?在本章,笔者提出了社区参与的本土逻辑,即媒介式动员,具体就是通过积极分子这个中间结构实现二次动员,换句话说就是居民通过积极分子实现媒介式参与。媒介式动员必须要面对的挑战是:积极分子是否真的能够代表普通居民?主辅结构的协作逻辑是对第一章提出的主辅结构的进一步展开,探讨的是这个结构在治理实践中如何实现主导和辅助的协作。在此基础上,笔者提出了模糊化运作的概念,用以呈现主辅结构更为细致的操作策略。

# 一、社区动员策略

### 1. 参与抑或动员?

长期以来城市居民对社区治理参与意愿低、参与效果有限,这几乎成为所有相关研究的共识。要提高城市社区治理水平,必须破解这一难题。

对社区参与问题的研究，目前主要有两种路径，可分别称为参与理论进路和动员理论进路。参与理论进路的研究在对现状的判断上呈现出一定的张力：一些研究认为公民的参与意识和能力正在提高。其主要关注点在于业主维权行动和邻避抗争事件。尽管也有研究揭示了这类参与行为的内在复杂性，但总体上还是表现为对其的乐观解读。相比之下，聚焦于居民参与社区公共事务的研究则普遍注意到居民参与程度低的现象，并揭示了社区服务、利益分化、虚拟社区等对居民参与行为的影响[1]，其中主导性的理论框架为社会资本理论、新制度主义、理性选择理论等，其中尤以社会资本理论为主流。社会资本理论的基本预设是社会资本丰富程度与居民参与程度成正比，因此解决居民参与问题的途径便是通过增加公共交往机会等方式培育社区社会资本[2]。

动员理论进路的研究质疑参与理论对中国社会的适用性，他们认为脱胎于西方社会的各类参与理论并不适合用来解释中

---

[1] 张欢，储勇强. 社区服务是城市居民社区参与的"催化剂"吗？：基于全国108个城市社区的实证研究. 四川大学学报（哲学社会科学版），2015（6）；王星. 利益分化与居民参与：转型期中国城市基层社会管理的困境及其理论转向. 社会学研究，2012，27（2）；陈华珊. 虚拟社区是否增进社区在线参与？：一个基于日常观测数据的社会网络分析案例. 社会，2015，35（5）.

[2] 涂晓芳，汪双凤. 社会资本视域下的社区居民参与研究. 政治学研究，2008（3）.

国的城市社区参与，中国的城市社区参与"只是一种出于国家治理需要的自上而下的制度安排，居民的行动逻辑与行动策略以及政府与居民的互动过程呈现出不同的特点"[1]，主流的社会资本理论"仅能提供一种参照模式，但不能对当前我国的社区参与提供解释"[2]。相比之下，"群众参与"更加适合解释中国本土经验。它是中国共产党自革命时期探索形成的动员群众参与国家政权建设的一种模式，其实质是一种"政治动员"，是中国共产党群众路线的一部分[3]。无论是革命时期还是新中国成立后的单位制时期，党的群众动员工作都非常有效，比如新中国成立后在接管城市的过程中，群众动员和基层政权建设相辅相成，迅速稳定了社会秩序，为此后的城市管理奠定了基础[4]。当然，动员方式和动员效果在单位制时代和后单位制时代发生了重大变化。单位制时代建立在资源分配基础上的依附关系，使动员具有鲜明的组织化色彩，出现了运动式动员、组织化动员等多种高效的动员模式；后单位制时代的动员方式则表

---

[1] 刘岩, 刘威. 从"公民参与"到"群众参与"：转型期城市社区参与的范式转换与实践逻辑. 浙江社会科学, 2008 (1).

[2] 杨敏. 公民参与、群众参与与社区参与. 社会, 2005 (5).

[3] 汪卫华. 群众动员与动员式治理：理解中国国家治理风格的新视角. 上海交通大学学报（哲学社会科学版）, 2014, 22 (5).

[4] 张济顺. 上海里弄：基层政治动员与国家社会一体化走向（1950—1955）. 中国社会科学, 2004 (2).

现为"地方性权威式动员"、"日常权威式动员"[①]、"组织化合作动员"[②]等模式,这些动员模式的共同特征是更加依赖社区中社会资源(如人情面子等)的运作,具有鲜明的非正式色彩。

两种研究进路呈现出的社区动员和参与实践形成了非常有趣的对比:参与理论进路更多展现了社区参与的困境,而动员理论进路则表明,社区基层组织通过大量调用社会性资源和"正式权力的非正式运作"[③],形成了新的动员技术和策略。我们以为,二者都面临难以解释的经验悖论。对前者来说,经验表明,即使那些通过建立大量社会组织、增进居民公共交往从而增加社区社会资本的社区,居民除了参与社会组织内的活动,对社区公共事务治理的参与程度依然很低,而且,正如动员理论所批评的,仅从社会资本角度无法解释基层组织的群众动员对社区参与的重要影响。对后者来说,基层组织发展出的各种新型动员方式实际上并没有带来可观的社区治理效果,基层组织"动"而普通居民"不动"依然是当前社区治理中普遍

---

① 刘威. 街区邻里政治的动员路径与二重维度:以社区居委会为中心的分析. 浙江社会科学, 2010(4).

② 任克强. 组织化合作动员:社区建设的新范式. 南京社会科学, 2014(11).

③ 孙立平, 郭于华. "软硬兼施":正式权力非正式运作的过程分析:华北B镇定购粮收购的个案研究 // 清华大学社会学系. 清华社会学评论:特辑. 厦门:鹭江出版社, 2000.

存在的现实困境。一个完整的研究应该同时对社区动员机制和困境给出自洽的解释，而就本土适用性来说，动员理论进路显然要比单纯的参与理论进路更加契合我国社区治理中的动员 - 参与实践。也因此，本部分将重点阐述社区动员的机制及其面临的困境，并分析动员困境的发生机制。

### 2. 体制性积极分子与媒介式动员

从动员形式、规模和所要达到的直接目的来看，社区动员包括日常性动员和应急性动员两种。日常性动员主要是动员居民参与社区日常化的治理事务，包括社区公共文化活动、环境整治、治安防卫以及社区公共建设等。这些事务具有高度的重复性，几乎天天都在发生，与居民日常生活息息相关，往往并不迫切，但细小琐碎，处理不好也会积累和升级，环境整治尤其如此。日常性动员的规模一般比较小，不需要一次性动员大量居民参与，但日常性动员却是基层组织与居民直接打交道，进而熟悉居民和积累权威的基础性工作。相对地，应急性动员主要是为应对大型突发事件或大型公共事务而进行，包括城市举办大型公共活动、城市突发紧急公共卫生事件（如"非典"、新冠疫情）以及社区周期性的居委会换届选举等。应急性动员虽然有时是为了超越社区的公益目标，但因特殊要求而需要在较短时间内动员最大多数居民参与，具有明显的运动式特点。

应急性动员虽然发生频次远比日常性动员要少，却最考验社区的动员能力。日常性动员为应急性动员积累权威、人情等必要资源，也在培养和提高居民参与社区治理的意识和能力。可以说，日常性动员的效果某种程度上影响着基层组织应急性动员的能力①。因此，我们将重点考察日常性动员的问题。

城市社区的居民动辄数千人甚至上万人，而社区基层组织的正式工作人员往往只有十几人，基层组织根本不可能完全依靠自身力量直接动员千家万户的居民。社区动员中存在特殊的机制来解决这个问题，那就是在基层组织的直接动员之外，还存在一种媒介式动员的间接动员方式，而充当动员媒介的便是第一章第四节提到的积极分子等社区关键群体。这里所说的积极分子，主要是指体制性积极分子。积极分子是传统政治社会结构中不容忽视的力量，在国家对基层社会的动员和治理中，积极分子发挥着必不可少的媒介作用，将国家的基层代理人与普通民众联结起来。一些研究认为积极分子在新中国成立后的

---

① 但是，反过来却并不一定，因为应急性动员的效果受诸多社区之外的因素影响。当紧急事件结束后，这些因素对居民参与意愿的影响可能会随之消失，并不必然延续到社区的日常性动员之中。比如"非典"时基层组织可以将居民动员起来做好卫生和环境整治，居民参与意愿更多来自对自身安全的考量，当"非典"过后，居民对社区治理的参与意愿可能又会恢复常态。2020年暴发的新冠疫情再次证明了这一点。

城市治理中发挥着极不光彩的作用,他们通过"积极表现"而与权力精英建立庇护关系以获取个人利益,呈现出一种"压迫式形象"。这显然是对特定历史时期积极分子作用的片面解读,而且在当下的城市基层治理中,"只有借助于积极分子与居委会以及一般居民之间的良好人际关系,国家才有可能渗透到社会最底层"[①]。

媒介式动员的运作机制包括这样几个组成部分:

首先是发现和识别机制,将社区精英从社区居民中筛选出来。发现和识别建立在熟悉居民和对居民进行分类的基础上,而这正是群众路线工作法的核心机制。中国共产党在革命时期和社会主义建设时期的群众动员离不开其精准的群众分类,如果分类出现问题,就会在"谁是我们的朋友,谁是我们的敌人"这个问题上犯错误,分不清领导力量和依靠力量,混淆团结对象与斗争对象,可能会让政治投机分子甚至"敌人"混入搞破坏。今天的社区动员已经不再采取分类法,而主要依靠基层组织在同居民打交道过程中逐步发现,其中党员、退休企事业单位管理人员以及具备某些特长(如文艺才能)的人员往往是最先被动员的对象,构成了社区积极分子的主要来源。

---

① 桂勇. 邻里政治:城市基层的权力操作策略与国家-社会的粘连模式. 社会, 2007(6).

其次是激励机制，即激发和保持积极分子的积极性。一般认为单位制时代激励机制主要依靠建立在利益交换基础上的庇护关系，而现在则是互惠交换与庇护-支持关系并存的模式[①]。许多研究发现积极分子的志愿精神、社交需求以及人情面子等本土社会资源在激励其参与社区治理中发挥着越来越重要的作用。基层组织同积极分子建立和保持着非常亲密、温情和私人化的关系。其实，无论什么时代，社区治理都是一项与居民直接进行日常化接触的工作，这就决定了其不可能完全建立在制度化和理性化的基础上。即使在单位制时期，基层组织对积极分子的激励也需要调用非正式的人情化的社会资源，如果完全是利益交换和庇护关系，就解释不了为什么如今社区中老年居民对单位制时期人际关系和社区干部的美好怀念。因此，社区动员的激励机制实际上一直是混合了各种资源和策略的。

最后是二次动员机制。基层组织对积极分子的动员可以称为初次动员，旨在发掘辅助力量，这只是动员的第一步。动员的关键是积极分子和基层组织工作人员对普通居民的动员，只有完成二次动员，才能真正将初次动员的效果发挥出来，也才能真正实现彻底的社区动员。二次动员机制与革命时代的政党

---

① 朱健刚. 国与家之间：上海邻里的市民团体与社区运动的民族志. 香港：香港中文大学，2002：100-101.

动员和群众参与一脉相承，但现有研究并没有区分二次动员中基层组织和积极分子动员方式的差别，也就无法准确辨析社区动员面临困境的真实原因。二次动员中基层组织采取的策略与其对积极分子的初次动员相似，可以同时调用正式和非正式资源。但对积极分子的动员策略则不同，他们的劣势和优势都在于其非正式、非体制的身份，他们没有体制性资源可以调用，但其优势在于可以拥有相对较丰富的非正式资源，其与普通居民在日常生活中建立的社会关系有助于将体制性工作"柔化"，更便于普通居民接受。可以说，媒介式动员的关键运作机制就在于积极分子的二次动员方式，缺失了二次动员，"媒介"就失去了意义，二次动员的效果某种程度上也决定了社区动员的最终结果。

### 3. 精英替代

目前，社区动员中的积极分子群体主要是政府和企事业单位退休人员，年龄以55岁到65岁居多，且女性多于男性。这与许多调查的发现是一致的[①]，比如一项针对沈阳社区的调查显示，45岁至60岁的妇女参加社区活动的热情最高。张欢等

---

① 海贝勒，鲁路. 中国的社会政治参与：以社区为例. 马克思主义与现实，2005（3）.

对全国27个城市108个社区的抽样调查显示60岁以上的群体社区参与度最高。进一步调查会发现，这些积极分子中多数都具有党员身份，或者曾在原单位担任各级领导职务，具备一定的组织协调能力，又或者本身具备文艺等特长，为人热情，性格开朗，热衷公益，具备一定的志愿精神。这些人在某种意义上都可以视为社会精英。但社会上也存在另外一类群体，即低保户等城市底层居民。他们支持社区基层组织工作的原因既有利益交换的因素，也有情面因素，不能一概而论。无论是党员身份形成的参与义务，还是个人意愿产生的内在动力，或是某种程度的利益交换，基层组织都需要通过前文所说的动员机制将他们动员起来。

积极分子参与社区治理主要有两种形式。第一种是担任党小组长、楼组长等职务。这类职务具有"半体制性"色彩，是介于基层组织和社会组织之间的角色，他们发挥的主要作用是上传下达——作为基层组织深入居民日常生活空间中的"神经末梢"，在基层组织和居民之间发挥桥梁作用。半体制化是基层组织动员和吸纳积极分子最主要的方式。第二种是作为社会组织负责人，这类社会组织包括歌舞队、志愿者组织等社区内生型社会组织，主要是协助基层组织开展丰富居民生活的活动和参与部分社区治理事务，但主要以前者为主。积极分子所发挥的作用包括两个方面：一个是辅助作用，即作为社区基层组织的重要助手，起到问题发现、信息媒介等作用，是基层组织与普通居民之间必不可少的中介力量；另一个是动员作用，即充当前文所说的二次动员的关键力量，他们要通过宣传发动、率先垂范等方式带动普通居民参与社区治理。

我们的调研发现，积极分子的参与中存在两个问题：一个是身份多重化带来的"虚假参与"。无论是半体制性组织，还是社会组织，都旨在为居民参与社区治理提供多种途径，居民可以根据自身意愿和能力选择合适的方式，这样也可以增强社区治理的代表性，扩大社区公益的惠及面。但是，实践中上述组织基本上都主要由有限的积极分子组成，这也造成积极分子往往兼具多重身份，既是党员、楼组长，又是居民代表和社会组织负责人。我们在上海某社区访谈到的一位积极分子，兼具党小组长、楼组长、业委会副主任、居民议事会负责人、居民代表、社区舞蹈队老师、社区志愿者等多重身份。积极分子的身份多重化实际上是基层组织对积极分子"过度使用"和对普通居民"动员不足"的表现，造成社区参与表面上的繁荣。另一个就是二次动员的断裂。积极分子更多是在发挥辅助作用，而动员作用几乎没有效果。许多基层组织工作人员和积极分子都承认，现在积极分子几乎没有带动作用，他们的积极参与对普通居民几乎毫无影响。比如上海某社区每周的清洁家园活动和每天的夜间巡逻，多年来参与者都是固定的几个积极分子，普通居民则作壁上观，这种情况相当普遍。这两个问题归结起来，实际上是积极分子的"悬浮化"，他们成为社区参与中的一个边界相对封闭且与普通居民"断裂"的特殊群体，也就是说，积极分子从普通居民中"脱嵌"出来，悬浮其上。

参与到社区治理中的社会组织类型很多，功能也很丰富，但从调研来看，目前最主要的是两类：社区内生型社会组织以组织居民开展文体活动为主，外生型社会组织以为居民提供社会服务为主。至于这两类组织的直接功能，顾名思义，前者是丰富居民闲暇生活，带动居民开展公益活动，后者是政府主动将某些服务职能通过市场方式外包，由社会组织为居民提供更加专业化、人性化的服务。志愿者组织（既有内生型也有外生型）实质上也是在组织居民开展公共活动，从某种意义上看也可以视为活动类社会组织。同时，作为近年来参与社会治理的新生力量，社会组织应该有助于社区动员和参与水平的提高，成为社区协同治理的积极力量。但实际情况并不完全如此。

社会组织的积极功能在实践中确有发挥，但我们的调研也发现社会组织存在两个日益突出的问题：一是组织的活动开放性不足且呈精英化趋势，二是提供的服务过于专业化并有削弱社区动员能力的可能。前者主要是内生型社会组织的问题，其组织的活动主要有歌舞、戏曲曲艺、书法美术、园艺和手工制作等，涵盖面不可谓不广，但这些活动普遍开放性不足，因为其吸引的几乎都是原本就具备相关才能的居民。换句话说,上述组织大多变成了特定群体的兴趣小组,很少能吸引普通居民参与。实际上,缺乏必要才能的居民也不会主动参与。调查发现,上述组织的参与人群基本固定且数量稳定,除了歌舞类组织门槛相对较低,组织成员可以达到数十人的稳定数量外,其余组织大多只有一二十人[1]。这就使得社会组织呈现日益明显的精英化趋势,绝大多数缺乏相关才能的普通居民被排斥在这些组织之外。我们在南京某高档商品房小区调研发现,该社区在基层组织的支持下成立了数十个居民俱乐部,但大多数都是具备相关才能且有钱有闲的全职主妇们参与,其组织的也是像陶艺 DIY、户外旅行等普通工薪阶层甚少参与的活动。后者主要是政府通过购买服务引入的外生型社会组织,所提供的专业化服务往往针对特殊群体,比如针对失能老人的上门服务、针对特殊居民开展的心理咨询、针对病危人群开展的临终关怀等。即使抛开服务效果不谈[2],这些服务也因其过于专业化而

---

[1] 稳定数量是指经常参与组织活动的人数,实践中社会组织为获取更多经费支持经常虚报参与人数,而许多人实际上只是报了名或偶尔参与。
[2] 实际上我们调研的三个引入此类社会组织的社区的经验都表明,其服务效果并不理想,社会组织"水土不服"而半途退出的现象并不鲜见。南京一个引入数十家社会组织的社区的居委会主任直言有的社会组织"就是来骗政府钱的""让他们提供服务还不如给我们(指居委会工作人员)加工资让我们去搞,我们更知道居民需要什么"。

只能针对极少数居民，其耗费的资源与其供给的效果不成比例。在社区可配置资源总量有限的情况下，社会组织实际上占用了相当多的本可以用于社区动员和社区治理的资源，在某种程度上并不利于社区动员水平的提高，客观上造成了服务消解动员的后果。

积极分子和社会组织是社区日常性动员中充当媒介的主要力量。媒介式动员的理想运作状况应该是媒介力量有效发挥二次动员作用，促动更多普通居民参与到社区治理中来。当下社区动员的实践却显示，积极分子"悬浮"于普通居民之上，社会组织的运作则出现活动精英化和服务消解动员的问题。也就是说，作为社区媒介式动员的主要力量，二者均没有发挥应有的作用，社区动员机制发生了初次动员和二次动员的断裂。动员断裂的直接后果是初次动员替代二次动员成为社区动员的全部，原本通过社区精英的动员异化为只针对精英的动员，相应地，社区精英替代普通居民成为社区动员的主要对象。这才是当下社区动员和社区参与困境的实质，这种困境可以称为社区动员中的"精英替代"。

精英替代是国家对基层社会动员能力的巨大挑战。在革命时期和单位制时期，虽然也会发生投机分子、敌人混入动员媒介谋取私利的个别情况，但总体看来，二次动员机制仍然能够有效运行。精英替代的出现表明传统的社区动员机制已经陷入与基层社会脱嵌的困境,这种状况不改变,向这个动员机制注入再多资源也难以带来社区动员水平和动员能力的提高。更值得注意的是,精英替代的两个方面正在互相强化:一方面,政府投入大量资源引入或培育社会组织,即社会组织正在成为社区获得政府资源支持的重要手段;另一方面,社区精英的自我组织化很容易异化为争取资源的策略,他们通过组建或加入社会组织,既可以营造社区参与的"虚假繁荣",又能获得资源支持,这无疑会进一步加剧精英替代的程度。这种情况在我们调研过的一些高档商品房小区已经有所表现,这些社区往往居住着数量可观的社会精英,他们通过自组织各种社会组织满足自身的某些需要,营造出社区充满活力的表象,使得该社区成为当地的明星社区、示范社区,吸引了更多政府资源的投入。在地方政府资源投入总量有限的情况下,精英替代客观上造成了对更多普通社区资源投入的相对失衡,也无助于社会总体动员水平的提高。换言之,精英替代必然会造成社区动员的内卷化。

### 4. 社区动员内卷化

"内卷化"是一个重要的学术概念。黄宗智用其揭示了晚近中国农业出现的劳动力过密化投入却没有实质性发展的困境[①],

---

① 黄宗智. 华北的小农经济与社会变迁. 北京:中华书局,2000.

杜赞奇则发现近代中国国家政权建设在基层社会出现了代理人失控造成资源汲取中的内卷化问题[①]。近来，贺雪峰指出税费改革后随着国家资源的输入农村却陷入了"乡村治理内卷化"困境[②]，这在一些项目制研究中也得到了证实[③]。我们认为，城市社区治理也正陷入社区动员内卷化的困境。

所谓社区动员内卷化，是指国家为社区治理投入的大量资源被精英替代机制耗散，并没有带来与之相匹配的社区动员水平和动员能力的提高，相反，普通居民的社区参与被长期锁定在低水平层次而无法改善。

社区动员内卷化包含三个由浅入深的内涵：

首先是社区资源主要被精英层"截取"而无法有效与大多数普通居民对接。这里的精英层包括社区积极分子和各类社会组织。社区资源主要是指社区基层组织获得的用于扩大社区参与、提高居民物质文化生活水平的公共资源，包括上级政府的财政支持和社区基层组织从驻区单位"化缘"得到的资源支

---

① 杜赞奇. 文化、权力与国家：1900—1942年的华北农村. 王福明，译. 南京：江苏人民出版社，2003.
② 贺雪峰. 论乡村治理内卷化：以河南省K镇调查为例. 开放时代，2011（2）.
③ 李祖佩. 项目制基层实践困境及其解释：国家自主性的视角. 政治学研究，2015（5）.

持。在社区资源总量有限的情况下[1]，社区基层组织更多地将资源投向支持其工作的积极分子组建的社会组织及活动，以及名义上更加现代化、更加有品位有新意的社会组织提供的服务项目。我们在上海某全国闻名的社区调研时发现：一方面是社区活动室装修精美、设施齐全且拥有数量可观的房间[2]，该社区2014年耗资20万元对活动室进行了全面的升级改造，但使用率似乎并不高；另一方面则是大量老年人聚集在小区一处破旧的小广场活动，为了遮风挡雨老人们自发对广场进行了部分改造，他们在这

---

[1] 我们所调研的社区除日常工作经费外，可动用的公共资金大多只有几万元，资源最多的属南京某村改居社区。该社区由于保有原村集体的集体收入，每年用于开展各类居民活动的资源可达数十万元，但也正是这个社区，资源主要被用于支持各类引进的社会组织，而这些社会组织在面对主体由农民构成的服务对象时，其活动精英化、服务专业化的弊端表现得尤为明显。社区提供给社会组织的用于组织居民活动的活动场所经常只有固定的少数居民使用，其中大多是后来通过购房进入社区的白领阶层。本地居民喜闻乐见的打麻将等活动因为登不了大雅之堂而得不到相应支持。
[2] 比如主妇园艺活动室、书法室、心理咨询室、英语角等，活动室贴满了展示社区活动场面的照片和各种规章制度的布告。活动室都有固定活动时间，大多数每周活动一到两次，每次半天。根据我们的实地考察和了解，每次参与人数都非常有限且固定，有的甚至因长期没有活动而闲置。

里主要是打麻将打牌，以及带孙子、聊天[①]。老人们要求居委会拿两万元改造一下小广场的意见多年得不到落实，而活动室提供的活动完全不能满足这些普通居民的需求。居委会主任坦承，现在上级财政重点支持开展有新意、有档次的项目，这种打麻将、聊天的项目他们报上去也批不了。

其次是社区民意表达渠道被精英垄断，普通居民的诉求难以得到充分反映。社区精英自然也有与普通居民相同或相似的利益诉求，比如对社区治安、社区绿化等的要求，但不得不承认的是，二者也存在显而易见的利益分化。前文所说的公共活动便是非常重要的差异，社区精英更喜欢书法、绘画等具有一定文化素质和才艺要求的活动项目，相反，普通居民更习惯于打麻将、打牌或聚在一起聊天，甚至许多老年人只是喜欢扎到人堆里发呆，享受"在一起"的感觉。但是，精英们垄断了社区利益的表达渠道，经过精英层的"筛选"，普通居民的利益诉求就很有可能无法有效表达出来并得到回应。

最后是社区精英与普通居民的"区隔化"，结果是精英替代进一步自我强化，而普通居民的参与意愿更低。同时，积极

---

[①] 居民说，小广场每天至少都有五六十个老年人活动，一天下来人流量可达一两百人次。这几乎占小广场所能辐射区域内的老年人总数的百分之八十。有趣的是，我们访谈的几位社区积极分子从不到小广场活动，问及原因，他们都表示"跟那些老头老太太玩不到一块去"。

分子和社会组织"横亘"在基层组织与普通居民之间，实际上减少了基层组织直接动员的机会，使社区动员和社区参与陷入恶性循环。

社区动员内卷化的直接后果就是社区治理的"虚假繁荣"，即虽然表面上社区参与途径多样，社区活动丰富多彩，社会组织众多，实际上它们只是社区精英的"游戏"，而缺乏大多数普通居民的参与，出现活动"虚假繁荣"与社区参与度低并存的吊诡局面。其进一步发展的话，可能会造成社区参与的利益化，那些分利能力较强的居民能够积极参与社区活动和建设，分利能力弱的居民对社区参与比较消极，而社区动员和社区建设被锁定在精英层面，"悬浮"于普通居民之上，从而从基层社会中脱嵌出来，而精英治理也可能因缺失公共监督而发生蜕变。

社区动员内卷化的发生可以从三个层面来理解，即社区弱自主性和社区居民低效能感、社区陌生化和精英脱嵌、基层组织识别和分类能力弱化。

社区弱自主性和社区居民低效能感是一体两面的，所影响的是普通居民的社区参与意愿。社区弱自主性是指城市社区自主解决内部问题的能力较弱。由于社区是城市空间体系的末端，其内部产生的问题有相当一部分是外部因素造成的，是城市体系中产生的问题辐射到了社区内部。也因此，社区在应对这些问题时仅凭自身力量难以解决，而必须要向更高层次的城市治理体系求援。这也是为什么社区居委会总是强调自己最重要的工作是协调各部门解决居民问题。如此一来，居民在社区生活中遇到问题向居委会求助时，居委会很有可能无法及时有效解决，这势必造成居民对居委会等社区基层组织的不满，长期积累下来就会造成居民对社区事务参与效能感的降低。另外一个不容忽视的因素是，社区能为居民提供的生活所需其实非常有限，居民更多的社交、休闲等需求都可以在整个城市体系中满足，而并不依赖于社区。在整个完备的城市体系中，社区对许多居民的意义仅限于提供居住空间，居民仅仅是在需要与政府打交道办手续时才会与社区基层组织发生关系，社区实质上只是"互不相关的邻里"，这也进一步强化了大多数普通居民对社区基层组织的疏离。这种状况是单位制解体后的必然结果。

社区陌生化与精英脱嵌，是导致社区二次动员断裂的主要原因。无论是乡土社会还是单位制社区，其社会性质都具有典型的熟人社会的特点。社会成员之间通过血缘、业缘等建立了紧密的社会关联，社区的社会资本非常丰富。熟人社会中的社会精英是在积累了充足的日常性权威的基础上形成的，他们不仅掌握着大量非正式的社会资源（特别是情面资源），而且熟谙熟人社会中的地方性共识，这是社会精英能够实施二次动员，在普通社区成员与基层组织间发挥媒介作用的关键。如今的城市社区则具有明显的陌生人社会的特点，居民"虽住在同一地方，却互不相干，甚至互不相识"[①]。正如前文所说，一些社区精英的交往和生活圈子与普通居民甚少发生交集，他们对普通居民的熟悉程度甚至远不如经常聚在社区小广场打麻将、聊天等的普通人。而且，根据我们的调研，社区精英之间也大多仅限于经常在一起开会而"面熟"、路上碰到打个招呼的点头之交，并非如某些研究所说的彼此"亲密无间"。从这个意义上讲，陌生人社会的社区精英其实与熟人社会的社区精英具有本质差异，后者往往是社会内生的，拥有丰富的日常性权威资源，但前者则更多是因为其党员或公职身份等外在禀赋成为精英，与社区本身关系不大，也就谈不上具备多少日常性权威。也就是说，当下的社区精英实际上是从社区"脱嵌"的。这就解释了动员理论研究中的一个明显悖论：社区广泛运用各种非正式社会资源，但社区参与程度却依然不理想。其实，这些所谓的非正式社会资源在一个陌生人社会里所能发挥的效果是非常有限的。

基层组织识别和分类能力弱化，这是基层组织难以有效实施社区动员的自身原因。前文已述，识别和分类机制是社区动员的首要机制，它建立在基层组织对社区居民熟悉的基础上，

---

① 王小章. 何谓社区与社区何为. 浙江学刊, 2002.

而熟悉的前提是"到群众中去"。但是,社区基层组织行政化色彩过重已是不争的事实,其工作重心都在应付上级的各种行政事务上,与居民直接打交道的频次和深度都远不及以前,加上如今许多社区规模过大(南京、上海两市社区大多都在数千人以上,其中不乏万人社区),基层组织与普通居民之间的陌生化非常明显。这样一来,一方面是社区本身的陌生化,另一方面是基层组织对社区的陌生化,造成基层组织难以从社区居民中有效识别出具备日常性权威的社区精英,而只能依赖党员或公职身份等外在禀赋筛选,这就导致社区精英的代表性严重不足,难以真正发挥二次动员作用。实际上,虽然社区在日益陌生化,但包括社区广场、社区网络平台等公共空间中还是会产生一些具备日常性权威的社区精英,如何将这些人真正识别并动员起来,应该是社区基层组织亟须正视的问题。

### 5. 扩大直接动员

社区动员能力弱、社区参与水平低是我国社区治理在后单位制时代面临的重大挑战。现在,社区动员方式比以往更加依赖基层组织与社区居民之间的情面关联等社会资源,而这种动员方式的有效性又建立在社区社会资本丰富的基础上。实际情况却是社区陌生化导致社会资本匮乏,基层组织的传统动员方式的效力只能局限于少数社区积极分子,由此出现了社区动员中的精英替代现象，并导致社区动员内卷化。这才是当前城市社区治理困境的实质。如果不能从机制层面解决这一问题，投入再多资源或者再怎么培育、引入社会组织，也无法摆脱这一困境，甚至还有可能适得其反。

许多人认为通过培育社区的社会资本自然就会提高社区参与水平，问题是：培育社会资本的主体是谁，其能力又如何呢？一般来说，培育社会资本的途径是通过开展社区公共活动，增加陌生化的社区居民参与社会交往和公共生活的机会。人们首先必须聚到一起才有可能建立关系，进而形成社区认同，增强社区凝聚力。依靠居民自发组织起来即使不是完全不可能，至少也是难度相当大，否则，居民早就自发组织起来参与到社区治理中，自然也就不会出现如今的问题了。当下有两种比较主流的思路：一种是依靠社会组织，另一种是依靠居委会、业委会等社区自治组织。我们在前面分析过外生型社会组织提供的服务过于专业化可能带来的问题。简言之，我们发现各类社会组织依据其专业领域分别针对不同的目标人群提供服务和进行社会动员，这种各自为政的运作模式对增强社区整合能力可能不一定有利，毕竟社区整合需要修补陌生化和利益分化造成的社区分化。另外一个值得注意的风险是，社区若越来越依赖社会组织向居民提供服务，客观上会造成社区基层组织与居民直接互动机会的减少。

相比之下，我们更赞同第二种思路，即由社区基层组织主导社区动员和社区参与。基层组织相对于社会组织其优越性恰恰在于其非专业性，因为其非专业性恰恰对应了社会的整体性，使得基层组织可以天然地与居民进行日常化的、多层次的、全方位的接触。问题的关键是这种接触是否能够有效实现。众所周知的是，当下的社区基层组织出现了一定程度上的行政化问题，这不但背离了其居民自治组织的法定属性，更导致基层组织与居民的疏离。基层组织不熟悉社区居民，削弱了其动员能力中非常关键的识别能力，使其不能真正从居民中筛选出具备日常性权威的社区精英，从而媒介式动员也就陷入精英替代的困境。解决这一问题的主流思路是要对居委会进行去行政化改革，比如南京"蓝旗模式"采取将居委会的行政服务职能外包给社会组织的办法，深圳设立社工站以承接居委会行政职能，其目的都在于使居委会有时间、有精力专注于开展居民自治工作。然而吊诡的是，我们发现失去行政服务职能的居委会反而陷入无事可做的局面，其与居民打交道的机会非但没有增加，反而更少了，以致居委会干部感叹自己"边缘化"了。其实原因很简单，现在居民与居委会打交道最多的就是后者承担的那些行政服务工作，盖章、办手续等行政事务看似增加了居委会的行政负担，实际上它们恰恰是其与居民之间不可或缺的制度性关联。因此，要想增加居委会与居民之间的互动,重点并非去行政化,准确地说并非这种一刀切式的去行政化。真正的去行政化是减少那些不合理的行政任务而保留必要的行政服务,比如许多形式主义的检查评比、台账报表等完全可以取消。总之,增加基层组织与普通居民的直接互动机会的思路是正确的,关键是探索出真正有益的措施。

## 二、模糊化运作策略

### 1. 主辅协作

第一章提到的主辅结构,在社区治理实践中的运作逻辑,可以称为主辅协作。基层组织与辅助性力量在社区治理中的协作关系本质上是各主体治理角色和作用的体现,因此其具体的协作关系在基层组织与不同辅助性力量之间会有差异,主要包括以下模式:

①主导－配合模式。这是基层组织与积极分子和社会组织的协作关系模式,在这对关系中,基层组织居于主导地位,积极分子和社会组织围绕基层组织的要求予以配合。积极分子的配合主要包括信息传递、群众动员、辅助工作三个方面:信息传递是指其在基层组织与普通居民之间进行双方信息的沟通,既包括向基层组织传递居民诉求和社区情况,也包括向居民通

报与宣传基层组织的工作安排和政策动态；群众动员是指积极分子通过示范带动和直接发动的方式动员普通居民参与社区治理事务；辅助工作包括配合基层组织选择性地应付一些行政任务，如文体活动、讲座会议等，还有就是协助做群众工作，主要是基础性的舆论发动、上门入户、劝说等。积极分子配合的程度由其自身的时间精力和参与意愿决定。一般来说，可能破坏其与居民关系的工作，积极分子是不会参与的。社会组织的配合目前主要是开展社区活动和提供社区服务。

②支持-求援模式。这是基层组织与物业公司和业主自治组织之间的协作关系模式。一般来说，对于封闭管理的小区内部与物业管理直接相关的事务，基层组织并不直接介入。基层组织主要是利用其与双方利益无涉的中立立场，在小区物业管理出现矛盾纠纷时或主动或应任何一方求援而介入，其作用是为各方搭建利益沟通和协商平台。如果其介入仍不能解决问题，基层组织会求助于街道办或主管部门，这时下一对协作关系启动。相对来说，基层组织的身份使其更容易将事件纳入制度化渠道，而业主、业委会和物业公司一般很难通过制度化渠道直接与政府部门打交道。实践中，业主等往往会采取上访、制造群体性事件等非制度化方式表达诉求，导致事件扩大化。

③分工-协调模式。这是基层组织与街道办、职能部门等行政性力量之间的协作关系模式。在公共服务方面，双方主要

是基础性和专业性流程的分工：社区负责材料受理、基础信息甄别等流程，而专业性流程则由行政部门完成。在社会管理方面，双方实行"梯度治理"的分工策略：一方面，由基层组织完成信息告知（如与社区内相应主体签订各类责任书）、基础信息排查等非执法环节工作；另一方面，对于确需执法的工作，也首先由基层组织通过非正式方式开展一部分，之后才由执法力量介入。在需要由政府部门介入解决社区内部问题时，社区起到了重要的协调作用，包括协调相关部门直接介入，或协调相关资源促进问题的解决。

当然，上述分类并不意味着社区治理实践中各主体行动边界的清晰与稳定。实际上，社区治理是一个充满了灵活性和策略性的过程，主辅力量的协作关系是具体治理机制得以可能运作的基础，或者说，是社区简约治理的基础。简约治理主要表现为基层组织主导下的模糊化运作。换句话说，在实际运作中，主导和辅助的相对关系虽然大致稳定，但这种稳定却往往是以模糊化的方式表现出来的。这或许正是社区治理中的辩证法。

**2. 模糊化运作策略**

社区治理的运作场域是由正式的行政体系与非正式的基层社会共同形塑的具有混合性、模糊性的空间，社区治理承担着将国家公共服务对接到分散的社区居民、实现国家权力对基层社会秩序的基本控制和动员居民参与社区事务管理等多重职责。职责多重性使得作为社区治理主导性力量的基层组织要做到：第一，必须进行多元角色的适时切换，即在提供公共服务时它是服务者的角色，在进行社会管理时它又具有一定的国家权威性，而在居民自治事务上它扮演的角色又很类似于家长；第二，要灵活协调和配置有限的治理资源，实现资源使用效益的最优化。我国现行体制的一个基本特点是越到基层资源越稀缺。在资源硬约束下，基层组织要完成多重职责就要能够灵活合理地协调和配置社区内外的各种资源，而资源的协调和配置是一个既遵从规则，又更加需要策略的过程。资源既包括有形的物质资源、人力资源，也包括无形的权威性资源。也就是说，社区治理就是作为主导性力量的基层组织，协调其他治理主体，灵活配置资源，完成多重职责的过程。正是在这个过程中，社区主辅结构的协作表现出模糊化运作的特性。如果说主辅结构是社区简约治理的基础，那么模糊化运作就是简约治理的实现方式。

所谓模糊化运作，就是社区治理的主导性力量与辅助性力量在角色边界、资源配置、治理方式等方面，既遵从正式规则又灵活化突破规则的模糊化的操作策略。择要来说，它包括以下四个主要策略：

第一个是模糊化的角色分工。这包括两个方面：一是基层组织内部的模糊分工，二是基层组织与其他治理主体的模糊分工。应该说，随着基层社工专职化和公共服务专业化程度的提高，基层组织内部工作人员之间的分工要比以往明晰多了，一般每个居委会工作人员都有专门负责的对口条线，如计生、社会福利、劳动保障、环境卫生等。但这并不意味着基层组织完全科层化了。实际上，基层组织在工作中会经常性地、有意识地打破科层化的分工规则，这个模糊化策略通常被称为"分工不分家"，是一种统分结合的分工模式。"不分家"表现为：第一，包片负责制，即将社区划分为若干片区，每人包片负责，包片负责制与专业分工无关，每个人都要负责分管片区的所有事务，要经常性入户走访，社区承接的上级任务也会细分到片区头上。近年来各地推行的网格化管理将这种去科层化的包片制度进一步强化了。第二，重大事务统一合作，即遇到如G20峰会召开、"非典"疫情、"创文""创卫"等重大事务，所有社区工作人员都要打破分工，重新进行人力资源配置。在社区治理中，其他治理主体的角色也往往被模糊化，承担其角色规则以外的职责。物业公司经常被要求参与到"创文""创卫"等工作中，基层组织依靠物业公司可以省去相当多的工作量。而严格来说，物业公司作为一个仅与业主有合约关系的市场主体，并无相应责任。社会组织也经常被要求配合基层组织开展入户走访、社区宣传等合同外工作。当然，反过来也一样，基层组织会帮物业公司上门解决物业纠纷，比如做拖欠物业费的业主的工作等，而严格来说，这只是物业公司的事情。分工模糊化最典型的还是积极分子，他们实质上与普通居民无异，却经常协助配合基层组织做走访民情、开展社区活动、调解纠纷等带有行政色彩的工作，甚至会参与到拆违等具有明显执法性质的工作中。而普通居民大多也会认同积极分子的身份，比如他们的楼组长、居民小组长等身份，并向他们反映诉求。许多楼组长、居民小组长并非全部严格按照程序由居民选举产生，居民完全可以不认同其身份合法性，但在实践中，这个问题往往被模糊掉了。

第二个是人情化的社会动员。社会动员是在资源硬约束下，基层组织在社区治理中经常运用的模糊化策略，能通过动员社会性力量，有效弥补正式治理资源的不足。社会动员的对象主要是社区居民，社会动员的直接效果是积极分子的产生和社区问题的社会化解决。积极分子中相当一部分人是基层组织在日常工作中发现和动员出来的，其中有的人本无参与社区治理的意愿和热情，通过基层组织的直接动员或其他积极分子的动员，他们才成为积极分子。所谓社区问题的社会化解决，是指被动员起来的居民主动解决原本应该按照程序规则化解决的问题，比如小区拆违和环境整治。严格来说，这是城管执法部门和环卫部门的职责,居民被动员起来以后就可以自行拆除或者整治好,而无须动用执法力量,耗费行政成本。更为关键的是,社会动员成本也通过人情化的方式最小化了。当下的社区社会动员已经不能像单位制时期那样依靠意识形态和利益进行约束了,社区可用的动员方式非常有限,主要是靠日常工作中为居民解决实际问题积累的情面资源。基层组织的治理能力与其社会动员能力呈高度正相关关系,即治理能力强,则为居民解决问题的能力就强,居民与基层组织的人情关联就紧密,社会动员效果就好,而社会动员效果好就容易降低社区治理成本,提升社区治理绩效,二者相辅相成。当然,基层组织在人情化动员之外,还会采取利益回馈等激励方式,但总体来看,利益激励的作用是次要的,成本也非常低,基本上就是价值有限的慰问品等。

第三个是梯度化的资源配置。所谓梯度化的资源配置,主要指的是正式的行政化治理资源与非正式的社会化治理资源的梯度化配置。"梯度"是指根据治理事务的性质、轻重缓急、风险成本等综合考量,进行资源的优化配置。梯度化的资源配置机制是与模糊化的分工和人情化的动员关联在一起的。它具体包括两个方面。首先是流程拆解,将公共服务的部分流程下沉到社区,将社会管理中容易化解的问题由基层组织通过非正式方式处理,避免全部问题和居民诉求直接上升和堆积到正式的行政体系内。这里会涉及分工的模糊化，尤其在社会管理中，比如与社区业主签订消防、安全生产等各种责任书，进行常规性的隐患排查等。严格来说，这些应该由执法部门来做，是其部门职责所在，而且只有它们才有合法性，基层组织缺乏执法资格和权限，而上述事务具有执法性质。但这些事务本身的专业性、技术性不强，且行政相对人数量众多，严格依法行政势必增加成本，通过这种模糊化策略，实际上节省了行政成本。流程拆解是一种常规性的资源梯度配置方式。其次是可以突破科层分工规则的梯度配置策略，例如社区将街道执法力量引入基础性事务治理流程，以及街道在专业性事务治理流程中引入社区非正式资源。在前一情境中，行政力量到场能发挥策应和威慑作用，助推基层组织相关工作的开展，但原则是必须消极性在场，不能积极执法，否则其过早介入或不当介入，不但会增加执法成本，而且可能引发风险。比如在小区拆违中，有的违建被认定存在法律上的模糊之处，但其确实影响到其他居民的生活，且若不拆除将影响整个工作进展，社区能采取的措施是反复劝说，其中不乏故意模糊法律政策进行强制，城管力量的到场而不作为（即不直接拆违）实际上可以起到很有效的威慑作用。在后一种情境中，社区非正式力量的介入则可以缓冲正式执法力量造成的对立性和紧张性，或者将严格按照法律执行则成本高昂或风险巨大的事件通过非正式方式柔性化解。

第四个是柔性化的权力运用。同乡村治理中的"软硬"兼施不同，社区治理中基层组织的权力运用更注重柔性化。在硬规则执行上，比如公共服务供给，尤其是社会救助、社会福利、劳动保障等，这些服务项目的特点是都有严格的制度规则，尤其是对服务申请人的申请资格有严格限定和健全的信息甄别检验制度。这使得社区在规则之外的模糊化运作空间其实比较小，但基层组织在行使硬规则时，仍会采取软化措施，有时会故意将照章办事模糊化为对特定对象的"照顾"。比如，某人符合低保申请条件，但不一定知道并主动申报，这时基层组织就有了将硬规则软化操作的可能，如主动上门告知信息，帮忙准备申请材料，许诺"优先报送材料"等，实际上在软化运用硬规则的同时，积累了与居民之间的人情关联。柔性化的权力运用更多体现在社会管理事务中，其运用方式就是反复上门、劝说、软磨硬泡，依赖平时积累的情面资源，或者就是对方被磨得受不了，最终达到目的。这既包括规则之内的事务，也包括规则之外的事务。实际上，更多的事务是模糊的、灰色的或难以明晰的。比如政府主导的小区美化工程，有的改造是合理的，但有的则纯粹是形象工程。为迎接 G20 杭州峰会开展的小区美化工程，相关部门要求更换部分居民家中的户外保笼，有的拆除行为于法无据，执法部门无法介入，有的虽然属于违章，但若强行执法，可能引发意外后果，最终大量工作还是通过社区的柔性化运作完成了。

## 三、简约治理原则

### 1. 国家与社会关系

社区处于国家与社会的交界点,国家-社会关系形塑着社区治理的权力关系及其运作逻辑。在单位制时期,中国处于"总体性社会"[①],国家权力对社会实现了空前全面和深刻的渗透,"所有基层单位都表现为国家行政组织的延伸,整个社会的运转依靠自上而下的行政权力"[②]。对于单位制解体、社区制形成过程中的国家-社会关系,学界给出了不同的判断,大致包括三种观点:第一种观点认为国家对社区的控制力已经大为弱化,社区居委会也将转变为真正的自治性机构。国家权力的弱化伴随着社会的成长,这表现在两个方面:一是居委会选举意味着国家在有意识地让渡权力,以激发公众参与,构建新型的以居委会为核心的基层治理网络,这预示着市民社会在社区的成长;二是随着住房产权制度改革,公民的权利意识觉醒,以业主自治和维权行动为标志,市民社会开始形成。这种观点

---

① 孙立平,等. 改革以来中国社会结构的变迁. 中国社会科学,1994(2).
② 路风. 单位:一种特殊的社会组织形式. 中国社会科学,1989(1).

简单套用来自西方的"市民社会"理论,无助于真正理解城市基层社会的本土意涵。第二种观点则认为国家实际上只是改变了向基层社会渗透的方式,其在社区中的权力存在非但没有削弱,反而可能有所强化。社区行政化便是最明显的证明。社区行政化被认为是国家不肯向社会放权造成的,通过一系列的社会管理体制改革,国家在街区的行政权力明显扩大和统一了。只是,国家的权力渗透越来越具有策略性和"柔性控制"的特征[1]。相应地,社会本身依然比较弱小,一些研究显示业主自治困境重重,部分业主不履行义务,部分业委会成员以权谋私造成业主难以组织起来,业主的行动能力非常弱,即使业主维权精英之间也常常陷入准派系斗争和"寡头"垄断。同时,社区治理中的居民参与程度一直很低,即使面临"非典"这种与自身利益高度相关的重大事件,社会也仍然难以自发行动起来,反而进一步强化了国家的掌控力。第三种观点则强调国家-社会关系在社区层面的复杂性。一方面,国家力量在不断增强,另一方面,社会自治空间也在生长,国家与社会不是此消彼长的关系,而是共生共长、相互融合的关系,正在朝着强

---

[1] 王汉生,吴莹. 基层社会中"看得见"与"看不见"的国家:发生在一个商品房小区中的几个"故事". 社会学研究,2011,25(1).

国家与强社会的方向发展①。城市基层中国家与社会既非断裂关系也非嵌入关系,而是呈现"粘连"状态。

　　国家-社会关系的复杂性视角似乎比国家/社会的二分法更加契合基层治理实践。实际上,在具体的治理实践中,"国家"和"社会"都不是作为内在同一的实体存在的。公共政策执行研究显示,国家行政体系在运作过程中,上下层级间、部门之间的博弈、协商、妥协会造成国家政策目标的变形,处于"压力型体制"末端的基层政府不应被简化为"国家"的化身。尤其是在中国这样一个拥有悠久中央集权历史的国家中,"国家"内部至少存在突出的"中央-地方"关系问题,这对于理解基层治理的诸多问题是不可忽视的关键因素。作为国家-社会关系交界面的基层行政组织,其本身就是一个构成复杂且行动充满策略性的结构,在与社会直接打交道的过程中,其人格化代表——"街头官僚"并不能被视为国家力量的天然代表。同时,"社会"本身也是复杂的,这不仅表现在社会分化造成利益群体的分化,并影响到其社区参与的行动逻辑,而且表现在即使同一群体在不同事件中与基层组织的关系也可能是有差异的。比如一个热心帮助社区做群众工作的积极分子,

---

① 朱健刚. 城市街区的权力变迁:强国家与强社会模式:对一个街区权力结构的分析. 战略与管理, 1997(4).

可能摇身一变成为一场邻避抗争行动中的草根领袖，带领居民与地方政府、开发商等进行博弈。国家-社会范式经常预设二者的对立关系，似乎基层治理就是公民组织起来与国家权力进行对抗，或至少是博弈的过程。

然而，社区治理实践的一个基本事实却是：绝大多数居民对公共事务漠不关心，真正具有参与意愿和行动能力的居民往往并不是对抗性力量，而是聚拢在社区基层组织的周围，构成了常见的积极分子群体。他们的积极参与非但不是对国家权力的抵制，反而是主动靠拢和援引，其目的主要是将居民诉求传递给行政体系，并希望后者能够有效解决社区问题。居民对社区的不满，很少因权力过度干涉引起，更多是因为社区权力不足，不能及时有效解决问题产生的。这样我们在解释上便面临一个困境：社区行政化是由于国家权力扩张造成的，社区无法及时有效回应居民诉求却是因为权力不足。这个悖论按照前述逻辑只能解释为，国家权力的扩张与渗透仍只是"国家"的权力，而没有赋予"社区"，或者说，国家扩张的那种"权力"并不是能够回应居民诉求的"权力"，这种权力只是为了瓦解社会，实现更高水平的社会管控。但这会带来又一个解释困境：不能有效回应居民诉求而一味追求扩张的权力，其正当性从何而来？这显然并不符合现实。这说明实践中的"权力"往往很难用"强"或者"弱"简单判定，权力运作过程中国家与社会的边界也往往是模糊的,地方政府和基层组织可能策略性地利用国家权力,国家权力也可能借用社会化的方式运作,社会的分化造成不同社会主体对国家权力的诉求和态度也存在差异。

社区治理实践中国家与社会关系的混合性和模糊性主要表现在两个方面:一是社区治理结构本身的混合性。本书所说的社区治理结构是指各种社区治理主体所构成的相对稳定的关系模式。在各种社会治理主体中,首先是以基层党组织和社区居委会组成的基层组织。基层组织固然具有社会性,但其更突出的特点显然是其国家性,不断强化的行政化实际上在不断巩固着基层组织作为国家权力代表的性质。基层组织的周围会聚集若干数量的社区积极分子,他们是居民的组成部分,但又不同于普通居民,通常他们是基层组织的重要助手,在社区与普通居民之间发挥着上传下达的沟通桥梁作用。此外,社区中的社会组织和驻点单位等也是重要的社区治理资源,但它们与基层组织的关系密切程度比积极分子低得多。这个以基层组织为主体、以积极分子等社会性力量为辅助的社区治理结构具有明显的混合性,很难用"国家"或者"社会"完全概括。二是社区治理的运作机制。许多研究发现,社区基层组织在工作中普遍会采用人情面子等非正式资源,这种运作机制既出现在基层组织对积极分子的动员当中,也会在邻里纠纷调解、社区选举、基层执法等社区工作中采用。对这种具有混合性和模糊性的现象,显然不能仅用国家与社会关系的复杂性一笔带过,我们需要思考的是:现代国家政权建设的一个基本目标就是国家通过官僚体系下沉将其权力触角渗透到基层社会,它具体包括基层组织体系的正式化、科层化和权力运作的规则化。那为什么时至今日社区治理结构和运作机制中仍然存在明显的非正式因素?

从欧洲国家形成的历史经验来看,国家在基层除了有官僚机构外,还同时存在"包税人"这个非正式力量,其目的是在行政资源有限的情况下实现基层治理目标。但这个体制会因其牟利性而产生诸多弊端,因此随着现代国家的形成而被逐步取消了[①]。中国基层治理体制中也曾经长期存在这样一个非正式结构,在"皇权不下县"的地方治理场域中,胥吏、乡绅等扮演着关键角色,但也很容易陷入国家政权建设内卷化困境。新中国成立后,国家政权建设取得了空前突破,但这种混合性的基层治理结构和运作机制并未被抛弃。新中国成立初期在城市基层政权重建和社会秩序重塑中,中国共产党延续其革命时期的群众动员传统,动员大量群众积极分子参与其中。这个时期国家对这些基层半正式人员的管控能力和管控效果已非传统时

---

① 黄冬娅. 多管齐下的治理策略:国家建设与基层治理变迁的历史图景. 公共行政评论, 2010, 3 (4).

期可比，许多弊端都被有效控制住了。现在城管、基层治安、市场监督等基层执法机构依然存在利用非正式或半正式人员充当执法力量的情况，但是，日益增多的执法冲突显示，对这个力量的管控已经出现了问题[①]。

**2. 如何理解"简约"？**

为什么基层治理领域始终存在这样一个混合性的治理结构和治理方式？如何去认识？一种解释是，从国家财政供给能力的角度看，国家财政资源有限限制了其官僚机构的膨胀，使其不得不在基层依赖一定数量的半正式人员。社区居委会虽然日益正规化和制度化，但依然受到财政供给的限制，导致其始终在科层组织与自治组织两个定位之间摇摆。但是，这个解释并不足够有力。仍以社区居委会为例，实际上，各地政府用于购买社会组织的社区服务的资源在迅速增加，认为政府缺乏资源支撑一个正规化的基层科层组织似乎并不合理。它暗含的一个推论是，随着国家治理资源的日益丰富，这种混合性的治理结构与治理方式终将被国家权力的扩张取代。但是这个趋势至少目前还没有呈现出来。党的十九届三中全会提出的未来基层政

---

① 吕德文. 灰色治理与城市暴力再生产：鲁磨路"城管"实践的机制分析. 开放时代，2015（4）.

权建设的目标也仍然是"简约高效"。

对此，黄宗智先生给出了一个更具说服力的解释。在他看来，这种基层治理体制毋宁说是国家有意识塑造的结果。传统国家基于"儒化的法家"的理念，信奉对社会事务尽可能少干预的理念，毛泽东时代的乡村治理也具有相当强烈的反官僚主义特点，这可以追溯到延安时代以来的"简政"口号传统。他将这种体制称为"集权的简约治理"，并指出可以将其看作中国政治"特别执着的特性"[①]。应该说，"简约治理"较好地概括了基层治理的特点：一方面，"简约治理"更能揭示出社区治理结构和运作机制的特性，而不是仅限于泛泛地讨论国家与社会的强弱对比或复杂博弈；另一方面，它可被视为具有一般意义的基层治理模式。近来，有学者认为"有着庞大的财政资金结余的强财政府""可以逐步规范其统治手段和承担其公共责任"，因此"简约原则在当下就不是一个关键问题"，国家正在通过一套更加复杂的"柔性控制策略"来实施基层治理[②]。笔者以为这样理解"简约治理"并不全面，"简约"不能仅仅从治理所耗费的资源成本来理解，更重要的是它是一种基层治

---

① 黄宗智. 集权的简约治理：中国以准官员和纠纷解决为主的半正式基层行政. 开放时代，2008（2）.
② 郭伟和. 街道公共体制改革和国家意志的柔性控制：对黄宗智"国家和社会的第三领域"理论的扩展. 开放时代，2010（2）.

理的运作机制。所谓的"柔性控制"并不是对"简约治理"的超越,而恰恰是"简约治理"的生动体现。这种误解的产生与黄宗智先生本人没有对"简约治理"进行细致的界定有关:他既没有揭示出基层治理中正式人员与半正式人员的协作机制,这是简约治理得以实施的结构基础,也没有对简约式运作的具体策略及其支撑条件进行详细阐述。

### 3. 简约治理及其演变

"在历史的长景里,不管基层治理目标经历了何种前所未有的扩张或调整,国家基层治理的方式却存在某种相似性或者说延续性"[1],简约治理便是具有延续性的基层治理方式。在黄宗智先生的界定里,简约治理首先表现为一个由正式官僚和准官员组成的混合性的治理结构,其次(但更为重要的)是其半正式的行政方法。我们对社区治理所存在的主辅结构和模糊化运作机制的阐述,显示了简约主义原则仍然支配着城市的基层治理。与此同时,当下的简约治理也发生了不容忽视的演变,因而其实践效果也存在一定的限度。理清这些问题,实际上就是在对简约治理范式进行拓展与深化。

---

[1] 黄宗智. 集权的简约治理:中国以准官员和纠纷解决为主的半正式基层行政. 开放时代, 2008(2).

社区治理中的简约主义受以下两个主要因素的影响：

首先是社区基层组织科层化的限制。社区行政化尽管确实比较严重，但国家并没有改变其自治组织的法律定位，包括街道办事处在内，名义上城市基层尚未建立一级政府，基层组织最多是类行政组织。专职化的基层社工也没有公务员化，或者设定为事业编制，"社工编"的说法实际上仍然可视为"准官员""半正式人员"的延续。根据民政部的统计，全国居委会数量和居委会成员数量一直在增长，考虑到现在城市社区的规模一般都在万人以上，而基层组织的正式工作人员则大多只有10～15人，这样一个"类行政组织"和"半正式人员"的规模实际上并不算大，基层组织的科层化客观上被政府主动限制着。

其次是责权利层级不对称体制下的社会动员。贺雪峰揭示了中国国家治理中一个独特的体制，就是"在责权利分配上进行不对称的分配，越是下级，责任越大，权利越小，越是上级，权利越大，责任越小，这样一种责任向下分配、权利往上保留的体制"，他认为这种体制调动了地方的积极性，使地方积极想办法，包括其中的非常手段甚至潜规则、非法手段[①]。责权利层级不对称的体制与基层治理中的简约主义原则是相辅

---

① 贺雪峰. 行政体制中的责权利层级不对称问题. 云南行政学院学报，2015，17（4）.

相成的，基层正是通过简约治理的方式才在资源硬约束下完成治理责任。而对社区来说，其关键的化解资源硬约束的方式就是社会动员。社会动员就是动员社会性力量以弥补正式治理资源的不足。与"多元共治"理论设想的多元主体广泛参与不同，社区基层组织的社会动员延续的是中国共产党的群众路线方法，其动员对象即其主要的依赖力量是居民当中的积极分子。正是这些分散在普通居民当中的积极分子，一定意义上成为基层组织的"眼睛"和"耳朵"，保证了十几名正式工作人员能够灵敏掌握万人社区的情况。同时，积极分子又是基层组织与普通居民之间的桥梁纽带，既能及时传递居民诉求，使得低度参与的居民仍能将自己的诉求表达出来，又能利用其居民身份改善基层组织治理意志的贯彻效果。缺乏社会动员及其产生的积极分子，基层组织就不可能维持如此紧缩的规模，社区的简约治理就丧失了基础。

城市社区的简约治理与传统时期和乡村社会的简约治理相比有一个关键性的变化，就是其面对的是一个陌生人社会，而后者建立在熟人社会基础上。显而易见的是，熟人社会比陌生人社会拥有更多的内生性的非正式治理资源，包括民间权威、文化网络、情面关联等，而陌生人社会是一个社会资本相对匮乏的社会，很难产生内生性的民间权威。这就使得社区简约治理对社会动员更加依赖。在某种意义上，熟人社会的民间精英等会主动参与到简约治理当中，而陌生人社会在很大程度上需要基层组织的动员。这就表现为，社区积极分子往往并非社区精英，而乡村治理中的积极分子则往往是村庄精英。这个关键区别的重要意义在于，社区简约治理所依赖的主辅结构并不存在严重的代理人失控的风险，即无论是作为"准官员"的基层工作人员，还是作为辅助性力量的积极分子，由于缺乏"权力的文化网络"的支撑，均很难蜕变为营利性经纪人，这就避免了历史上简约治理最受诟病的弊端。

从社区简约治理自身的演变来看，其与单位制下的情况相比也发生了重要变化，集中表现为基层组织动员方式和动员对象的演变，简单说就是"去政治化"。众所周知的是，无论新中国成立初期的城市基层政权重建，还是单位制时期的政治运动，基层组织对动员对象的首要要求就是政治合格，只有那些阶级成分、政治觉悟符合要求的人才有资格成为积极分子。当时的动员方式也充满了政治意味，与国家的意识形态和道德约束高度重合。人情化的动员方式虽然不能说完全没有，但至少并不一定占据主导地位。随着整个国家的转型，基层治理中的政治性已经基本褪去，治理基本上变成了技术性事务，即使是名义上的"政治任务"（或者称为"中心工作"），其操作方式也是技术化的。在这种情况下，基层组织所需要的积极分子就几乎没有政治性要求，而越来越接近"志愿者"。基层组织的动员手段也变得极为有限，更多地依靠个人魅力和人情化策略，其制度化程度是非常低的。非制度化方式既保证了社会动员本身的简约性，但同时也限制了其效果，即真正能够被动员起来的积极分子，实际上是非常有限的。而且，这种动员方式也影响了简约治理的效果，并且使其面临某种困境。

### 4. 简约治理的困境

既有研究大多只关注到简约治理中非正式人员带来的"代理人失控"问题，这个问题其实在当下的城市社区治理中并不构成一个问题。社区简约治理所面临的困境有其自身的逻辑。

首先是社区刻意规避风险，形成"不出事逻辑"[①]。所谓不出事逻辑，就是不求有功但求无过，本质上是一种风险规避行为。不出事逻辑表现在两个方面，一是"被动性回应"，二是"风险转移"。被动性回应是基层组织在社区治理中的消极性表现，即只对那些上级安排的重要任务和居民主动投诉的事务积极应对，对其他事务则采取"不诉不理"的态度，不会积极主动地创造性地开展工作。比如社区内的居民纠纷，基层组织即使知道发生了纠纷，一般也不会主动介入，除非居民主动上门投诉。一旦介入，在多次调解无效后，基层组织更愿意劝

---

① 贺雪峰，刘岳. 基层治理中的"不出事逻辑". 学术研究，2010（6）.

说当事人走法律途径,将事件推给司法部门。风险转移是配合被动性回应的后续策略,其操作方式是在完成基本程序后,将问题、事件转移给街道办或者相关部门,以达到尽快免责的目的。比如,社区对于承担的消防、安全生产隐患排查等工作,很可能采取"问题化"策略,将一些难以有效甄别是否存在隐患的问题上报有关部门,用基层干部的话说就是"出了问题,我没上报是我的责任,但是我上报了,再出问题我就没责任了"。社区的风险规避行为可能是简约治理必须承受的"意外后果"。前文已述,通过梯度化的资源配置和分工,上级政府部门实际上享受到了节省行政成本和减少积极执法风险的好处,而处于一线的基层组织却很可能因为激励不足又必须承担风险而不满,被动性回应和风险转移某种意义上是它们的一种"抗争"策略。责权利不匹配为这种风险规避行为提供了制度空间,在这种体制里,基层有充分的正当性按照程序将问题上报。这样一来,梯度化的资源配置与分工模式本来具有的问题筛选功能就会打折扣。近年来,随着技术手段的进步(如各种信息平台的建设)和程序规范性的提高,基层上报问题更加便捷,也更加具有程序正当性,这可能会进一步放大其风险规避行为的负面影响,抵消简约治理的积极意义。

其次是社区对待行政事务的"选择性应付"。选择性应付是街头官僚常见的选择行为表现,即"避重就轻,选择那些能给个人或机构带来好处或利益的任务,而对那些无从得利的政策则采取消极应付甚至阳奉阴违的态度"[1]。他们"可能忙于'表面事务',努力做那些容易处理和让他们绩效看上去更好的工作"[2]。当下的社区治理中有一个非常吊诡的现象:一方面社区工作人员抱怨工作压力太大、太忙,另一方面则是居民指责社区干部天天坐办公室不干活。实际上,两方面都是事实,这个悖论的背后就是基层组织的选择性策略。相对来说,行政性事务更容易在现有考核制度中被评测和认可,也更容易应付,相反,居民工作则细小琐碎且反复发生。换言之,案头工作要比街头工作更好做。于是,基层组织会陷入某种表演性的忙碌,实际上都是在应付行政性事务。这种应付性行为还表现为将某些具有社会动员意义的工作形式化,如政策宣传本应以居民知晓为目的,但实际运作时会变成做板报、拉横幅、发告知书,即用宣传手段的丰富性代替宣传对象的知晓率。再比如环境整治,应该发动居民参与,在完成环境美化的同时提高居民的环保、卫生意识,但在实际操作中又会变成基层工作人员和部分积极分子"代替"居民,以尽快完成任务迎接上级检查。也就是说,应付性行为实际上变成了一种过度的简约方式,它

---

[1] 韩志明. 街头官僚的行动逻辑与责任控制. 公共管理学报, 2008(1).
[2] 罗森布罗姆, 等. 公共行政学: 管理、政治和法律的途径: 第5版. 张成福, 等译. 北京: 中国人民大学出版社, 2002: 386.

虽然同样可以起到节省行政成本的效果，却可能透支基层组织的公信力，进一步降低居民的参与意愿。

最后是社区治理的"去群众化"。社区简约治理之所以可能，关键在于其社会性。保持社会性的主要方式就是社会动员。社会动员的本质是中国共产党的群众路线传统。在某种意义上，社会动员主要是群众动员。特别是主辅结构中最关键的社会性力量——积极分子，他们更是群众动员的直接产物。问题是，当下的社区社会动员正在出现明显的"去群众化"。去群众化表现为基层组织的社会动员越来越局限于特定群体，而这个特定群体与普通居民的关系正在日益疏离，甚至区隔化。这个问题在新建的商品房小区表现得尤为明显，而在老旧社区相对好一些。新建小区本身就极度缺乏社会资本，居民之间的社会关联度很低，日常交往也很少，基层组织动员起来的积极分子并不一定与普通居民存在相对紧密的联系。实际上，积极分子主要扮演的是协助基层组织选择性地应付某些行政事务的助手角色，其示范带动效应大为弱化。其所带来的一个后果就是，虽然简约治理仍能在一定程度上维持，但缺乏深厚的社会基础，社区治理变成基层组织与少数积极分子的事情，而绝大多数居民被"排斥"在外。这样一来，很多模糊化运作的简约主义策略就不一定继续有效了。比如，由于积极分子对绝大多数居民的情况并不熟悉，他们作为社区信息收集渠道的功能就很难完全发挥。去群众化意味着传统群众动员方式的根本性变化，某种意义上也预示着社区基层组织的真正"官僚化"，简约治理的可持续性也在遭遇空前挑战。

### 5. 简约的解体

与"国家－社会"关系范式下的研究不同，笔者并不想纠结于社区治理中国家与社会互动的力量强弱或策略性行为，而是从社区治理实践本身出发，考察其运作机制。当下的社会治理实践中尽管存在多元化的治理主体，但并未出现"多元共治"格局。通过考察多元主体在治理实践中的相对关系与作用，本书提出用"主辅结构"概括社区治理结构。主辅关系是对多元主体实然关系的描述，不涉及多元主体是否平等的价值判断。主辅结构及其协作关系是对中国传统基层治理中的简约主义原则的延续和发展，奠定了当下社区简约治理运作机制的基础。社区简约治理运作机制可以概括为"模糊化运作"，它包括模糊化的角色分工、人情化的社会动员、梯度化的资源配置与柔性化的权力运用等主要策略。模糊化运作丰富了简约治理理论的内涵，揭示了社区主辅结构在简约治理中的主要运作逻辑。在此基础上，本书继续辨析了社区治理简约主义的三个主要原则，并探讨了简约治理模式发生的重要演变，拓展和深化了对这一具有中国本土传统的基层治理模式的认识。进而，本书指出社区简约治理面临社区刻意规避风险、选择性应付和去群众化的困境。这些困境显示，传统简约治理"代理人失控"的风险在当下的社区治理中并不重要，简约治理在演变过程中形成了新的特点。正是这个特点使得社区简约治理与传统时期简约治理有了根本性区别。这个关键性的特点就是基层的社会动员。

基层社会动员是中国共产党群众动员传统的延续。群众动员产生的积极分子和基层组织与群众的密切联系是简约治理得以可能的关键因素。传统时期简约治理中的半正式人员群体的产生并非社会动员的产物。在官僚部门中，包税人、胥吏等都是招募的，他们的身份实际上是不同于正式官员的雇员。在基层社区，这些人大多是民间精英，既包括保护型精英，也包括谋利型精英。正是这种产生机制，带来了"代理人失控"的风险。

中国共产党在革命时期形成的群众动员传统与此迥然有别。群众动员的根本目的是激发群众自身的革命觉悟和革命能力。在革命意识形态的教育或者改造下，这些人参与革命活动的动机并非受雇于国家，而是"翻身""当家做主人"。在新中国成立后的城市基层政权重建过程中，新生的人民政府延续了群众动员的方法，但也通过政治运动、教育改造等多种方式强化了对半正式人员的筛选、考察和监管，并很快解决了传统时期的"代理人失控"问题。尽管随着国家转型，基层群众动员中的政治性基本消失，但这个问题并未"复燃"。作为对比，官僚部门中半正式人员的监管却出现了严重问题,这尤其表现在近年来不断被曝光的城管打人等事件中。实际上,"代理人失控"问题在官僚部门的简约治理中"复燃",正与其产生机制的演变有关。也就是说,这些部门的半正式人员的产生实际上与传统时期类似,而与中国共产党所开创的群众动员传统差别极大,这些人是作为政府雇员参与到行政治理事务中的。社区简约治理本身的利益空间就非常小,同时,其动员起来的对象确实不是作为政府雇员而是通过管理自己的社区参与到社区治理当中。

社区简约治理的问题在于,基层组织的社会动员越来越去群众化,即积极分子脱离普通居民。本来,基层组织可以通过积极分子与普通居民的天然联系嵌入社区当中,积极分子"脱嵌"实际上也就意味着基层组织的脱嵌化。这种趋势继续发展下去,社区简约治理赖以维持的社会性力量和情面关联等社会性资源势必透支,社区治理也会演变成少数人的游戏,与绝大多数居民无关,简约治理最终也将解体。

# 第四章
## 社区治理实践：服务与自治

这一章探讨服务与自治的实践机制和逻辑，具体包括四个方面的内容：社区服务供给与协作机制、物业纠纷发生与化解机制、业主自治完善路径和社区人格化自治逻辑。

探讨社区服务机制旨在表达这样一个观点：完善的社区服务体系是指建立完整的信息采集、服务供给和监督评估机制，实现多元服务供给主体的良性协作，关键是明确社区服务的需求表达、服务供给和监督评估中各主体的定位与作用，形成责任边界明晰、相互分工协作的关系模式。

部分住宅小区物业纠纷进入高发期。不同类型物业纠纷的发生规律与住宅小区的生命周期存在相关性，容易相互叠加造成纠纷复杂化。物业纠纷呈现恶性循环、可修复性差、群体化和暴力化等刚性化趋势。物业合约的多边结构和不完全性造成的双向弱约束是导致纠纷刚性化的内在机制。除宏观法律制度外，完善物业纠纷化解机制更需要从强化基层治理能力和业主自治能力入手，构建相对完善的物业管理协商架构，进而形成良性互动的常规协商与纠纷化解机制。

第二章中探讨了业主自治面临的组织困境与能力限度，笔者在这里进一步揭示其深层原因，也就是业主这个陌生人社群集体行动能力的结构性缺陷，而自治规模过大、主体众多和社会高流动性是其社会基础。在此基础上，笔者认为探索业主自治的有效实现形式，需要重点处理好三对关系：组织自主性与组织间协作的关系，放权激活与完善监管的关系，议事民主与决策集中的关系。

本书前文提出了社区自治应从空间转向事件，社区自治逻辑应与非均质的生活事件适配。这样的自治逻辑可以归结为"人格化自治"，它主要体现为自治实践中的群众工作逻辑，包含了辩证原则和人格化策略。面向人格化自治实践，现有社区自治组织体系应该遵循"扁平、简约、高效"原则来重构，整体性设计其组织架构，完善选择性激励机制与群众工作支持机制，以实现社区自治的充分激活和有效运转。

## 一、社区服务供给与协作机制

### 1. 需求表达与回应机制

社区服务体系完整的供给机制应该包括三个方面：基础是需

求信息采集机制，也就是居民需求表达机制；主体是需求回应机制，即服务供给机制；除此之外还需要监督评估机制的保障。

需求信息采集是实现服务精准对接的前提和基础，只有准确全面地掌握居民需求信息，才能有针对性地实现服务的有效供给。这一点对社区服务体系来说是信息采集，从居民角度来看则是需求表达，主要有三种方式：

第一种是居民的直接表达，即居民通过有效途径直接向服务供给方表达诉求。应该说，现在居民的诉求表达渠道是畅通的，而且随着通信技术的发展还在不断拓宽。居民可以直接向物业公司表达对其提供的物业服务的需求或意见，当面反映、打服务电话，通过微信群、QQ群、业主论坛反映等途径都可以。建立诉求表达渠道并保持其畅通，也是物业服务的基本内容。面向政府和社区基层组织的直接表达渠道也是多样的，现在最典型的就是各城市普遍设立的市民热线，包括12345政务服务便民热线、12319城建服务热线等，这些都是居民在日常生活中最常用的表达渠道。一般来说，市区两级政府或职能部门会设有专门的受理中心，负责将居民的诉求信息分类派发，转交给相关部门或社区处理。

第二种是媒介式表达，即居民通过社区积极分子和业委会等自组织进行的间接式的诉求表达。社区积极分子是社区治理中最关键的信息媒介，是社区基层组织和普通居民的沟通桥梁。他们本身就是居民中的一员，但又比普通居民更具备信息收集的优势，且有意愿和能力向社区转达居民诉求，或者向居民传递社区信息。从某种意义上说，积极分子的社区参与是对普通居民社区参与不足的有效弥补，是一种极具中国特色的社区参与模式。

第三种是逆向信息采集，即服务供给方主动向服务对象采集需求信息。作为市场主体，物业公司的信息采集不能说是逆向的，这是市场经营行为中正常的客户需求调查。政府和社区基层组织的信息采集行为，则具有"逆向政治参与"的性质。这种逆向的信息采集是群众路线传统的一部分，它要求政府公务人员主动下沉到群众中去，倾听群众意见，了解群众需求。政府及其职能部门的逆向信息采集方式，在很多城市都有制度化的渠道，其中比较成熟和普遍的是人大代表或政府部门的社区联系点制度。其主要做法就是政府公务人员（包括官员）或政府部门与社区建立固定的联络关系，定期到社区了解社区情况，倾听并处理居民反映的问题。另外一种制度化和组织化的信息采集方式是社区网格系统。社区网格系统不仅在社区社会治安综合治理等社会管理工作中作用突出，而且也成为政府和社区收集居民诉求的重要手段。社区网格系统在许多城市是利用现有的社区基层组织建立的，即社区工作人员兼任网格员。有些城市则建立了专职的网格员队伍，社区设有网格管理中心，专门负责信息采集。

需求回应机制包括三个层面：第一个层面是服务供给方的直接回应，顾名思义，就是社区基层组织、物业公司等供给主体直接针对居民需求的回应。需要注意的是，由于社区本身的有限性，基层组织的直接回应范围和能力也是有局限性的。比如，材料受理、信息甄别、结果反馈等技术要求低、不涉及法律权限等行政服务类的基础性流程可以由社区完成，社区也可以调解一些简单的邻里纠纷。大多数服务是社区无法提供的，因此就需要第二个层面的回应机制，即协作回应。若干服务供给主体相互协作，共同完成服务供给，这主要是指社区基层组织与上级政府和职能部门的分工协作。比如行政服务的流程拆解，社区提供简单的受理服务，拥有行政权限的职能部门最终进行审核认定。对于其他一些社区无法独立回应的居民需求，社区进行信息报送或协调相关部门予以回应。政府直接延伸到社区的逆向信息采集系统收集到的信息或问题，也有相当一部分最终根据属地管理原则，分派到社区或由相关部门会同社区一起处理。第三个层面是间接回应，主要是政府购买服务——由专业社会组织代替政府和社区基层组织提供服务。间接回应同前两种直接回应机制相比，增加了"委托－代理"环节，相应提高了监督评估的复杂性。目前这三个层面的需求回应机制并存于社区服务供给当中，且分别适用于不同类型服务的供给，但实践中很容易发生混淆，影响服务供给效率。

监督评估机制是控制服务供给成本、实现供给高效率的必要保障。在最简单的需求－回应关系中，需求方只需要对供给方的供给过程进行监督，对其绩效进行评估，进而决定合约关系是否维系。一般来说，关系链越短，监督成本越低，供给过程中的资源流失越容易控制，也越能够实现与需求的精准对接。市场化的物业服务理论上最符合这种模式。从实践来看，在市场化供给机制中仅靠业主与物业公司难以形成有效的监督评估机制，需要引入新的力量，以打破"一对多"的物业合约关系的结构性困境。目前来看，社区基层组织是最合适的主体。由政府进行的服务供给，无论是直接供给、协作供给还是间接供给，目前的监督评估机制都不健全。最关键的是缺少作为需求方的社区居民的参与。现在的监督评估主要是政府行政体系的自我监督，即通过设置严格规范的项目申报、资金使用与管理以及项目评估制度来实现监督。对于承接政府购买服务项目的专业社会组织，除了上述监督机制，还会引入所谓的独立第三方评估机制。第三方的专业评估确实有助于弥补政府行政体系自我监督的不足，并引入了居民评价，但服务项目天然的模糊性使得这种评估方式也存在缺陷。监督评估机制的欠缺是服务供给与居民需求错位的重要原因。

## 2. 社区服务体系协作机制

构建社区服务体系的良性协作机制，关键是明确社区服务的需求表达、服务供给和监督评估中各主体的定位与作用，形成责任边界明晰、相互分工协作的关系模式。

①扩大社区居民的主体作用。社区居民是社区服务的受益主体，其主体作用应该体现在社区服务供给的全过程。关键是开放更多的社区服务参与机会，扩大居民在社区服务全流程中的参与空间。居民需求偏好的表达机制需要进一步完善，尤其是在政府统一化、标准化的公共服务供给（包括购买服务）中，应该扩大居民需求偏好的表达空间：在对居民基础性需求的服务供给上可以采取保底式的标准化供给，但在特殊性需求和专业性需求上，要增加供给弹性，包括调减服务供给项目，将更适合由市场或居民自主供给的项目开放出去。居民在服务供给环节的参与性要更加充分，要开放相关服务项目的立项、规划、实施环节，使居民由被动受益变为主动参与，提高服务项目实施的有效性。居民在服务监督评估环节的作用应该重点强化，要完善包括第三方评估在内的监督评估机制，使居民参与不仅局限于满意度调查，而且要与社区居民自治工作结合起来，充分发挥居民积极分子、楼组长、居民代表等的作用，建立长效的组织化参与机制，使居民的监督评估从事后扩大到服

务供给的全过程。

②强化社区基层组织的主导作用。在多元协同的服务供给机制中，要明确和强化社区基层组织的主导地位。基层组织同包括专业的社会组织和物业公司在内的其他供给主体相比，其最大优势是稳定性，即在长期的社区工作中能够更加全面准确地获取居民需求信息，发现居民中的积极力量。通过精简行政任务，基层组织能够从形式主义的行政事务中解放出来，更好地投入到社区服务中。要增加对基层组织建设的资源投入，增加通过基层组织供给的公共服务项目，推动基层组织工作人员下沉到与居民打交道的第一线，这有助于基层组织真正尽到为人民服务的职责。通过发现和动员居民积极分子，可以带动普通居民参与到资源使用的讨论、决策、实施、监督的全过程中。政府通过资源输入，可以给居民自治提供良好契机，充分发挥基层组织群众工作的优势，真正将居民自治激活，并实现资源的节约高效利用。同时，基层组织要在与其他服务供给主体的协作关系中更好发挥主导作用：一是发挥基层组织为其他供给主体提供居民需求信息的基础作用，使专业社会组织、物业公司等主体的服务供给更有效对接居民需求。二是通过强化基层组织的作用，打破市场供给中物业公司与居民之间"一对多"的结构性困境。基层组织本身在物业服务供给中利益无涉，能够较为中立地调解双方的利益纠纷。三是扩大基层

组织对其他服务主体服务供给的监督评估作用。基层组织可以作为独立主体参与监督评估，但也要发挥居民的监督评估作用。

③调整社区社会组织的辅助作用。专业型社会组织的流动性和专业性特点，使其在全面准确获取居民需求信息、形成长效服务机制方面存在天然的不足，其所能供给的也局限于居民的特殊性需求和专业性需求。这就决定了其服务对象相对有限，且很容易发生供给错位。在这个意义上，专业性社会组织应该定位于对社区服务的辅助和补充，相应的公共服务资源的配置要适度。同时，应发挥社区基层组织的作用，培育和支持居民自发的社会组织建设，提高居民自我供给社区服务的能力，并将居民自我供给能力建设与社区居民自治结合起来，使公共服务资源的输入真正激活社区自身的组织能力和行动能力，使其既能转化为居民的即时受益，又能转化为社区自身的活力。

④完善社区物业服务的合约结构。物业服务不仅是居民与物业公司之间一种自主的市场交易行为，更事关居民切身利益和社区秩序的稳定。物业合约天然的结构缺陷无法依靠市场自身的交易规则克服，也不能完全依靠并不成熟的业主自治克服。要将物业服务纳入社区治理中：一方面应加强对物业服务市场行为的政府监管；另一方面应发挥基层组织的主导作用，探索居民自治与业主自治的有效结合，比如某些地方试行的居

委会与业委会交叉任职等，从制度和组织层面化解物业服务供给中的结构困境。

## 二、物业纠纷发生与化解机制

### 1. 物业纠纷高发期

近些年，城市住宅小区物业纠纷事件频频见诸报端，其中不乏暴力冲突和群体性事件。数据显示，城市住宅小区物业纠纷数量近年来增速迅猛。比如南京市司法局统计，2016年上半年全市各级人民调解组织共调解物业纠纷1 713件，同比增长80%，物业纠纷增速居各类纠纷首位[①]。笔者及所在研究机构近年来在全国多个大中城市调研，发现各地住宅小区的物业纠纷已经先后进入高发期，成为我国城市基层治理面临的迫切挑战。

物业纠纷研究目前存在三种不同路径，分别是业主维权研究、法律规范研究和纠纷化解实务研究。三种研究路径旨趣差异巨大，分别揭示了物业纠纷的不同面向。

业主维权研究关注业主与房地产商和物业公司的冲突以及利益博弈过程。在许多研究看来，各地的房产维权活动愈演愈

---

① 梁圣嵩，邹伟. 物业纠纷"高烧"之痛. 南京日报，2016-08-22（9）.

烈。这类研究尽管存在社会运动和国家-社会等不同视角，但总体上都预设了物业冲突双方的二元对立，将业主的核心诉求归结为"权利"，而将其维权行动解读为对资本或权力的抗争。近来，相关研究更加关注业主维权实践过程中多元主体博弈的复杂性，更多进行经验深描和理论对话，而更少关心物业冲突的化解。

相比之下，另两种研究路径的问题导向更为明显，更加致力于分析物业纠纷的发生原因和化解方法。法律规范研究主要探讨现行法律制度对物业纠纷产生和化解的影响，且多从《民法典》《物业管理条例》等角度进行分析。其中焦点问题主要有三类：一是物业服务合同的法律性质和完善。多数研究者认为物业合同属于委托合同，也有学者认为其是混合合同，另有学者认为其属于无名合同。物业矛盾多发就是物业服务合同定位不清和缺乏相关法规指引造成的，解决办法就是将其"有名化"[1]。二是业主大会和业主委员会的法律地位问题。《物业管理条例》并未明确规定业主委员会是否为法人机构以及是否具有民事诉讼主体资格，法律地位问题被认为是它们不能正常发挥作用、维护业主合法权益的重要原因[2]。该问题目前争

---

[1] 曾祥生. 物业服务合同性质辨析：兼谈无名合同有名化问题. 南昌大学学报（人文社会科学版），2007（3）.

[2] 张翔. 物业管理纠纷有关法律问题研究. 学术研究，2008（11）.

议较大,在司法实践中也没有完全统一。三是物业所有权和收益分配问题。在一些学者看来,现行法律法规为开发商和物业公司侵犯业主权益留下了空间,主要原因是列举式规定滞后于实践,存在遗漏事项,且有的表述比较灵活和模糊,不利于业主权利维护[1]。为此,有学者认为应当将"建筑物区分所有权"拓展为"以居住区区分所有权",构建针对居住区各种场地和设施的权利束,明确权责利关系[2]。还有学者从市场规制法或竞争法角度指出物业服务经营者滥用其自然垄断地位是物业纠纷发生的重要原因,提出要从收费行为和市场准入等方面进行规制。

纠纷化解实务研究往往比上述两类研究更注重对纠纷问题进行全面分析和解决,具有明显的指导实践的研究诉求。辛章平从正确确定物业管理定位、提高政府介入力度等方面探讨了解决物业纠纷问题的办法,颇具启发性地提出物业管理要定位于微利甚至零利润行业和解决低端劳动力就业的观点,并指出物业管理失序的根本原因在于政府执行力不够[3]。

---

[1] 朱光喜. 小区业主维权难的多维分析. 城市问题, 2010 (12).
[2] 朱新贵, 黄安永. 关于物业管理的几个基本问题的解释. 城市问题, 2015 (12).
[3] 辛章平. 物业管理的定位、行为规范和政府的强力介入. 宁夏社会科学, 2012 (1).

但是，既有研究也存在明显不足。业主维权研究过度注重理论对话，并不关心物业纠纷的发生、化解及其对基层治理的挑战，只是以物业纠纷作为经验对象与既有理论进行对照，往往陷入业主维权是否具有所谓公民社会属性的西方话语陷阱，以及国家与社会孰强孰弱、抗争行为的复杂性等理论问题的争论，而且预设太强，物业冲突双方被简化为"侵权-抗争"的对立关系，忽视了冲突发生的复杂性，尤其缺乏对冲突发生机制的剖析。实际上，我们的调查和一些研究均显示，"侵权"只是物业纠纷发生的原因之一，却远非全部。法律规范研究揭示了法律制度对物业管理的重要影响，但较缺乏对制度实践和制度环境本身的考察，导致对法律寄予过高期待。许多纠纷的发生与法律无关，而纠纷的化解实践也更依赖法律救济之外的途径。相当多的司法机关都认为物业纠纷的特点导致走司法救济途径并非良策。纠纷化解实务研究较好地弥补了上述研究存在的不足，问题是存在技术化、碎片化倾向，缺乏对纠纷发生机制的中观层面的提炼。本书将结合调研经验，对当前城市住宅小区物业纠纷进行剖析，试图从中观层面给出一个解释纠纷发生的框架，进而探讨其化解机制。我们的调研发现，物业纠纷已经呈现出明显的刚性化趋势。刚性化意味着纠纷很容易演化为群体性事件和暴力冲突，对社会稳定和居民生活可能会产生严重负面影响。以往的研究揭示了物业纠纷发生的复杂原因,但无法回答物业纠纷为什么容易刚性化。在此基础上,我们将其置于城市基层治理视域中,从基层治理能力现代化建设的角度讨论化解物业纠纷的机制。

**2. 纠纷类型与发生规律**

(1)物业纠纷类型

具体的物业纠纷有很多种,归纳起来大致可以分为三种主要类型。类型划分主要依据的是纠纷的核心内容,即业主与物业公司的矛盾焦点。

①利益分配纠纷。所谓利益分配就是基于业主的建筑物区分所有权所产生的对物业产权及其收益的分配。《民法典》第271条规定:"业主对建筑物内的住宅、经营性用房等专有部分享有所有权,对专有部分以外的共有部分享有共有和共同管理的权利。"第274条规定:"建筑区划内的道路,属于业主共有,但是属于城镇公共道路的除外。建筑区划内的绿地,属于业主共有,但是属于城镇公共绿地或者明示属于个人的除外。建筑区划内的其他公共场所、公用设施和物业服务用房,属于业主共有。"专有部分不存在产权争议和收益分配问题,但共有部分却很容易产生纠纷。实践中最常见的是物业公司经营共用部分获得经济收益并多占甚至独占经济收益,如地上车位出

租、广告位出租、公共用房出租等,另外就是物业公司侵占公共维修资金。利益分配纠纷是业主维权行动的主要动因。侵犯业主利益的除了物业公司,还有可能是房地产开发商等。利益分配纠纷之所以发生,主要是因为产权主体缺位,开发商或物业公司利用业主未入住或尚未声索产权或维权行动能力弱的空档,侵占本属业主共有的利益。这是实践中最常见的原因,特别是现行前期物业管理制度的缺陷以及业主大会和业委会成立困难扩大了产权主体缺位留下的侵权空间。由于共用部分收益的稳定性和可控性相对较高,利益空间也很大,因此,物业公司具有充分的侵占动机。

②服务管理纠纷。服务管理纠纷是在小区常规管理阶段产生的,是业主与物业公司围绕后者提供的物业服务以及物业管理产生的纠纷。这类纠纷又可细分为两大类:一类是个体服务类纠纷,即业主住宅维修、车辆管理(特别是停车与车辆安全)、人身安全等个体服务方面的纠纷,纠纷双方为单个业主与物业公司;另一类是公共服务类纠纷。物业管理具有较强的公共品属性,小区公共区域的保洁、保绿、保序、保安、保修等事关小区整体居住质量。与个体服务类纠纷相比,公共服务类纠纷常常引发业主的群体性不满,造成纠纷扩大化。服务管理纠纷主要表现为纠纷双方围绕服务质量以及权利与义务分配产生的矛盾,比如维修不及时、财物失窃、停车纠纷、绿化养

护不到位，以及公共部位维修费用分担等。服务管理纠纷具有琐碎性、重复性、温和性和模糊性等特点，伴随着物业管理全过程和业主的日常生活。服务管理纠纷事件本身大多比较小但数量多，很容易产生累积和放大效应，可能逐步发展为不可调和的矛盾，其中最典型的表现就是业主拒交物业费。现实中，运行规范的物业公司或许可以杜绝利益分配纠纷的发生，却不可能避免产生服务管理纠纷。

③物业更替纠纷。顾名思义，这类纠纷是围绕更换物业公司产生的，主要表现就是原物业公司不配合甚至抵制新物业公司入驻，在相关材料移交、人员离场等方面设置障碍，致使物业更替不能顺利进行。物业更替纠纷是最容易发生群体性事件和暴力冲突的纠纷，也是对社会稳定影响最严重的物业纠纷。物业更替纠纷往往是前两类纠纷没有化解而恶性发展的结果，此时业主对原物业公司的不满已达到顶点，并且对新物业公司可能带来的小区环境改善抱有乐观预期。原物业公司则往往因为在经营过程中与小区尚有一定利益纠葛，很少主动配合交接，造成双方对立严重。除了业主主动更换物业公司外，还有物业公司主动撤出引发的问题。物业公司如果在弃管之前未能与小区业主做好衔接，则往往使小区陷入无人管理局面，从而很容易使业主对业委会、居委会甚至相关政府部门产生不满，衍生出其他治理难题。

（2）小区生命周期与纠纷发生规律

建筑物和小区硬件设施既是物业管理的对象，也是物业管理的物质基础。相关研究和实践经验均表明，住宅小区具有生命周期，其生命周期随着小区物质基础的老化、磨损、折旧展开，同时，小区居住人群也会随之发生改变。一般来说，小区生命周期大致包括建设期、发展期、成熟期、衰退期和更新期[1]，物业管理也具有相应的周期性，从而使得物业纠纷的发生具备了一定规律性。

以一个新建商品房小区为例。交房后陆续有业主入住，直到业委会成立之前的时期，可以称为"单方管理期"。单方管理期包含但不限于前期物业管理阶段，时间可长可短。理想状况是小区入住率达到法定标准后[2]，开发商或前期物业公司应向政府主管部门和街道办事处送交书面报告，或者由业主提出书

---

[1] 宋伟轩. 隔离与排斥：封闭社区的社会空间分异. 北京：中国建筑工业出版社，2013：112-118.

[2] 国务院颁布的《物业管理条例》并没有对业委会的成立条件进行明确规定，但地方物业管理法规有相应规定。比如武汉规定"交付的房屋专有部分面积达到建筑物总面积百分之五十以上""首次交付房屋专有部分之日起满两年且交付的房屋专有部分面积达到建筑物总面积百分之二十以上""交付的房屋套数达到总套数百分之五十以上"三个条件应满足其一；上海则规定"房屋出售并交付使用的建筑面积达到百分之五十以上"，或者"首套房屋出售并交付使用已满两年"，与武汉略有差异。

面申请，在基层政府指导下召开首次业主大会，选举业委会。在单方管理期，由于缺乏业委会参与，小区处于物业公司单方管理下。单方管理期也是最容易发生业主利益被侵占的时期，由于产权主体缺位，开发商或物业公司很容易侵占部分共有产权并获取经营收益。这一时期房屋刚交付，小区硬件设施刚投入使用，物业管理的维修养护成本最低，经营效益最高。但是，由于没有业委会，极少数业主即使有维权意识，也很难付诸行动，所以利益分配纠纷很难发生。这一时期，服务管理纠纷开始陆续出现，大多由装修扰民和小区安保问题引发，也可能发生违建拆除纠纷，但总体上纠纷较少，物业管理较平稳。

业委会成立后小区开始进入"协同管理期"，即物业公司在业委会的监督和协助下开展物业管理。协同管理期又可区分为两个阶段。第一阶段往往是利益分割期或者维权期，即业委会代表业主向开发商和物业公司声索产权收益，要求后者移交公共用房以及共用部位的经营收益。利益分割期是利益分配纠纷的第一次集中爆发阶段，其时间长短、纠纷化解状况不但取决于双方的利益博弈能力，也离不开基层组织和政府相关部门的介入。如果利益分割能够平稳顺利完成，前期物业公司通常可以继续经营下去，若双方纠纷严重恶化，就会发展到更换物业公司，引发物业更替纠纷。利益分割清晰后，协同管理期将进入第二阶段，即常规管理阶段。此时利益分配纠纷将很少出现，如果出现也主要发生在业主同业委会之间，服务管理纠纷则接续成为主要纠纷类型。随着小区硬件设施老化折旧以及业主群体由于房屋交易复杂化，物业公司管理成本开始上升，服务质量开始有所下降。这一时期，个体服务类纠纷开始累积，公共服务类纠纷则会放大个体服务类纠纷的负面影响，陆续出现拒交物业费的情况。物业公司为控制成本会进一步降低服务质量，纠纷则更多出现，物业管理开始陷入恶性循环，最终恶化到业主要求更换物业公司，引发物业更替纠纷。

协同管理期覆盖业委会成立后小区生命周期成熟期、衰退期的漫长过程，在此过程中很可能发生多次物业更替，直到小区老化到管理成本超过经营收益，没有物业公司愿意接手。这样，小区将进入第三个时期，这一时期也就是现在城市老旧小区常见的"无物业管理"或"业主自管"时期，比较普遍的是政府兜底，物业管理由市场行为变为政府民生工程。

上述划分是一个相对理想的状态，目的是揭示物业纠纷发生的周期性规律与小区生命周期之间的关联。现实中二者并不一定线性相关，但其关联性确实是存在的。目前的研究，特别是业主维权研究太过关注利益分配纠纷。实际上，利益分配纠纷的化解虽然比较复杂，却相对容易一些，化解完成基本意味着小区利益分割清晰，很难复发。但服务管理纠纷和物业更替纠纷却非常容易复发，伴随着小区生命周期的全过程。现实中三类纠纷常常同时发生，纠缠在一起，导致纠纷的生成和化解更加复杂。

**3. 物业纠纷刚性化及其形成机制**

（1）纠纷刚性化

物业管理是要与具体个人打交道的工作，在某种意义上，纠纷的发生是在所难免的。纠纷在发生后如果能够得到妥善化解，就不会影响小区物业管理秩序的稳定。一个可协调、可修复、可预期的稳定关系无论是对业主还是对物业公司来说，都无疑是理想的。所谓可协调、可修复、可预期是指当事方能够通过博弈达成共识，纠纷被控制在相对温和理性的范围内，纠纷化解后当事方的关系能够恢复原状，至少不会对关系造成不可逆损伤，甚至关系发生破裂。然而，我们却发现，现实中的物业纠纷却存在日益明显的刚性化趋势。所谓纠纷刚性化，就是纠纷烈度可控性弱，容易激化甚至暴力化；物业关系的可协调性和可修复性差，容易发生不可逆损伤。具体而言，物业纠纷的刚性化主要表现为以下几个方面：

①物业管理恶性循环困境。服务管理纠纷很容易从细小琐碎的个体纠纷逐步累积扩大化为业主对物业公司的群体性不满，个体服务诉求即使能够基本得到物业公司的回应，但仍然会成为潜在的业主拒交物业费的抗辩理由。物业管理实践中最

常见的"收费难—降服务"的恶性循环就是纠纷累积化、扩大化的典型表现。每个小区都会存在少数拒交物业费的业主，其抗辩理由不一定完全正当，有的确实是物业服务不到位使业主利益受损，有的则可能纯粹是一种搭便车行为。少数搭便车行为往往会产生消极示范效应，引发搭便车行为的扩大化。经营收益下降会迫使物业公司压缩成本，而压缩成本必然带来物业服务质量的下降，导致更多业主加入拒交物业费的行列。这样纠纷就从极少数个体纠纷逐步蔓延扩大化为具有一定规模性和群体性的纠纷，整个小区的物业管理秩序将不断恶化。理想状况应该是，个体纠纷和搭便车行为等及时得到有效化解，或者物业公司通过完善经营策略、保持服务质量，抵消消极示范效应的影响，避免恶性循环的出现。但是，经验表明，不少小区的物业管理都会陷入恶性循环。这种循环非常刚性且不可逆。极少出现同一家物业公司彻底扭转局面、打破或跳出恶性循环的现象，除非是更换物业公司，但这又可能引发物业更替纠纷。

②信任关系脆弱，可修复性差。从我们的调研来看，居民对物业公司的信任度普遍比较低，许多人认为物业公司存在侵占业主利益、玩忽职守甚至谋取灰色利益的问题，最典型的表现就是极少有居民相信物业公司会亏损，因此，绝大多数物业公司上调物业费的计划都很难实现。这种低度信任关系也使得

物业公司在平衡收支问题上弹性较小，最现实的办法就是降低服务质量。脆弱的信任关系很容易因为纠纷事件而破裂，且难以修复。这种情况集中发生在物业费收缴问题上。正如前文所述，拒交物业费行为很容易蔓延，物业公司可采用的追缴手段比较有限，而且其手段只对遵守物业契约的业主有效，对搭便车业主、曾经发生纠纷的业主以及数量较多的欠费业主很难奏效。这时唯一途径就是司法解决。司法实践表明，进入司法程序的物业费纠纷几乎都以物业公司胜诉告终，其中有相当一部分会通过人民调解成功后物业公司撤诉的方式解决。除非物业公司准备撤出，现实中物业公司轻易不肯走司法途径除了考虑到成本高昂外，主要还是因为，一旦诉诸司法途径几乎就意味着双方关系彻底破裂，即使能够成功追缴欠费，也很可能引致未来的收费困境。这充分证明物业关系的刚性特点，自然也是物业实践中物业公司更愿意采取人情化、非正式方式处理与业主关系、解决欠费问题的重要原因。

③物业冲突群体化、暴力化。这主要发生在物业更替纠纷中。对于利益分配纠纷和服务管理纠纷，若双方把控不当，有可能出现群体化和暴力化冲突。当然，由于现实中三类纠纷可能混合在一起发生，这时纠纷的暴力升级就更容易出现。在日常的服务管理纠纷中，常见的暴力化现象有物业公司采取非正当手段损坏业主车辆、停水停电等，以恐吓、威逼业主交纳物

业费和车位费，业主则因对具体物业管理行为不满采取暴力对抗等行为。这种现象主要发生在部分管理不规范的物业公司和极少数业主之间。最常见的还是物业公司更替纠纷。无论是由利益纠纷引起，还是由服务管理恶化引起，一旦发展到更换物业公司的地步，也就意味着物业公司与业主关系的彻底破裂。这时很少有经过谈判协商，双方关系得到修补的情况。也因此，发展到物业更替时，双方基本不再对合约关系抱有期待，行为就更容易短期化和激烈化，都在争取各自利益的最大化。物业冲突的群体化和暴力化是物业纠纷刚性化最极端也是最终的表现。从我们的调研和媒体报道来看，物业更替纠纷正在越来越多地呈现出群体化和暴力化的趋势。

（2）双向弱约束与纠纷刚性化

理想情况下，物业管理是一种典型的市场交易行为，业主与物业公司通过双向选择签订契约，前者付费，后者提供产品，任何一方违约，另一方都有权获得赔偿直至终止合约。不过，物业合约并非存在于理想的市场中，而是深嵌在复杂的政治社会关系场域中，这就使得物业合约表现出与一般市场交易合约的巨大差异。根据"不完全合约"理论[1]，受人们的有限

---

[1] 马力，李胜楠. 不完全合约理论述评. 哈尔滨工业大学学报（社会科学版），2004（6）.

理性、信息不完全和交易事项的不确定性等因素的影响，现实中"不完全合约"的存在是必然和经常的。不过，物业合约与一般不完全合约的关键差异在于，二者的合约缔结关系不同：前者并非"一对一"的市场交易，而是"一对多"的。从表面上看，物业合约是业委会这个单一主体与物业公司缔结的，但在现有法律的约束下，业委会并不具有民事主体资格。业委会受业主大会委托行使权力，而业主大会实际上就是全体业主。这里发生了从"双边"向"多边"的合约治理结构的变形[①]。在物业管理实践中，单一的物业公司不得不面对成百上千的业主，这就放大了合约的不完全性，使得双方履约行为的不确定性更加严重，这中间的作用机制可以称为"双向弱约束"。双向弱约束不但使得物业纠纷的发生具有一定的必然性，而且加剧了纠纷的刚性化。

双向弱约束是指业主与物业公司之间对彼此的约束力都有限：

一方面，由于信息不对称和前期物业管理制度等因素的存在，物业公司享有"自然垄断"地位[②]。在单方管理期，物业公司完全可以利用这种优势侵占业主权益。由于垄断了小区入住率等信息资源，物业公司甚至可以决定业委会何时成立。其

---

[①] 仇叶. 住宅小区物业管理纠纷的根源：基于合同治理结构变形与约束软化视角的解读. 城市问题，2016（1）.

[②] 肖江平. 物业服务市场的自然垄断及其规制思路. 法商研究，2006（2）.

间，分散的业主由于缺乏组织，一致行动能力几乎为零，物业合约对物业公司的约束力实际上是非常弱的。这是单方管理期埋下诸多利益分配隐患的根本原因。进入协同管理期后，业主与物业公司的关系变成业主－业委会－物业公司的结构，但业主对物业公司的约束力却并不一定提高，因为在物业合约中又增加了业主与业委会这一"委托－代理"关系，代理人风险始终是存在的。在实践中，代理人的监督不足和激励不足几乎同时存在，业委会既有可能被物业公司收买，也有可能纯粹因为部分业主不信任等原因消极工作。总之，业主对物业公司的正常约束力实际上是不足的。由于缺乏正常的约束方式，一些业主就会采取拒交物业费这种经常是不合法的方式表达权力，造成纠纷一旦发生就容易刚性化。

另一方面，物业公司对业主的约束力也是有限的。首先，面对个别业主拒交物业费的不履约行为，物业公司能采取的正当有效手段非常有限，而严格按照程序和法律办事，在实践中效果很差。物业公司能采取的方法主要有三种：一是反复上门劝说，或者采取其他情感化措施，情理并用；二是采取隐秘的恐吓、警告等手段或者直接采取暴力手段，比如找保安或小混混骚扰、打击业主；三是走司法途径。这三种方法的转换缺乏足够的弹性，人情化手段无效就会立即转向刚性化手段，表面上的刚柔并济实际上终究会因手段的刚性化导致纠纷不可逆。

其次，对于破坏小区公共秩序的业主约束手段同样有限，劝说、阻止等柔性手段不能解决所有问题，而未解的残余问题逐步积累就会造成业主做出物业公司管理能力不足的判断。现实中服务管理纠纷几乎都是因为物业公司无法有效约束少数业主而累积升级的。

双向弱约束造成物业公司与业主之间难以通过正常有效的方式及时化解纠纷，反而会制造纠纷，并迫使双方不得不采取非正常方式维护各自权益。物业合约在实践中就演变成依靠大量非正式手段支撑的不确定性极高的利益博弈，而非正常理性的市场交易过程。

"一对多"的合约结构奠定了物业合约双向弱约束的基础。我们需要进一步追问的是：究竟是哪些因素造成双方约束力的弱化？理清这些因素，有助于我们在探讨物业纠纷化解时更有针对性。

首先是业主的刚性服务预期与小区的自然老化之间的错位。前文已述，小区随着生命周期的变化会自然老化，物业管理成本和管理难度上升也是自然的。相比之下，业主对小区居住体验的预期却往往是刚性的，在同一物业公司管理周期内这种预期的刚性化程度更高。加之同期的物业费调整缺乏弹性，这就使得物业管理水平下降成为大概率事件。在刚性服务的预期下，这种下降缺乏容忍空间。二者之间的错位使得物业公司对业主的约束力逐渐丧失正当性而日益弱化，从而服务管理纠纷也会日益增多。其次是业主群体的分散性和不稳定性使得常规合作成本高昂。在常规的物业管理过程中，成百上千分散的业主由于诉求难以统一，集体行动起来监督业委会与物业公司的可能性比较小。随着小区的老化和业主群体的"过滤"，小区内的房屋交易造成业主的不稳定性越来越高，物业服务对象日益复杂化，业主合作难度也进一步提高。这就造成业主常规合作难，而不得不依靠业委会换届和物业更替等非常规事件的短期合作。非常规事件的短期合作必然造成物业纠纷容易脱离控制而群体化和暴力化。最后是物业管理的公共效应造成力量对比失衡。无论怎么说，物业管理都具有明显的民生意义，而非纯粹的市场交易和业主自治事务。物业纠纷会溢出市场范围而产生公共影响，尤其会成为城市基层治理的重要对象。因此，业主往往可以轻易将政府、媒体等合约外要素引入，改变合约双方的力量均衡。

综上所述，"一对多"的合约结构奠定了物业合约双向弱约束的基础。在诸多因素的影响下，双向弱约束使得物业合约难以严格按照合约规定在正常可控范围内有效履行。物业公司和业主都更倾向于采取非正式甚至非理性的方式表达利益诉求，这就造成物业纠纷非常容易刚性化。试想，如果双方都能严格按照物业合约表达利益诉求，实际上纠纷发生后就更容易通过制度化渠道化解，而化解之后双方合约不受影响，如此纠纷就是有弹性且可修复的。

**4. 纠纷化解机制**

化解物业纠纷需要进一步完善相关法律制度，消除现有制度漏洞给物业管理留下的潜在冲突空间，比如明确业委会的法律地位、改革前期物业管理制度等。但是，如果不改变造成双向弱约束的影响因素，再完善的制度在落地后可能都会陷入这个困境中。实际上，物业纠纷的存在是在所难免的，无论怎样完善制度都难以彻底消除纠纷发生的根源。只要物业管理存在，物业纠纷就必然存在。我们要做的并非试图不现实地消灭纠纷，而是要将纠纷控制在合理的范围内，特别是纠纷发生后要及时化解。实践中，物业纠纷的刚性化造成纠纷化解后物业合约关系难以修复，物业关系缺乏弹性，这对双方其实都是有损害的。对业主来说，与物业公司关系破裂而更换物业公司，不但要消耗大量时间、精力甚至经济成本，也不一定能换来物业服务质量的显著改善；而对物业公司来说，经济和声誉受损的影响更是显而易见的。除了从宏观法律制度层面进行完善，完善物业纠纷化解机制更需要从强化基层治理能力和业主自治能力入手，其核心是构建相对完善的物业管理协商架构，进而形成良性互动的常规协商与纠纷化解机制。

完善物业纠纷化解机制，首先要优化物业合约结构，现实可行的方式是强化政府主管部门和基层组织的治理责任。物业管理固有的公共服务属性决定了不应将其简单化约为市场交易和业主自治行为，而必须明确和强化政府监管责任，在基层治理体系和治理能力现代化建设中统筹物业纠纷化解。与其在纠纷发生后进行事后介入，不如在事先和事中全程参与。政府主管部门和基层组织的介入有助于改变物业合约"一对多"的结构困境。具体地，政府主管部门应强化对物业公司的常规监督，比如督促其提高规范化管理水平，在前期物业管理、共有产权移交、经营收支公开等方面加强管理，减少业主监督面临的信息不对称现象。基层组织要在指导、监督业委会成立与运行、物业公司日常服务以及约束业主违规行为等方面发挥作用，构建并主导居委会、业委会、物业公司以及业主代表的常规协商机制，通过完善的常规制度化渠道解决物业管理中的常见问题，尽可能减少纠纷的累积化与扩大化。

同时，在强化物业服务行业监管的基础上，要加强业主自治组织和自治能力建设。解决业委会的法律地位问题是一方面，更重要的是业委会的组织和运行建设。许多研究都将政府与业主自治对立起来，认为政府权力退出业主自治才有空间，这是理论教条化的表现。实践经验表明，无政府状态的业主自治反而很容易无序，业委会很可能陷入派系斗争，并被其他力量操控。比如 A 物业公司想挤走 B 物业公司，就利用业委会选举进行渗透。业委会在运行过程中，容易受到激励和监督双重不足的困扰，且对业主行为约束有限，业主公约易变成一纸空文。强化业主自治组织和自治能力建设需要政府和基层组织给予有效指导和监督。现在居委会组成人员基本上都是政府招聘人员而非辖区内居民，他们与小区利益天然无涉，具有相对超脱和公正的地位，通过发现和选择更合适的人选，可以优化业委会的组织配置，同时，鉴于目前住宅小区大多规模较大，业主直接监督业委会难度太大，应该考虑建立业主代表制度和丰富业主自治组织的层次设置，将业主代表议事、业委会执行与业主大会决议结合起来，实现小区自治与片区、楼栋自治在不同事项上的分类分层协调。强化业主自治组织和自治能力建设，将提高业主的一致行动能力和自我监督能力，有助于改善物业合约双向弱约束的情况。

## 三、集体行动与业主自治

### 1. 集体行动困境

业主自治面临的困境，其实是集体行动的困境。宜居的生活环境从小区内部来看，无疑是一种公共品；从整个城市来看，则类似一种"俱乐部产品"，在很大程度上取决于小区内部的治理水平。当然，鉴于社区自身的有限性，宜居水平也受到城市外环境的影响。对实行市场化物业服务的小区来说，其公共品供给是一种业主自我供给，即通过业主交纳的物业费和小区共有产权部分的经营收益，支付公共品的供给成本。在这个意义上，业主自治就是业主达成集体行动，实现公共品自我供给的过程。

集体行动的达成至少需要满足这样几个条件，或者说要建立这样几个机制：首先是精英激励机制。精英的作用是超越个体层面的成本收益算计，用个人的付出暂时弥补集体行动的组织成本，启动并推动集体行动的实现。但这是不可持续的，必须及时建立有效的激励机制，即使不能完全弥补其显性的亏空，也要通过给予社会性收益等进行激励。其次是搭便车行为约束机制。搭便车行为是几乎所有集体行动中的必然现象。集体行动的主体越多，个体搭便车所承担的风险就越小，搭便车行为发生的可能性就越大。要能够及时识别和发现搭便车行为，并使搭便车者付出相应的代价。即使不能彻底消除搭便车行为，也要将其约束在尽可能小的范围内。搭便车行为约束机制，一方面要在业主自治机制中构建，另一方面也需要外部系统的配合，比如社会征信体系建设、基层行政执法能力建设等。精英激励机制和搭便车行为约束机制也就是奥尔森所说的"选择性激励"机制，其作用是"驱使潜在集团中的理性个体采取有利于集团的行动"。精英激励是一种积极的激励,约束搭便车行为则是一种消极的激励,或者说惩罚。只有通过这种区别对待,"那些不参加为实现集团利益而建立的组织,或者没有以别的方式为实现集团利益做出贡献的人所受到的待遇与那些参加的人才会有所不同"[1]。最后是简约的运行机制。集体行动的制度规则应该是简单易操作的,以尽可能降低行动成本和行动难度。这个运行机制中的制度规则主要包括决策制度、组织制度、监督制度。决策制度要解决的核心问题是在代表性和决策效率之间达到平衡,组织制度则要求常设组织结构尽可能简单和扁平化,监督制度则要求监督容易达成。

在实践中,上述条件并不完全具备。精英激励机制和搭便车行为的约束机制前文已述,这里不再赘述。从简约的运行机制来看,现行业主自治的相关制度设计得过于复杂,这个复杂的制度设计又建立在体量巨大、主体众多的社会基础上,这进一步加大了业主集体行动的难度。

**2. 集体行动的社会基础**

在讨论业主自治时,尤其不应忽视其社会基础,恰恰在这

---

[1] 奥尔森. 集体行动的逻辑. 陈郁,郭宇峰,李崇新,译. 上海:格致出版社,1995:42.

一点上，我国的住宅小区独具特点。其特点可归结为三点：一是体量巨大，二是主体众多，三是社会流动性高。

体量巨大是指我国住宅小区的物理空间和人口规模都比较大。我国的封闭式小区通常占地达 12～20 公顷，内含 2 000～3 000 户；而美国的封闭式小区平均只有 291 户，其中有一半只有 150 户或更少[1]。我们调研过的小区，最多的竟然达到了 1 万多人，少的也有数千人。一两百户达成集体行动和数千户达成集体行动的难度差异可想而知。制约集体行动的不只是人口数量，更关键的是小区内的异质性。由于体量巨大，一般商品房小区都是分批开发销售的，从首期到最后一期入住，前后相差数年。分期开发造成同一小区内形成数个相对独立的居住组团或片区，各片区在规划设计、建筑质量、房屋价值等方面都存在差异。这使得不同居住片区之间很容易形成利益分化。

主体众多则是指业主自治并不只有业主和物业公司这两个主要的参与主体，社区基层组织、基层政府（街道办事处）、基层行政执法部门（城管）、政府主管部门（住建房管部门）甚至媒体等都是业主自治中不可忽视的重要参与主体。行政力量对业主自治的介入可能在美欧等地区主要表现在法律制度的

---

[1] 唐黎明. 国外为何少有封闭小区？. 新京报，2016-02-24（4）.

供给上，而在我国的政治社会语境中，不仅表现在政府要为业主自治设定法律规章等制度条件，而且表现在行政力量的积极介入上，同时业主自身也有意愿援引行政力量的介入。比如，首次业主大会召开和业委会换届选举的筹备与组织，都需要社区基层组织、基层政府和主管部门的参与甚至主导；作为业主自治重要物质资源的维修资金，其日常管理也由政府主管部门负责，业主通过自治程序决定启用后，还必须经过主管部门的审批同意；等等。媒体则在近年来的业主维权等事件中发挥着日益重要的作用，不少城市的都市报、晚报都辟有专栏，相关报道屡见不鲜。媒体的介入既包括自身的主动介入，也包括业主的主动引入。实践中，媒体曝光往往成为事件激化升级的重要催化剂，既可以催化事件本身的演变轨迹，也能够引起政府部门的关注和介入。一些业主策略性地借用媒体力量以达到将事件激化的目的，主要是通过将相关事件影响外溢出社区，使之成为公共事件，增加事件朝向有利于己方利益发展的可能性。正是因为业主自治中的相关主体众多，业主集体行动的实现受到众多因素影响，业主自治才体现出鲜明的有限自治的特点。

社会流动性高是现代城市社会的基本特点，具体到居住小区中也是如此。这主要表现在房屋买卖、出租等处分行为造成的业主群体变动上。其一是，房屋出租造成的住房产权所有者与使用者的分离。业主自治的权利主体是业主,业主必须是房屋所有权人。业主将房屋出租并搬离小区,承租人成为实际居住者,其并不享有业主权利,却必须要履行相应义务,接受管理规约的约束。如果这种情况达到一定数量,就会造成:一方面,业主的不在场势必增加业主集体决策难度;另一方面,承租人对公共设施的破坏性使用、对公共事务的不合作、对公共秩序的不遵守,一般而言比业主本人要更严重,而针对承租人的管理行为往往需要经过业主中转,这势必增加管理成本与管理难度。其二是,房屋的可交易性使得业主对小区并不一定形成长期稳定的居住预期与利益关联,业主完全可以通过房屋买卖改变居住地,比如学区房交易就往往周期较短。尤其是,业主群体中行动能力较强的业主精英,可能拥有多处房产,其流动能力也可能是较强的。综上所述,无论是房屋出租造成的承租人流动还是房屋买卖造成的业主流动,都会增加业主群体的复杂性,并抬高业主集体行动的实现成本。

### 3. 业主自治的完善路径

业主自治的内在结构性缺陷,决定了其很难实现有效的自主运行。实践中一些运行较好的业主自治案例,往往是那些能够与物业公司、社区居委会等其他组织主体协同合作的业主自治组织。相反,越是强调不受干涉的自主性,越是将自身与其他组织主体对立起来的业主自治组织，反而越容易陷入代理人失控、内部分裂等困境。基于此，笔者认为要想真正实现业主自治的良性运行，应注意把握如下几点原则，并进行创新性的探索。

首先，要处理好组织自主性与组织间协作的关系。业主自治不是在真空中，而是在一个给定的组织环境中运行。在这个给定的组织环境中，相对而言，业主自治组织是发育最晚、最不成熟的组织，而居委会、基层党组织以及物业公司等，其组织成熟度和组织运作经验都要显著优于业主自治组织。实现组织间的良性协作，将有助于业主自治组织克服内在结构性缺陷，其关键是发挥好社区基层组织的作用。第一，社区基层组织更积极地代表分散的业主发挥监督制约业主委员会、防范代理人失控的作用；第二，基层组织指导、协助业委会的建立和常规运作，在充分尊重其自主权的前提下，参与到业委会的常规工作，特别是重大事务的决策实施中；第三，基层组织在业主和物业公司双方间发挥积极的协调沟通作用，尽可能地摆脱二者间"一对多"的结构性困境。许多地方探索的多组织联席会议、业委会与居委会交叉任职等办法，都是打破组织孤立、促进协同合作的有益探索。实现业主自治与居民自治的良性互补，同样是构建简约高效的城市基层治理体系的内在要求。

其次，要处理好放权激活与完善监管的关系。必须承认，现行法律规定和制度设计，确实一定程度上增加了业主自治的运行难度，最突出的表现为前文所说的业主重大事务决策难和住宅专项维修资金使用难。同时我们也要承认，业主自治活动涉及对业主自有财产和公共财产的处理，必须慎之又慎，因而适度的法律约束和政府监管是必要的。合理的监管尺度是在业主自主权与监督约束之间实现均衡，而不是偏重一方。在运用好业主自我监督和基层组织协作监督的基础上，现行监管尺度可以适度调整。由于信息不对称，现行方式更重程序监管，尤其表现在维修资金的使用程序过于复杂和烦琐上。可以优化上述程序，针对不同事务和资金用量分类设置程序，同时强化业主决议的权限而简化办事程序。

最后，要处理好议事民主与决策集中的关系。其关键是创新业主自治的实现层次和探索代表制的实现方式。创新业主自治的实现层次，旨在克服小区规模过大、业主利益分化造成的集体行动难题。目前，法律明确要求一个完整的物业管理区域只能成立一个业委会，这是有其合理性的。创新业主自治的实现层次，不是组织层面的变革，而是在议事决策层面采用更加灵活的运行方式，也就是在同一物业管理区域内，依据事务涉及主体的利益关联度，灵活合理地确定议事规模，探索楼栋、组团等多样化的层级自治形式，业委会则应积极引导、组织业主参与到这些自治事务中，从而提高自治效率。探索代表制的实现方式,就是尝试在业主大会与业委会之间设置一个中间的规模适度的常任组织,由业主选举产生并赋权给业主代表,形成一个与业主紧密联系而人数适中的代表群体。一来,业主代表实现了对业委会常规运行的更有效监督。二来,将业委会直接面向业主的议事决策程序适当分解:议事程序由业主代表动员业主进行,从而间接形成规模更小、议事更充分、效率更高的议事方式;至于决策程序,业委会汇总业主代表的议事结果后,仍然交付业主大会决议。这样既可以保证重大事务决策的参与性和合法性,又能提高决策效率,从而使业委会、业主代表大会和业主大会构成相辅相成的更加合理的自治组织体系。

## 四、人格化自治体系

### 1. 群众工作:人格化与辩证性

社区自治实践是自治主体通过互动和博弈处理生活事件的过程。自治主体的互动和博弈,又主要表现为积极分子组织和动员中间分子、约束和制衡消极分子,当然也包括相反的过程,即消极分子组织和动员中间分子、约束和制衡积极分子——简单说就是两类"关键少数""争夺"中间大多数。自治主体间的互动和博弈,其实质就是群众工作。每个自治主体都是具有鲜明个性特点的个体，其互动呈现出非常人格化的特征。这并不是说群众工作没有必然的共性规律，只有或然的具体策略，而是说共性规律在实践中会具有很强的情境性。

"群众工作"是一个非常具有中国特色的概念，伴随着中国共产党的革命和治国理政实践产生。同"积极分子"一样，"群众工作"也已成为深入人心的实践话语。笔者在调研中经常听到的一个说法是"社区工作就是做群众工作，就是要面对老百姓，百姓百姓百条心"，这个说法揭示了社区自治的基本逻辑。早有研究注意到基层治理中的特殊治理方式，比如"正式权力的非正式运作""柔性执法"[1]等，揭示出面向群众的治理手段具有非制度化、情境化、柔性化等特点。近来，有学者呼吁要从本土历史传统和社会文化中发掘中国化的治理智慧，提出"心灵治理"[2]、"情感治理"[3]等概念，强调要关注治理主体的人心、情感等人格特质对治理的重要意义。这些研究具有很强的启发性，但有关概念都失之偏颇，不如"群众工作"更能涵括其丰富、灵巧、辩证的完整内涵。需要说明的

---

[1] 吕德文. 边缘地带的治理. 北京：社会科学文献出版社，2017：116-122.
[2] 刘太刚. 心灵治理：公共管理学的新边疆：基于需求溢出理论和传统中国心灵治理范式的分析. 中国行政管理，2016（10）.
[3] 文军，高艺多. 社区情感治理：何以可能，何以可为？. 华东师范大学学报（哲学社会科学版），2017，49（6）.

是，狭义的"群众工作"特指党政体系及其工作人员面对普通群众的工作内容和工作方式。社区自治实践中的自治主体，既包括具有国家代理人色彩的社区基层组织工作人员，也包括居民积极分子，后者本身就是"群众"，但因为部分具有了公共身份，其在自治实践中的行动就具有了群众工作性质。

社区自治中的群众工作具有人格化与辩证性两个基本特征。人格化就是因人施策，"一把钥匙开一把锁"，自治主体的人格特质塑造群众工作的具体展开方式。与人格化对应的是格式化、标准化、制度化。格式化即科层组织的"照章办事"。人格化实现的前提是熟悉，即自治实践中的当事主体掌握工作对象的人格信息。"照章办事"是将对象陌生化，群众工作则要求将对象熟悉化。"熟悉群众"是社区工作者和积极分子的首要工作技能。社区是陌生人社会，缺乏乡土社会丰富的日常化社交机会和信息共享机制，"熟悉群众"就更加依赖生活事件中的遭遇和碰撞。在这种情境中，普通居民那些对实现合作自治比较关键的人格信息才会突出地显露出来。人们在乡土社会中可以熟悉完整的人格信息，而在陌生人社会熟悉关键人格信息即可。所谓关键人格信息，基本可以参照前文所述积极分子的人格特质来理解，当然，人格信息肯定越丰富越完整越好。

只有人格化，群众工作就成了不讲原则的策略主义，是不可持续的。群众工作还要讲辩证法，在原则性与策略性、"软"

与"硬"、情理与法理等之间保持平衡。辩证性和人格化缺一不可,否则就不是完整的群众工作。如何掌握平衡,不仅是一门技术,还是一门艺术,需要在实践中学习和积累。辩证法蕴含在社区自治的人格化展开过程中,从具体的工作策略来看,包括但不限于以下几点:

①人情化运作。依靠日常工作中对他人给予关心、帮助等形成人情亏欠,从而积累非正式治理资源。在工作中遇到不合作者和消极分子时,若恰好有人情亏欠关系,便有了让对方"给个面子"的可能。人情化运作是情感治理的本土化表达,拥有广泛的社会文化基础。需要注意的是,在陌生人社会中,人们在社区地缘关系中积累人情资源并不容易,且这种关系往往比较脆弱,因为人际交往机会少,人际依赖度低。尽管如此,人情化运作仍然是社区自治中做群众工作的第一策略。

②软磨硬泡。软磨硬泡也就是一个字"耗",用时间换空间。只要积极分子与消极分子或其他不合作者的互动仍限定在自治范畴内,没有溢出为司法事件,积极分子就可以尽可能通过反复做说服工作"拔钉子",一次不行两次,两次不行三次。软磨硬泡的预期是双方有妥协的可能性,而对方觉悟也需要过程。软磨硬泡的不确定性非常高,成功、失败都有可能。笔者在调研中遇到的这种案例非常多,例如黄冈市黄州区一位社区居委会主任为了劝说某居民配合小区环境治理,自行清理

屋后的杂物，反复上门劝说。这位主任说："每天到小区里转时，都去他家坐一下，聊聊家常，当然也会讲把小区环境搞好对他也有好处。"终于在上门二十几次后，那位居民做出了让步。杭州一位社区党组织书记兼居委会主任说："我们没有执法权，做工作就靠磨，有时候磨到别人不耐烦了，就算了，给你书记个面子吧。"

③迂回策略。常见策略是绕开事件本身，通过其他方面或其他人对当事人进行侧面突破。其他方面就是寻找当事人另外的需求或"软肋"，通过为其解决其他方面的问题，或者通过在其他方面对其进行约束，达到使其在本事件中让步的效果。其他人必须是与当事人关系密切而又能被动员起来的人，利用其"第三方"身份和与当事人的私人关系做工作。高邮市一位社区党组织书记在推动一项"微治理"工作时，面对一位侵占公共空间且持不合作态度的居民，在软磨硬泡多次上门后，发现直接做通女主人工作的可能性很小，但男主人和家中老人的态度较为缓和，就通过在政策范围内解决老人在其他方面的问题，实现了对当事家庭的"分化"，同时又将其同样侵占公共空间的邻居家的工作做通，最终使这家的女主人陷入孤立，不得不做出了妥协。

④软硬兼施。前述策略大多属于柔性手段，并不总是有效，特别是在遇到比较强硬的消极分子时，就需要调整策略。

和颜悦色、讲理说情可以应对那些通情达理的人，面对蛮不讲理的人，正如南京一位业委会副主任所说，"该黑脸就要黑脸，该发的火要发，该说的硬话也要说"。在社区自治范围内，可以使用的合法强硬手段几乎没有，主要靠气势和言语压制，当然偶尔也避免不了一定程度的身体暴力，非常考验智慧和经验。宿迁一位社区党组织书记兼居委会主任面对某位带头不交物业费的业委会主任态度强硬。此后，这位业委会主任不但补交了物业费，而且端正了工作态度，小区自治局面大为改观[①]。笔者在江阴调研时遇到了一个案例：一位业委会主任为了劝说一位拖欠停车费的"钉子户"，反复上门多次无效后，采取了强硬手段，要求门卫每天在该车主进出小区时"设卡"，他本人也会每天守在门口。"我没办法拦住他的车不让他进出，但我有的是时间跟他耗，让他每次进出都不那么痛快，他着急上班，耗上几天就受不了了"。

上述策略并非群众工作策略的全部，却构成了比较常用的"治理工具箱"。在具体开展群众工作时，积极分子基于需

---

① 在接受笔者访谈时，这位书记毫不掩饰自己的"强硬"作风。笔者提醒他"撤职"和打人存在被对方举报和投诉的风险，他说他知道自己无权撤别人的职，之所以那样说那样做，就是"知道这个人欺软怕硬，你硬他就软"。事实证明这位书记对对方人格信息的掌握是准确的，此人非但没有报复，反而蜕变为小区真正的积极分子。

要进行选择，可以是单一策略，也可以是组合策略，如何进行策略选择、如何操作策略的实施以及策略实施的效果如何，完全取决于施策者和策略对象的互动。积极分子和社区工作人员在运用策略的过程中，还要注意到人格化与辩证性两大基本原则。

**2. 自治体系：扁平、简约、高效**

既有研究大多将体制性的居民自治与社会性的业主自治分开讨论，实践中二者不是相互独立的，且随着近年来党建引领社区治理深入推进，二者的融合程度不断提高。实现体制性的居民自治组织体系与社会性的业主自治组织体系有机融合，构建有效的社区自治组织体系，不仅是法理要求，还是现实要求，是社区治理研究必须要回应的本土议题。需要补充说明的是，本书探讨的社区自治特指以市民为主体的城市社区。"村改居"等类型的社区，情况更为复杂一些，不在讨论范围内。

社区自治回应的是社区居民的日常生活需求，以形成良好的生活秩序。面对居民单向度生活产生的生活事件，社区自治组织体系需要具备更高的组织能力和更灵活的组织形式。在自治实践中，社区自治组织体系应该对积极分子保持足够的开放性，并构建起有效的选择性激励机制，为群众工作的展开提供组织保障。社区自治直面具体的人和具体的事件，具有鲜明的人格化特征。社区自治组织体系建设，应该有助于人格化特征的实现。居民自治组织中饱受诟病的过度行政化问题，本质上是规则与组织建设的过度正式化、规范化与制度化同自治的人格化特征产生了矛盾和冲突。社区工作人员常说的"上级任务太多，没时间和精力接触群众"，就是这种矛盾和冲突的表达。业主自治存在很多问题，现有研究大多从完善法律制度、降低组织成本等角度提出建议，忽视了更关键的问题，即如何让积极分子愿意并且可持续地积极起来。强调社区自治的人格化特征，当然不是否定组织建设和制度建设的意义，而是希望澄清二者的关系。组织建设和制度建设应该服务于人格化优势的实现，而不是相反。我们需要探讨的重点，可能并不是如何构建适配空间单元的组织体系，而是构建能适应生活事件需要、激活人格化优势的组织体系。

构建面向人格化自治的组织体系，核心的组织原则是扁平、简约、高效。扁平是指组织层级少，组织架构简单，保持自治组织内部、自治组织与普通居民间信息传播链最短。扁平化是组织高效率的前提，也是组织低成本简约运行的基础。简约是指组织内部的规则应尽可能简单。自治组织的规范和制度建设不适宜对标科层组织或其他正式组织，当然必要的法律和制度要求除外。高效是自治组织的生命，扁平、简约的目的是保证组织的效率，使组织能够及时回应居民的生活需求，解决实际问题。自治组织合法性的最重要来源是组织绩效，自治组织"有用"，其才能获得居民认可。我国现行的社区自治组织体系仍然受到一些质疑，特别是业主自治组织作为"舶来品"，仍然受到"水土不服"的质疑，主要是因为其组织优势没有得到足够重视，实践中也尚未充分发挥出来。同一些学者的观点不同，笔者认为，居民自治组织与业主自治组织并不存在空间错配问题。居民自治组织建立在社区层次上，对应的是国家塑造的治理单元，是国家权力下沉的末端载体。业主自治组织建立在住宅小区层次上，对应的是社会内生的社群生活单元。居民自治组织是业主自治组织最直接的体制性支持力量，业主自治组织是居民自治组织最有效的联系群众、组织群众的社会性中坚力量。居民自治组织已构成国家宪制秩序的一部分，再进行组织单元的化约和下沉，制度成本太高。业主自治组织经过多年实践，已经获得社会的认可和接受，成为城市基层社会的内在组成部分。更重要的是，这两层组织体系已经最大限度地实现了社区自治组织体系的扁平化。如果在更小空间单元上设置新的组织，则会违背扁平、简约原则。在扁平、简约、高效的原则下，社区自治体系可以从以下方面进行完善，从而更加适应人格化自治的需要，充分释放组织优势。

首先，整体性设计社区自治组织体系。目前，居民自治和业主自治分别依据不同的法律产生。其中，居民自治依据《宪法》和《城市居民委员会组织法》[①]，具有宪制属性。业主自治则依据原《物权法》、现《民法典·物权编》，仅仅被视为民间组织或社会组织。二者的政治地位和法律地位存在明显差距。无论是在法理意义上，还是在社区自治实践中，业主自治组织的产生和运转都需要居民自治组织的指导和支持，但目前却缺少将二者作为社区自治组织体系的整体性制度设计，甚至在大多数地方，这两个组织的业务主管部门仍分属于民政和住建两个部门。业主自治组织不同于社区社会组织、群团组织等，应该将其作为社区自治组织体系的一个重要组成部分，在法理上予以明确，构建起适应现实需要的社区自治的法律体系。

其次，明确社区自治组织体系的组织架构。鉴于作为国家治理单元的社区一般会涵盖一个以上的住宅小区，社区自治组

---

[①] 现行《中华人民共和国城市居民委员会组织法》1989年制定，1990年起实施。当时社区体制尚未建立，业主自治制度也未引进。30多年来该法仅在2018年对居委会任期做了一次修改，同我国的社区治理发展现状和要求已经明显不适应，修法呼声由来已久。2021年，民政部启动了《中华人民共和国城市社区居民委员会组织法（修订草案征求意见稿）》的征求意见工作，但修订草案仍然没有明确居民自治与业主自治的关系，令人困惑。在业主自治已深入人心的普遍现实情况下，《城市居民委员会组织法》的修订若仍然采取回避态度，只会令该法在实践中变得更加尴尬。

织体系以两层组织架构为宜，不宜在更小空间单元上再设置组织层级，比如居民小组或其他自治组织。从实践来看，在小尺度空间上即使建立微型自治组织，实际上也只是一两个积极分子在工作，"组织"名不副实。居民委员会应该改变目前完全由职业社区工作者组成的现状，扩大组织的开放性，吸纳各住宅小区业主自治中的积极分子作为真正的居民代表参与，对各小区业主自治组织则应赋予其基层群众自治组织的身份属性。换句话说，应该把目前一些城市探索的推动居委会与业委会交叉任职的做法反过来，不是居委会干部（实质上是专职社区工作者）通过程序进入业委会，而是让业委会成员进入居委会①。

再次，构建社区自治的选择性激励机制。积极分子仅靠其源自自身人格特质的自我激励，必然陷入积极性不可持续的困境。陌生人社会也无法内生出对消极分子的社会制裁机制，反而会激化其对积极分子的反向激励。社区自治组织体系的组织优势在于，居委会超脱于各住宅小区的具体利益之外，且拥有政治权威，可以成为各小区业主积极分子的组织后盾，发挥识别、动员、保护和支持作用。尽管法律规定居委会负有指导业

---

① 需要补充的是，在社区自治组织建设之外，还有社区党组织建设。在党建引领社区治理创新实践中，许多地方在探索将"党支部建在小区上"，鼓励（甚至要求）党员通过选举程序进入业委会。这些探索也正在重塑社区治理生态。

委会之责，但缺乏可操作性，实践中居委会往往只是在业委会组建（含换届）和组建失败时介入，效果并不理想。明确居委会的识别、动员、保护和支持职责，二者的关系会更加清晰。识别是第一位的，就是通过熟悉各小区中活跃居民的人格化信息，从中甄别出积极分子与消极分子，从而在业主自治组织产生时有的放矢地进行监督。保护和支持尤为迫切：一方面，要在积极分子自我激励之外，建立社区层面的制度化激励措施；另一方面，要在其与消极分子的博弈中发挥仲裁作用，将后者的反向激励压制在最低程度。

最后，完善群众工作的支持机制。要为居民自治组织更充分获取居民人格化信息创造更宽松的制度环境。要辩证看待建制社区的行政化问题，在社会治理重心下沉的大趋势下，建制社区必然将承接更加繁重的国家治理要求。试图剥离建制社区的行政化属性并不现实，现实策略是继续深化"社区减负"改革。社区减负短期效果虽明显，但容易反弹，关键在于尚未触及若干衍生出过度沉重行政负担的关键要素，比如正变得无所不包的网格化管理，以及各类创新任务。通过社区减负攻坚，将明显超出合理限度的行政任务剔除掉，将社区工作人员解脱出来，使他们更有精力和时间去接触居民和熟悉居民。要为社区自治中灵活自主的群众工作策略保留足够的法理空间，不宜将适用于科层组织的"依法行政"规则简单照搬到社区自治组织中。还要注意到，群众工作不是万能的，住宅小区中有很多事务都在自治权限范围之外，需要政府的公权力介入。社区党组织和居委会应发挥其体制性的协调作用，及时协调相关部门下沉执法，实现群众工作与部门执法的合理配合，为社区自治提供有力保障。

近年来，社区治理一直是地方社会治理创新的重要领域。作为社区治理的重要内容，社区自治也一直是创新实践的重要方面。但从实际效果来看，许多创新仍然流于表面，同城市居民对社区自治的需求相比还很不相称。基于此，本书提出"人格化自治"，希望能为相关研究和治理实践提供一些启发，推动社区治理更加以人为本，以人为核心，创造出更多更加契合现代社会特性和居民生活方式的本土治理经验。

# 第五章

## 社区治理实践：群体激励与干部培养

本章聚焦社区治理中的三个重要群体：积极分子、消极分子和社区工作者。这三个群体是社区治理中最为活跃的行动者，社区治理效果在很大程度上取决于行动者，行动者的行动又在很大程度上受激励和约束机制影响。

这里所说的积极分子，是指社会性积极分子。他们是业主集体行动中的关键群体，是合作催化剂，发挥着催化合作、承担部分成本、示范与动员、决策与规则制定等重要作用。但是，陌生人社群内生的选择性激励机制却使这一群体陷入明显困境：自我激励不稳定，社会激励有限，反激励作用更明显。这使得积极分子难以获得稳定、可持续的激励而很容易退出。化解陌生人社会的激励困境，要发挥社区基层组织的有限介入作用，构建组织化的积极分子识别与动员机制、公共荣誉赋予机制和积极分子保护机制，也就是说，要让积极分子可持续地积极下去。

消极分子是与积极分子相对的行动者群体。业主自治，既取决于积极分子的建设性作用，也受到消极分子的重要影响。消极分子的消极行为表现为低度参与、"搭便车"、侵占公共利益以及定向打击积极分子等，并产生明显的反激励作用，瓦解业主自治。利益调整、社会约束能力弱、低度信任和信息不对称以及社会保护机制欠缺是消极分子反激励作用得以实现的内在因素。应该通过强化行政执法力量介入、完善监督体系和建立组织化保护机制，建构针对消极分子的约束机制，将消极分子的消极影响最小化。

第二章梳理了社区工作者的代际更替，这里则聚焦当下社区工作者的主体：新生代社工。笔者对所谓"职业困境"问题提出了不同看法，认为其本质是职业筛选与混合式激励促成的职业分化，且社工职业总体是稳定的，适应社区治理需要的社区干部也在不断成长起来。实现社区治理的现代化，一方面要减轻社区的行政负担，另一方面要在住宅小区业主自治事务上建立起催化合作机制。在催化合作的新型群众工作中，混合式激励能够更充分释放激励效应，从而使社区干部培养与社区治理现代化相辅相成，实现正向循环。

## 一、积极分子及其激励机制

### 1. 关键群体

对绝大多数中国家庭来说,住房都是最主要的财产,而居民的居住品质和生活质量还直接取决于小区软硬件环境的好坏,因此,小区管理就同时具备双重意义:它既关涉到千家万户的美好生活,还影响着人们最重要财产——房产——的保值增值,尽管很多家庭并不一定将其变现。小区管理部分取决于开发商和承建商为小区奠定的物质基础,但更多还是取决于后期的使用、维护和保养。小区的使用、维护和保养,主要是业主、业委会和物业公司三种力量互动的结果:业主是小区空间利用的主体,物业公司则是空间维护和保养的主体,业委会则是由业主组成并受其委托监督物业公司管理和约束业主使用行为的自治组织。由此,住宅小区成为边界相对清晰的治理空间,《民法典》则为其治理边界赋予了法律保障,其主要治理模式便是业主自治。

在业主自治研究中,最重要的理论资源是集体行动理论。业主自治,本质上是业主群体通过自发的集体行动,合作治理公共事务的过程。小区是一个陌生人社会,且规模较大、人口数量众多。陌生人社会缺乏社会资本,规模大意味着成员数量众多,这些都是导致集体行动难以达成的先天不利因素。在这种情况下，业主中的"关键群体"就变得尤为重要。关键群体是集体行动的发起者和倡导者，发挥着承担初始成本、形成示范效果、促成人们加入集体行动的重要职能[1]。在现有研究中，关键群体往往被具体化为"积极分子""社区骨干""社区领袖""业主精英"等。尽管有研究指出过度依赖关键群体中的精英，可能导致恶性竞争、精英谋利以及精英依赖等问题，但多数研究还是持正面态度，认为应该通过挖掘和发挥关键群体的作用，并给予有效激励[2]，来促成公共事务的有效治理。

本书同样关注关键群体在业主自治中的积极作用。"积极分子"是一个比较准确的代称"关键群体"的本土词语，它准确概括了关键群体的核心作用即"积极"，避免了"领袖""精英""能人"等个人禀赋色彩过浓的词语造成的概括失准，因为实践中相当一部分发挥积极作用的只是普通人，有的并非参与时就具备"领袖""精英""能人"等禀赋，而是在参与过程中逐步得到锻炼而成长起来的[3]。具体地，本书重点关注的是

---

[1] 罗家德，等. 自组织运作过程中的能人现象. 中国社会科学，2013（10）.
[2] 唐娟，何立军. 社区有限性与社区积极分子激励机制创新. 河南社会科学，2018，28（6）.
[3] 李辉. 社会报酬与中国城市社区积极分子：上海市 S 社区楼组长群体的个案研究. 社会，2008（1）.

既有研究未曾注意到的一个问题，那就是积极分子的积极性如何持续。在既有研究中，这不是个问题，似乎现有的激励机制能够持续发挥作用，积极分子也能一直积极下去。实践中却并非如此，积极分子"善始者众，善终者寡"，往往积极不了多久便纷纷"寒了心"，导致很多小区的业主自治在维权阶段热热闹闹，转入自治阶段后却很快变得冷冷清清。这已经成为制约城市社区治理的严重问题。本书将揭示积极分子的激励困境，分析现有激励机制的有限性、陌生人社会反激励机制的存在及其"杀伤力"，在此基础上尝试提出完善激励机制的可能路径，为实现积极分子可持续积极，进而保障业主自治的有效实现提供一个可能并不成熟的方案。

### 2. 合作催化剂

从实践来看，积极分子在业主自治中的作用有四个方面：催化合作、承担部分成本、示范与动员、决策与规则制定。催化合作不难理解。积极分子是率先形成"权利意识"和"问题意识"的人。"问题意识"尤其重要，觉知到问题所在是解决问题的前提，也是激发合作的前提。合作的启动，需要积极分子利用自己形成的"权利意识"和"问题意识"来激发群体关心和参与，否则大多数人只会埋头于个人事务。积极分子相当于催化剂，将原本互不相扰的个体凝聚起来发生化学反应，反应的产物之一就是业主自治的常设组织——业委会。积极分子承担部分成本，但并不局限于承担初始成本。自治是一项长期事务，而非事件性的，特别是作为业委会成员的积极分子要长期付出时间、精力、物质成本，甚至还要付出后文将会提到的尊严与声誉成本。示范与动员作用，某种意义上也具有"催化合作"的色彩，即自治组织的成立并不意味着合作就此稳定，而是在不同的事件上仍然要进行规模不等的合作。在这些事件性合作上，积极分子仍然要去动员利益相关的业主。在理想意义上，经过积极分子的示范与动员，业主的参与率会大为提高。实际上并非如此，示范与动员效果其实比较有限，动员起来的业主的参与往往是事件性的而非常态化的，是不稳定的。但积极分子的参与（或者准确说是部分积极分子的参与）却必须是常态化而非事件性的，是稳定的。积极分子的稳定替代了大多数人的有限参与、消极参与甚至不参与，确保了治理的延续性、稳定性和可预期性。在这个意义上，"精英依赖"并不一定是个问题，而本就是社会的常态。决策与规则制定，也就是积极分子组成的业委会承担着受业主委托管理日常事务和制定与维护小区公共规则的重任。正是因为有了由积极分子组成的常设自治组织，大多数普通业主才不需要经常性地积极参与。积极分子同时扮演了"积极的业主""积极的代理人""积极的议事者""积极的决策执行人员"以及"规则维护者和主持者"的多重角色[①]。

### 3. 群体构成

奥尔森在分析集体行动何以可能时，提出了"选择性激励"的概念。激励之所以必须是选择性的，原因之一就是要使那些为集体行动做出贡献的人得到区别待遇，即"通过奖励那些为集团利益而出力的人来进行诱导"[②]。积极分子就是业主自治中应该得到奖励的群体。既有的相关研究，往往把积极分子视为同质性很高的整体，似乎所有激励机制对全体积极分子的激励作用都是一样的，但实际情况并非如此。在探讨积极分子的激励机制之前，我们首先要对业主自治中的积极分子进行简要的分类，分析其具有的群体特征，在此基础上才能更恰切地考察激励效果的差异性。

业主自治中的积极分子大致包括以下几类群体：

首先是退休后的中低龄老年人，中低龄老年人的年龄是 60～70 岁，女性则可以降低到 55 岁，特殊职业的退休年龄更小。这个群体若想成为积极分子，还要满足一个家庭

---

① 毛寿龙. 人类秩序、小区治理与公共参与的纯理论. 江苏行政学院学报，2016（4）.

② 奥尔森. 集体行动的逻辑. 陈郁，郭宇峰，李崇新，译. 上海：格致出版社，1995：42.

条件，那就是不需要给子女带小孩，也就是没有什么家庭负担。中低龄老年人的特征是，生活自主性和自由度很高，时间与精力充沛。更重要的是，老年人的生活半径大为收缩，大部分时间的大部分活动都分布在小区和毗邻小区的城市公共空间（如公园、广场）内，这使得他们对小区的依赖度比较高，对小区提供的软硬件环境更为敏感，自然也就更为关切小区管理事务。这个群体经历过单位制时期的集体工作与生活。当时相对丰富的集体生活塑造出了一批关心公益、有某种特长而又习惯或愿意参与公共生活的人。当然，我们也不能忽视这个群体接受过集体主义所塑造的时代精神的熏陶。这个群体在公共事务管理中的行动逻辑也表现出一定的共性：一是协商与合作意识比较强，无论是面对物业公司还是面对政府，很少采取对立和激化矛盾的方式，特别是对政府权力有着远较其他群体更强的亲和感和依赖性，更倾向于配合政府，以及寻求政府权力的帮助。二是做群众工作的能力也比较强，能够更加娴熟地利用说服教育和人情面子等社会化的方式处理业主自治中与居民打交道的事务。对这个群体来说，参与小区公共事务，有的是为了打发退休后大把的闲暇时间，有的是为了通过与人打交道而排解寂寞、纾解情绪，有的确实是关心公益，有的则是出于对公共生活的本能的热爱，还有的则可能仅仅是被熟人或社区干部动员参与的，当然更多的还是多种因素共同促成的结果。但这个群体也有明显的缺陷，那就是对业主自治所涉及的各种现代法律知识和其他专业知识不一定能掌握，好处是他们有足够的时间学习。这个群体的积极分子多为老师、机关企事业单位的中下层干部。

其次是在职的中产阶层，比如教师、律师、企业中层管理人员、小型私企老板、个体工商户、自由职业者。这个群体最典型的特征是权利意识强，学习能力强，能够很快熟悉业主自治中的相关法律知识，而且大多具备某项专业技能，比如法律、工程、财务管理等。相对于普通工薪阶层，这个群体的财务自主权高，时间自由度也相对较高，对市场契约规则比较认同，在处理同物业公司和政府相关部门的关系时更擅长理性计算和按规则办事，不像老年群体更追求结果而对规则与程序采取更加灵活的策略，他们更倾向于保持有距离和有主体性的合作。应该说，这个群体中涌现出的积极分子，是业主自治的中坚力量。他们确实表现出更明显的权利和责任意识。不过，这个群体的个体化程度比较高，且都是所在单位或社会圈子中的精英，彼此之间反而更容易出现意见分歧，导致业委会陷入内部分裂。另外一个缺陷就是不如老年群体那样擅长群众工作，与普通业主打交道的能力需要在实践中锤炼。

最后一个主要群体，是社会中的优势阶层，最常见的是大中型企业的高管甚至老总。这个群体中的积极分子并不一定会进入业委会，却往往扮演业主维权领袖、顾问、"军师"等幕后角色。他们在幕后出谋划策，指导其他积极分子在台前行动，自己出于各种敏感原因和顾虑而"深藏功与名"。但这个群体也存在一定的缺陷：一是其流动能力较强，往往不止一处房产，"用脚投票"的可能性远非普通业主可比。在这个意义上，他们对小区管理的关切程度相对而言并不一定很高。二是他们同样可能不擅长群众工作[①]，妥协性和策略性相对较弱。这个群体的积极分子，并不一定同时聚集在一个小区。房价本身就是个筛选机制，很容易造成阶层聚集。从笔者有限的经验来看，中高阶层聚集的小区其业主自治反而更容易陷入混乱。当然，事情也并不是绝对的。笔者在北京调研

---

① 笔者在北京某高档小区（2001年每平方米售价4万元，目前为每平方米15万元）调研时，发现该小区居住群体"非富即贵"，然而小区管理却一塌糊涂。业委会内斗不止，短短一年内，新成立的业委会就换了四任主任，委员也更换了一多半，物业公司也是在两年内换了四家。有两个重要的直接原因：一是业委会内部谁都不服谁，分歧严重；二是业主很快失去对业委会的信任。管辖该小区的社区居委会主任以及街道物业管理工作负责人总结出一个很有趣的原因，用居委会主任的话说就是："都是些私企大老板，习惯了给别人下命令，大老板聚到了一起，谁都受不了别人下命令。这些老板都有个共性，不会做群众工作，不知道平等待人和妥协退让。"

时就发现一个由后两类积极分子组成业委会的小区，得益于业委会主任（某上市公司老总、区政协委员）的有效领导和业委会委员（全部是中产阶层，而且各具专业才能）的分工负责，这个小区在四年内由乱到治，换届时业委会全体成员都顺利连任[①]。

### 4. 激励方式与困境

业主自治中的激励方式主要有三种：利益激励、价值激励和社会激励。

利益激励主要是业主自治所能带来的居住环境改善和房产保值增值的收益，参与本身带来的直接的利益激励几乎可以忽略不计。利益激励的公共性很强，选择性很弱。不参与的普通业主也可以"搭便车"而分享收益，积极参与的却不一定获得更多激励。对前两类积极分子来说，利益激励的效果要比第三类强一些，特别是对中低龄老年人来说，居住环境改善的边际收益更高，而鉴于其房屋交易的可能性相对较小，居住环境改善对房产经济价值的激励效果就不如中产阶层，后者改善居住条件和房产投资的需求更大，房屋交易的可能性也

---

① 这个小区曾经两年内换了三家物业公司。业委会委员中有IBM的软件工程师，有企业的人力资源师，有建筑师，有退休的企业财务管理人员，确实如他们自己所说"八仙过海，各显神通"。

比较大。

价值激励是指参与公共生活带来的自我实现的意义体验。价值激励的选择性是比较强的，只有那些对自我实现有内在追求的人才能得到。价值激励甚至无须他人和社会的反馈，仅仅是参与本身就能给参与者带来意义体验。价值激励对三类群体来说都是最主要的激励来源。

社会激励的内涵较为丰富，前文提到的消遣时间的休闲需求，排解寂寞、纾解情绪、丰富情感体验的社交需求，获得面子的社会认可需求等都属于这类激励。其激励效果的实现，需要他人和社会的反馈。显然，社会激励对老年人群体的效果最好，对中产阶层次之，对优势阶层最弱。

价值激励和利益激励的实现，都依赖于积极分子个体化的自我感知，两者可以统称为"自我激励"。社会激励中的休闲需求主要是指积极分子要排遣和释放个体过于充沛的精力，对社会反馈的依赖性较社交需求和社会认可需求要弱，也可归为"自我激励"。

由此可见，不同激励方式对不同积极分子的激励效果是有差异的。更关键的问题是，现有的激励机制是否能够稳定供给，以支撑积极分子可持续地积极下去呢？遗憾的是，无论哪类积极分子群体，上述激励机制都是不稳定的。更重要的是，在住宅小区这个陌生人社会中，还有反激励机制的存在。激励产生的是正向的动员作用，给予被动员对象的是动力。反激励则相反，它产生的效果是消解积极分子的动力，不但会让积极分子的积极性不断消退，而且会让那些潜在的积极分子主动退缩，产生反动员的后果。

自我激励主要取决于积极分子的个体需求和自我感知，而不是外在某个稳定的来源。源于自我的激励是很脆弱的。

首先，利益激励本身的非选择性决定了搭便车行为的普遍性。大多数人在并不付出或者付出很少的前提下，仍能同积极分子共享收益，这与其说是激励，倒不如更准确地说是"反激励"。多数业主只是对小区公共事务不参与或参与度低，并无"搭便车"的主观故意。更具杀伤力的搭便车行为，是少数业主不遵守小区公共规则，甚至通过不交物业费、违章搭建等不当行为获取私利。小区居住品质的改善和房产保值增值的公共利益无法将这些人排除在外，这些人"搭便车"是主观故意的。这类搭便车行为的负面示范效果要比积极分子的正面示范效果更容易被其他业主效仿，正所谓"从善如登，从恶如崩"。

其次，价值激励的伸缩性和可替代性是比较大的。所谓可伸缩性，是指价值不存在可量化的具体数字，自我实现到什么层次、什么高度，都是可变的，修身、齐家、治国、平天下就是这种价值伸缩性的经典表述。可替代性则是指自我实现的方式很多，并不局限于参与小区内的公共事务。积极分子通过参与业主自治获得的自我实现体验，可大可小、可有可无，因此其参与还是不参与、参与到什么程度，都完全取决于个体。鉴于业主自治本身的复杂性和反激励的存在，积极分子完全可以退出，到小区外的广阔世界中寻找其他价值激励空间。自我激励中具有社会性色彩的休闲需求、社交需求等社会激励同样是可替代的。即使是选择能力相对较弱、活动半径相对较小的老年积极分子，也可以到公园、广场等公共空间中参与集体活动，跟同龄群体跳跳广场舞、打打太极拳，需求很容易得到满足，还不用像参与业主自治那样操心费力。更不用说选择能力强得多的另外两类积极分子了。

价值激励的脆弱性，根本上还是由城市小区和城市生活决定的。对城市人来说，小区的意义太有限了，它主要是一个居住空间，很多生活安排（比如社交、休闲、工作）都在小区之外。更重要的是，个人同小区不存在本体意义上的价值关联，个人最重要的人生价值都不在小区内实现。这同村落熟人社会是根本不同的。对农民来说，村庄是他们的生活和情感所系，是他们的价值来源，更是他们的生命归属。

以社会认可为主的社会激励，在陌生人社会中是非常弱的。认可产生的是尊严和面子的增量收益，它极度依赖密集的人际互动。只有在密集的人际互动中，评价舆论才会产生并广泛传递。在村落熟人社会中，社会认可可以进入农民自我实现的价值需求层面，其根源就是稳定的熟人社会能够产生超越时空边界的信息传递，即一个人受到的村庄认可可以经过村落熟人社会横向关系轴和纵向时间轴的传递绵延并扩展出去。在城市小区这个陌生人社会中，密集的人际互动根本不现实，互动产生评价舆论的空间非常小，只能依靠极其有限的"面熟心不熟"的熟人圈子进行有限传播。在实践中，许多业主和小区居民不知道业委会成员是谁的现象非常普遍。更重要的是，村落熟人社会中的社会认可激励是伴随着实实在在的社会反馈产生的。那些热心公益、主持公道、受人尊重的人，在红白喜事等大事发生时，其面子与尊严可以直接"变现"为更多人的捧场和更多的人情礼金。陌生人社会中当然也不存在这样的社会反馈。

由此可见，积极分子的积极性其实主要来自自我激励，并非社会激励。问题是，陌生人社会的社会激励作用很弱，但其反激励作用却很强。除了上文提到的故意搭便车行为，还有一类会挫伤积极分子积极性的反激励方式，那就是无根据质疑和恶意攻击。本质上它们都是对积极分子行为动机的否定。业主自治实践中最常见的"诛心"之举有：指称业委会成员与物业公司之间存在利益输送，特别是业委会的决策或行动"看起来"有偏向物业公司的嫌疑时,比如督促业主交纳物业费、停车管理费时,物业公司某些管理或服务行为未达到部分业主的要求但确有正当原因,而业委会替物业公司向业主解释时;指称业委会侵吞了小区公共收益或侵占了公共维修资金,却又拿不出任何证据;无原则反对业委会的决策,千方百计挑剔决策瑕疵,这种行为多发生在那些有违章搭建、毁坏绿地种菜等不当行为而又被业委会制止,导致其不当得利受损的业主身上;最普遍的是用"无利不起早""没有好处谁会那么积极"的所谓理性逻辑对积极分子进行有罪推定,完全不负举证之责。反激励的效果是非常明显的,积极分子往往因此而灰心、寒心。反激励之所以有巨大杀伤力,一方面是因为它精准指向积极分子赖以积极起来的自我激励源头,即伤人莫过于诛心;另一方面则是因为陌生人社会无法像熟人社会那样提供内生的保护机制。熟人社会的信息是完全对称的,知人知面更知心,无原则的指责根本站不住脚。陌生人社会却存在严重的信息不对称,对于"有罪推定",人们很容易基于个体利益自保的心理而"宁信其有"。另外,熟人社会中的积极分子本就是社会资本丰厚的人,遇到这种情况必然有人主持公道,但在陌生人社会中,很难有人愿意做这样的事情。一旦有人出面,哪怕只是声援,也很容易一并被"有罪推定",被归入积极分子的"利益同盟"。这就是业主群中往往是"诛心之论"肆无忌惮,大多数业主却普遍选择沉默的深层原因①。

## 5. 组织化激励与保护机制

自我激励不稳定，社会激励不足，反激励的杀伤力大，这就是业主自治面临的激励困境。因为激励困境的存在，积极分子难以可持续地积极下去，业主自治这个高度依赖"人治"的事务自然就产生了巨大的不稳定性。因此，要提高业主自治的有效性和稳定性，就要化解激励困境。而激励困境又主要是由陌生人社会的特点决定的，所以，最现实的化解机制就需要到陌生人社会之外寻找。至于通过社区建设提高小区中的交往密

---

① 举一个典型的例子，笔者在重庆调研时，某小区业委会同广告公司谈成一笔更换小区停车管理系统的业务，广告公司出资 8 万元更换系统，条件是获得停车管理系统 4 年的广告经营权。业委会主任说，他们认为这是为小区谋利益，是做了一件好事，因为该小区停车管理系统已瘫痪多年，停车纠纷问题对小区秩序影响很大。业务落实后，广告公司在小区门口的车辆进出栏杆上贴了广告，大多数业主也确实没有反对意见，但有一位业主天天在业主群里发言反对，说业委会未经业主同意这样做，肯定拿了广告公司的好处。他最奇怪的反对理由是，栏杆上的广告"强奸"了他的眼睛。最让这位退休教师出身的业委会主任寒心的是，业主群里竟无一人声援。这位主任说："大多数人不理解我们也就算了，被人这样骂却没人帮忙说话，太让人寒心了。做完这一届就退，我安安稳稳过自己的退休生活多好，何必出来惹一身骚！"笔者与另一位业委会委员访谈时，这位"革"了上届业委会"命"的积极分子语气肯定地说："不被人理解，甚至有人当着面说我们无利不起早。干完这一届坚决不再干了，业委会根本不是人干的活。"

度、提高小区的熟悉化程度，不是说不可能，但这个过程注定会非常漫长，而化解激励困境却非常迫切。

业主自治并不是孤立运转的。在业主自治体系之外，还存在一个社区基层组织体系。很多研究都注意到社区基层组织和政府在业主自治中不可或缺的作用，比如组织赋权、赋予公共身份和荣誉、发挥"三社联动"作用等。一些地方也开始探索"居委会同业委会交叉任职"等方式。但是，这些研究都没有从破解激励困境、建立可持续激励机制的角度去探讨基层组织的作用。笔者以为，基层组织对业主自治的支持和介入必须是有限介入：一方面，法律已经为业主自治划定了边界，基层组织的过度介入缺乏法律支持；另一方面，基层组织介入和支持的目的，是提高业主自主治理小区的能力，而非替代业主自治。在这个意义上，为业主自治中的积极分子提供组织化的激励与保护机制，便不失为基层组织有限介入的可行路径。只要积极分子被充分动员起来，并且能够获得稳定的可持续的激励，他们就能够带动业主治理好小区，基层组织并不需要过多干预。

组织化的激励与保护机制，可以从以下三个方面来建构：

首先，建立积极分子的识别与动员机制，为业主自治储备好力量。积极分子的产生不能完全依赖个体的自觉性和小区内有限的熟人动员，基层组织应该将识别和考察积极分子作为支持业主自治的重点工作。要通过各种方式和渠道熟悉小区情况和业主情况，从中发掘真正的积极分子，并充分运用群众工作方法，动员他们参与业主自治。要探索建立小区积极分子储备库，并进行动态管理。储备库的作用，就是为业主自治创立一个稳定的积极分子输送机制，以便在有人退出后，其他积极分子能及时补充进去。目前，基层组织在这方面的工作还比较被动和消极，大多只是在业委会换届选举时进行资格审查。在现行法律制度下，资格审查的局限性极大，它只能将那些不符合硬性条件的人筛选出去，却不能将符合硬性条件的投机分子筛选出去，更不能真正将积极分子筛选出来。离开平时的人才储备，选举时的有效甄别就是无的放矢。

其次，建立积极分子的荣誉激励机制，增强自我激励的稳定性，弥补社会激励的不足。严格来讲，基层组织也无法彻底改变积极分子自我激励的不稳定性，毕竟自我激励效果主要取决于个体的自我需求和自我感知。但是，基层组织却可以通过增设公共荣誉来弥补社会激励的不足，并在一定程度上提高自我激励的稳定性。给予公共荣誉是通过超社区的组织认可、政治认可来补充小区的社会认可，正好可以在一定程度上弥补价值激励可替代的缺陷。所谓公共荣誉，就是由社区基层组织和各级政府创设并赋予其含金量的荣誉。公共荣誉具有超越小区的竞争性，它的评比可以在同一社区辖区内的不同小区间展开，也可以在更大范围、更多数量的小区间展开。公共荣誉的设置要密切贴合业主自治的治理效果，目前尽管也有"文明小区""和谐示范小区"之类的荣誉评比，但确实针对性不够，需要从这个角度加以完善。公共荣誉既可以授予小区，作为一种集体荣誉，也可以授予个人，特别是积极分子。公共荣誉不仅具有直接的激励效应，还有可能产生反馈效应，比如小区拥有某些荣誉其房产价值也有可能得到提升。

最后，建立积极分子的保护机制，对冲反激励机制的消极作用。为积极分子提供组织化的保护机制，是基层组织最迫切的，或许也是最能见效的工作。保护机制直接针对的是小区中的反激励机制。基层组织没有权力制裁那些有反激励行为的业主，也不可能完全杜绝反激励现象。但是，在每次出现这种情况时，基层组织都要及时站出来，摸清情况，澄清事实，比如在确认属于无端质疑甚至恶意污蔑时，旗帜鲜明地揭露这种行为的不正当性，理直气壮地保护积极分子的名誉，从而最大限度降低反激励的负面效果。每一次保护，同时也是对大多数沉默业主的教育，是做群众工作的绝佳时机。当然，基层组织也要督促业委会做好信息公开和民主议事工作，最大限度缩小信息不对称给反激励行为留下的空间。如果说赋予公共荣誉是锦上添花，那么组织化保护则是雪中送炭。在业主自治中，及时有效的保护对积极分子的激励效果可能会更好。基层组织要克服组织惰性，摒弃"不出事逻辑"，将保护积极分子作为组织的义务和职责，使保护机制有效运转起来。

不再让积极分子寒心，给予积极分子持续稳定的激励与保护，社区基层组织同积极分子组成的业主自治组织相互配合，各尽其职，就能够实现包括小区善治在内的社区善治。基层组织的组织化激励与保护机制，不可能解决业主自治面临的所有问题，许多问题还需要靠完善社会征信体系、物业管理法律体系、提高政府执法水平等多方面推进才能解决。毕竟业主自治不是发生在真空中，而是高度嵌入在真实的社会治理体系中。但是，基层组织的有效介入和支持，却是有可能决定业主自治稳定有效运行的关键问题之一：让积极分子这个关键群体发挥好关键作用。

## 二、消极分子及其约束机制

### 1. 发现"消极分子"

商品房住宅小区业主自治的实践效果并不理想。近些年，城市小区的矛盾纠纷大量涌现，其中不乏激烈的群体性事件。笔者在调研中发现，业主群体中普遍存在一支特殊的力量，这支力量并不一定具有组织性，大多只是散布在业主中的个体。根据他们发挥作用的性质，可将其称为"消极分子"。消极分子构成了发挥建设性作用的积极分子的对立面,其对业主自治产生的影响并不亚于积极分子,但这个群体尚未引起研究者足够的重视。本书将简要勾画消极分子的群体特征,揭示其在业主自治中的作用机制,在此基础上尝试提出消极分子约束机制,而这一约束机制能否建立并发挥作用,将在很大程度上决定业主自治的效果。

业主自治本质上是业主这个陌生人群体实现集体行动的过程。按照集体行动理论,城市小区规模庞大,又由陌生人组成,缺乏社会资本,内生激励有限。在这种情况下,业主中的关键群体自然引起了研究者的兴趣。毋庸置疑的是,在业主自治实践中,关键群体确实发挥了极其重要的积极作用和建设性作用,业主自治的有效实现,也确实需要建立动员机制和激励机制,将关键群体的积极作用最大化地激发出来。不过,或许是受关键群体理论视野的限制,研究者反而忽视了业主自治中另外一个群体的存在和作用,这个群体也就是笔者所说的"消极分子"。

集体行动理论对消极行为的关注,主要集中在"搭便车困境"上。搭便车者,是指那些不付出努力,却能够分享收益的人,群体规模越大,搭便车者就可能越多[①]。在业主自治中,

---

① 赵鼎新. 集体行动、搭便车理论与形式社会学方法. 社会学研究, 2006(1).

搭便车现象非常普遍，被认为是"自治困境的根源"[①]。不过，就笔者的文献检索范围来看，这方面研究远少于对关键群体的研究，特别是将业主自治中的搭便车问题作为主题的更是少之又少。搭便车者显然属于本书所说的"消极分子"，他们发挥的明显是消极作用，而非积极作用。不过，本书要重点关注的消极分子并不局限于搭便车者。一方面，搭便车者在实践中并不完全是主观恶意的，很多人是在不自知的情况下搭了便车，最典型的就是不交物业费的业主。除了一部分业主属于恶意欠费外，相当多的业主是基于各种理由欠费的，特别是很多业主同物业公司在物业服务上有分歧。尽管这些欠费理由一般来说都不会得到法律的支持，但从主观认识来看，这些业主并不知道其欠费理由是不合理的，也并不知道他不交费其实是搭了那些交费业主的便车，免费享受了具有公共品属性的小区物业服务。实践中这样的业主不在少数，特别是随着小区物业服务关系的恶化，这个群体还会持续扩大。物业费收缴率仅有百分之二三十的小区并不鲜见。正是在这个意义上，基于是否存在主观恶意，行为人对业主自治产生的消极作用其实是要区别开来的。对于这一点后文还会继续阐述。另一方面，业主自治中存

---

[①] 杨宝，王兵. 社区自治中的内生惩罚：自主组织规制搭便车行为的策略研究. 中国行政管理，2016（5）.

在比搭便车更具破坏力的消极行为，这类业主的消极行为在性质上不同于那些主观不自知的搭便车者。一般来说，搭便车行为并不会直接针对其他业主，虽然这些人自觉不自觉地搭所有业主的便车，但破坏行为却是有具体指向的，而且指向的还是作为关键群体的积极分子。理解了积极分子对业主自治的重要意义，就不难想象这种破坏行为造成的社会后果。不过，这个问题目前还未得到研究者的关注。笔者以为，若不能理解业主自治中的消极分子及其作用机制，仅仅依靠发挥关键群体的作用是无法真正实现业主自治的良性运行的。

### 2. 消极行为与消极分子

"消极性"是根据业主在业主自治中的参与情况来界定的。业主自治不同于业主维权。维权明确指向业主之外的"他者"，主要是开发商、物业或者政府相关部门。维权是有始有终、有明确目标的事务，终究要以某种结果结束，无论这个结果是否同维权预期一致。区分维权与自治，是为了表明二者对业主参与的不同要求。维权尽管也涉及全体业主的权益，却并不要求全体业主都参与才能达成。一般来说，有关键群体作为维权领袖进行谋划和主导，再加上一些积极分子协助，就可以完成大部分维权任务。一些策略行动或许需要更多业主参与，以营造声势，向维权对象施加压力。但总体而言，大部分业主是可以比较消极，而且事实上也确实比较消极的。大部分业主的相对消极和低度参与，并不一定影响维权目标的达成。但自治不同，自治事务固然要指向物业公司等"他者"，但更主要的还是指向业主自身。业主自治的主要实现形式是组成业委会，业委会受全体业主委托并代表业主监督物业公司管理好小区。自治事务中不但有大量决策需要召开业主大会，日常管理中也会涉及全体业主。每位业主（更准确地说是小区内所有居民，因为并非所有居民都是业主）在小区中的居住和生活都是对小区设施设备的使用，而且使用行为还会产生外部性。这些行为如果产生了负外部性，影响到其他业主的正当权益或小区的公共利益，则不但物业公司有责任处理，业主自治组织也有权根据业主公约进行干预。因此，业主自治必然是全体业主都要参与的事务，其复杂程度更高，实现难度也更大。曾经担任过业委会主任的著名业主维权人士北野曾说："维权的最高境界，不是和开发商、物业公司斗，而是业主和业主的维权。""开发商和物业公司对业主的伤害，我叫它'肌肤之患'，真正的'心腹之患'来自业主。"[1]"心腹之患"中最主要的便是业主的消极行为。根据行为本身的消极程度以及其对业主自

---

[1] 王刚，黄艾禾，阳思齐. 都市中的民主"麻烦"：业主委员会的多事之夏. 中国新闻周刊，2006（30）．

治产生的伤害程度，可以将消极行为大致分为如下几个层次：

一是低度消极和低度伤害行为，这是最常见的消极行为。低度消极和低度伤害行为主要表现为两类：一类是在业主自治事务的决策和执行中的低度参与或不参与。按照《民法典》的规定，小区中的重大事务决策必须经由业主大会决议，并且有"双过半"的简单多数和"双三分之二"的绝对多数要求。这就对业主参与决策提出了要求。事实上，相当数量的业主并不一定关心自己的决策权，也不一定具备相应行使能力。决策事项同其个体利益的直接相关度越不容易被其感知到，业主参与的积极性就越低。这种常见的"冷漠""沉默"只要限定在一定规模，就不至于对业主自治产生过重伤害。另一类是无主观故意的搭便车行为和部分主观故意的搭便车行为。无主观故意的搭便车行为就是前文提到的，因为认知不足、向物业公司表达合理抗议等发生的欠费这类行为。经过宣传教育，或者物业公司纠正后，这类行为的行为人会主动改正。还有一些主观故意的搭便车行为，行为人虽然未尽义务却可能享受权益，但其搭便车行为并不会对相关事务的完成产生严重的破坏性后果。也就是说，行为人只是"搭便车"但认可相关事务的合理性，也不采取反对或抵制行动，最后事情仍然办成了。最后需要补充的是，"低度"是就单个或少数行为人来说的。不过，这类行为容易发生扩散效应，若行为人数量超过一定限度，将大多数业主卷进去，其对业主自治的伤害程度也会增加。

二是中度消极和中度伤害行为。这类行为主要包括两类：一类是故意侵占公共利益，另一类是因个人利益妨害多数人利益甚至公共利益。故意侵占公共利益的行为最常见的是违规占用小区共有空间或共有财产，比如违章搭建、占用楼道堆放物品、毁绿地种菜等；还有一些是使用有偿的共有设施设备却不支付使用费，比如地上停车位。因个人利益妨害多数人利益甚至公共利益，就是当后者的实现会在一定程度上损害个体利益或者需要其尽义务时，相关业主采取抵制、对抗的行为进行阻止。比如小区树木修剪，确实受影响的低层住户有合理需求，但不受影响的高层住户却可能进行阻止，指责物业公司破坏绿化，可能导致事情办不成。又比如常见的装修破坏承重结构、私自住改商等，实现了个人利益，却会损害大多数人的利益。再比如老旧小区加装电梯，大多数人有需求并愿意支付资金，却可能因为没有需求的业主以电梯噪声影响休息为由进行抵制而无法实现。这类行为都存在主观故意，其后果是对公共利益的损害和对小区秩序的破坏，有的还会直接导致合作瓦解。不过，这类行为要么不直接针对具体个人，要么只是在规模较小或影响范围有限的合作中出现，总体而言，还不至于对业主自治产生决定性破坏。当然，同第一类行为一样，其影响程度同样和行为人数量正相关。

三是重度消极和重度伤害行为。这类行为同上述两类行为不同，它具有明确的指向，即直接指向业主委员会中的部分或全体成员。作为业主大会的执行机构，业委会同业主存在委托－代理关系：业委会受全体业主委托，督促物业公司履行服务合同，管理和经营小区共有财产与收益，执行业主大会的决议，落实业主公约等。业主有权利监督业委会的工作，业委会有义务向全体业主公布执行情况、财务管理状况等信息。这是理想情况，但在实践中却很少出现。这里要重点讨论的是业主针对业委会的不当监督行为。这里所说的业委会，特指由关键群体——积极分子组成的业委会。前文已述，积极分子是促成集体行动的关键因素，指向他们的不当监督行为所产生的后果，某种意义上是对业主自治的釜底抽薪般的打击。不当监督中最恶劣的是对业委会具体成员的质疑、否定、人身攻击，甚至煽动其他业主的情绪，故意制造矛盾。"不当"是指监督行为缺乏证据支持，特别是行为人故意进行有罪推定，并有过激言行。这类言行，有的是否定业委会的工作业绩，"业委会什么都不干"；有的是质疑业委会执行业主公约的权力，在业委会制止其前两类消极行为时，用"你凭什么管我？"反驳；有的是污蔑业委会贪污，甚至直接对积极分子的动机进行有罪推定，比如"无利不起早""没好处谁会这么积极？""业委会的人都不交物业费"；有的是煽动其他业主制造舆论，利用业主微信群、QQ群等"带节奏",鼓动业主同业委会、物业公司对立;等等。这些行为会极大地挫伤积极分子的积极性,导致积极分子退出,从而不仅使业主自治丧失关键群体,还会破坏小区脆弱的信任关系,破坏业主自治中各方良性的合作关系。这类行为没有任何建设性意义,其破坏效果远超前两类消极行为,是瓦解业主自治的最严重行为。这类行为同前两类行为的另一个重要区别是,前两类只有在形成一定规模时才会产生严重后果,这一类则不需要形成那么大的规模,对于具体原因后文还会分析。

究竟是哪些业主会做出上述消极行为呢?首先,大多数业主都是低度消极和低度伤害行为的潜在行为人。客观上,大多数业主都主要专注于个人生活和工作,用于关心小区公共事务的时间和精力本就有限。另外,普通人的法律认知水平不高,采取拒交物业费的这种简单化的维权手段也有其合理性。大多数人消极参与是社会常态,正是这个社会常态,才更加凸显关键群体的作用,也才有委托-代理关系存在的必要。其次,会做出中度消极和中度伤害行为的业主,确实属于缺失公共精神的群体。他们对自己享有的区分所有权存在错误认知。区分所有权不同于传统意义上的所有权,区分所有权的行使必然受到相邻权和共有权的限制。在他人表达合理权益诉求时,基于相邻关系义务,相关业主也要予以配合。这类群体并不一定存在共同的群体特征。理论上全体业主都是此类行为的潜在行为人，但从实践来看，真正成为消极分子的还是少数。最后，需要着重指出的是做出重度消极和重度伤害行为的业主。这类消极分子存在明显共性：都是个体利益受损的人或诉求未得到满足的人。比如恶意拖欠物业费和停车费的人，因不当得利而受到过积极分子或物业公司制止的人，欲谋求利益而不得的人（比如业委会选举失败的人），有其他不当利益诉求的人。笔者在调研时，经常听到这样一种说法："最喜欢煽风点火的、跳得最高的往往都是不交物业费的人，老老实实交费的大都不说话。"其内在原因是，大多数人在个体利益未被触及的情况下，正常的表现是消极冷漠，埋头于个人事务。只有个人利益直接受损的人，才有更大的内驱力去表达诉求，包括对致其受损的对象采取打击报复措施。业主自治涉及业主关系调整，尤其涉及利益调整或利益再分配，必然要发生针对业主权利的合理限制和对不当利益的剥夺。这些业主若不能正确认知和理解，就有可能采取消极行为。

### 3. 反激励机制

集体行动的实现有个前提，即存在选择性激励机制，从而使那些为群体做出特殊贡献的人获得社会奖励，并使那些没有承担集体行动成本的人受到社会制裁。业主自治中普遍存在的消极行为，至少说明选择性激励机制并未有效发挥作用，做出消极行为的人并未受到社会制裁。消极行为得不到有效约束，就会产生与社会激励相反的作用，即反激励作用。选择性激励实现的是对集体行动中关键群体的动员，并通过给予其特殊优待而产生示范效应，动员更多的人参与进来。反激励作用则是一种反动员，它对业主自治产生了负反馈和负面示范效应，会放大更大多数业主的参与消极性，也是对小区公共规则的破坏。同时，它直接冲击关键群体的积极性，力度甚至可以压倒本就有限的社会奖励，造成关键群体的退出。负面示范效应没有明确指向，其效果并不完全由消极分子的行为决定。只要小区的居住环境和秩序尚未对大多数业主的生活产生明显负面影响，消极分子的负面示范效应就缺少基本群众，影响范围就有限。

对业主自治冲击最大的是消极分子直接指向积极分子的"定向打击"。对积极分子来说，大多数业主的低度消极和低度伤害行为是可以接受的，哪怕是一些业主的搭便车行为，也并不会对积极分子产生明显的负面影响。积极分子之所以积极，并不完全出于付出-回报的利益计算，也就是说，选择性激励对积极分子的影响其实是比较有限的。现实中，很多业主并不关心业委会有哪些人、在做什么事情，只要小区生活环境和秩序让他们满意即可，他们也不会主动向积极分子回馈感激、尊重等社会性奖励。积极分子之所以积极,其实更主要是依靠其内生的自我激励手段,即他们在参与业主自治的过程中,所能收获到的人际情感、排遣寂寞以及自我实现的价值体验,做贡献本身就足以让积极分子获得激励了。但少数消极分子直接指向积极分子的定向打击与上述行为就不同了。定向打击的要害在于否定积极分子的动机,所有莫须有的有罪推定都无异于"诛心",是从行为根源上否定"积极性"的存在,直接瓦解积极分子赖以支撑其行为的自我激励。这些消极分子"不相信有些人竟然比自己更具有公共精神""不能容忍自己身边的某些人竟然比自己更高尚""一个人投身于社区自治,一定是因为'他被物业公司收买了'"[1]。社会激励有限,自我激励又被打击,积极分子的积极性自然难以持续。实践中,相当多的积极分子因此灰心丧气,最初抱着一腔热情积极参与进来,最终绝大多数"都有'早知今日,何必当初'的感受,如果让他们重新选择一次,他们一般是不会再选择"当积极分子了[2]。积极分子退出产生的负面示范效应要比消极分子的消极行为产生的负面示范效应大得多,因为前者影响的是业主当中潜在的积极分子,而真正的积极分子不再愿意出头,就会有投机分子站

---

[1] 秋风. 业主自治社区自治,尚需从头学起. 中国新闻周刊, 2006 (30).
[2] 梁柱. 业委会主任:一个令人尴尬的角色. 中国物业管理, 2005 (7).

出来，他们的活跃参与都是为追求不当利益。如果真的发展到"伪精英"替代"真精英"、"劣币驱逐良币"，一个小区离真正混乱也就不远了。进一步说，业主自治若因投机分子把持而陷入失序，其对普通业主造成的心理损害是很难修复的。陌生人社会的信任感本就脆弱，一旦受到事实的打击，重建难度之高无法想象①。

反激励作用何以存在？首先，业主自治中必然存在利益调整，那些有不当得利诉求和行为的业主会受到约束甚至制裁，尽管并非所有受到约束的业主都会变为消极分子，但消极分子的产生也确实是利益调整的客观后果。

其次，消极行为缺乏有效约束与制裁。陌生人社会难以内生出社会性约束机制。熟人社会通过弥散于社会中的发达舆论生产机制能够不断产生出对个体言行的舆论监督和评价，并在长期反复的社会互动中给予社会反馈。陌生人社会中人际互动的密度极低，难以依靠面对面互动形成有约束力的公共舆论。

---

① 笔者2018年7月在重庆长寿区调研时，当地的一个小区就是因为上届业委会被投机分子把持，三年前陷入混乱，业委会被罢免。但是，在社区居委会千方百计动员出另外两位有正义感的积极分子出面组织重新选举业委会时，却没有成功。少数业主直接当面指责这两位积极分子是想捞好处，还利用各种机会向其他业主散布舆论，说不能再搞业委会，业委会就是占业主好处的。时至今日，这个小区仍处于没有业委会，也无法召开业主大会的局面。小区物业公司自然也缺乏监督，只是维持底线服务。

更重要的是，社会难以产生回馈机制，既无法给予积极分子正向回馈，也无法对消极分子给予负面回馈。熟人社会中的积极分子能够得到面子、尊严、地位等社会报酬，也能在红白喜事等家庭大事上得到更多人的捧场、帮忙和礼金等社会反馈；而消极分子则会受到舆论谴责，严重时还会成为"死门子"，在举办家庭大事时得不到足够的人帮忙等社会反馈。这些在陌生人社会中都不可能实现。消极分子在小区内的正常生活不受影响，在现实生活中也不会受到他人面对面的舆论谴责。这就使得消极行为的社会成本极低，同其不当得利相比几乎可以忽略不计。另外，外生性的约束机制也尚不成熟、完善，使得消极行为的违法成本很低，执法成本却很高，即使是指向具体个人的人身攻击等行为，也难以在现有法律制度的框架内受到惩罚。

再次，陌生人社会的低度信任和信息不对称会放大消极行为的负面效应。信息不对称是由业主自治事务的专业性与复杂性和业主获取信息的意愿与能力共同造成的。业主自治事务非常日常化，数量众多，其中相当多的事务涉及法律知识、工程知识、财务知识、管理知识等，且需要处理各种复杂关系。大多数普通业主并不具备主动获取相关知识的意愿和能力，造成业主普遍对业委会的具体工作不了解、不熟悉，业委会在实际工作中信息公开再不到位，则会进一步加剧信息的不对称性。

低度信任是陌生人社会的内在特性，且小区发育周期短，尚不足以通过密集互动和反复博弈形成社会信任。这两个因素结合起来，就为消极分子影响舆论提供了社会条件。不明真相的普通业主，往往更倾向于相信消极分子的"有罪推定"，宁信其有，不信其无。相反，积极分子为自证清白采取的措施，却不容易获得认可。在信息不对称的情况下，积极分子能够提供的证据并不一定能够有效消除"有罪推定"的想象空间。业主自治事务的复杂性又决定了积极分子的举证能力同业主"有罪推定"的想象能力之间存在难以弥合的巨大张力。这使得少数消极分子很容易"带节奏"，积极分子则疲于应付，心力交瘁。

最后，缺乏对积极分子的保护机制。出现消极分子对积极分子的定向打击时，很少会有其他业主站出来向积极分子表达支持，并反击消极分子。而且，即使有人站出来，也很容易被消极分子利用"有罪推定"手段贴上"利益同盟"的标签，这使得支持者会同样陷入"自证清白"的窘境。大多数业主最多不附和消极分子。问题是，在这种情况下，沉默产生不了保护作用，反而可能增强消极分子定向打击的伤害力：积极分子为大多数人做贡献，在需要有人帮忙说句话时，却"收获"了普遍沉默，不能不让人寒心。正是上述因素，导致消极行为的反激励作用很容易取得明显效果，使本就脆弱的业主自治雪上加霜。

### 4. 消极分子约束机制

业主自治是一个陌生人社会形成秩序的过程，因此"陌生人社会"是我们思考业主自治问题的前提和基础。同时，我们还不得不面对并接受这样一个现实，那就是社会中的人群很难广泛参与公共事务。对大多数人来说，小区只是他们生活中的一部分，许多人更倾向于在小区中过少被打扰甚至不被打扰的私密化的生活，其社交休闲需求也更多是在陌生化的可以自由进出的城市公共空间里得到满足，社交对象也主要是亲缘、业缘和趣缘群体，小区的地缘关系很难成为其主要的社交内容。受共同体理论的影响，许多人希望实现陌生人社区的熟悉化，将小区建设成居民守望相助、有着密切人际关联和社会认同的共同体。这作为一个理想目标未尝不可，但在可预期的相当长的时间里，共同体都难以变成现实。我们也就不得不在陌生人社会的基础上探讨业主自治的可能性。进言之，业主自治要在大多数人只会消极化地低度参与的现实基础上实现。关键少数的重要性因此而凸显。对此，"抓两头促中间"这句俗语或许可以给我们启发。具体到业主自治实践中，"抓"关键少数、"促"中间多数不失为可以探索的机制，而这个机制的关键，就是将关键少数抓好。

关键少数分布在人群的"两头"，也就是积极分子和消极分子。许多研究关注到"抓"积极分子对促成业主自治的重要性，却忽视了消极分子同样具有关键作用。本书揭示了消极分子的作用机制，从中不难发现，消极分子对业主自治最严重的破坏是其对积极分子的定向打击。许多人关心如何给予积极分子选择性激励，却没有认识到，如果不能对消极分子的反激励行为进行约束，可能激励机制也会被摧毁。从这个意义上来说，针对消极分子的约束机制，其意义并不亚于针对积极分子的激励机制。这里需要强调两点：一是约束消极分子的反激励作用，同选择性激励理论内含的"社会制裁"并不完全相同。社会制裁主要针对搭便车行为。社会制裁的实现特别依赖社会内生力量，因此对群体规模有内在要求。群体规模如果过大，就需要进行内部的分层分工，以符合"小组织原理"。但是，业主自治的社会基础决定了仅靠社会内生力量很难形成制裁机制。我们需要在社会制裁之外，建立更加现实和稳定的约束机制。二是要对消极分子的消极行为采取分类约束的措施。消极行为的反激励效应差异巨大，不存在一刀切的约束办法。比如低度消极和低度伤害行为中的消极参与，在某种意义上就不需要约束，而是要靠"抓两头"来"促中间"。最紧迫的约束机制针对的是中度与重度的消极和伤害行为，特别是后者。

首先，构建业主自治体系同基层行政执法体系更加顺畅的协作机制，将城市管理执法力量下沉到小区，实现对业主不当行为的有效惩处。目前，小区中的违法违规问题主要依靠物业公司和业委会治理，效果并不理想。一是物业公司和业委会都没有行政执法权，面对违章搭建等侵占公共利益或其他业主权益的行为，只能劝阻，根本无法予以有效制裁。由于缺乏相应措施支撑，业主自治公约也沦为一纸空文。二是作为直接的利益相关方，物业公司和业委会都存在两难：管，效果并不好，还会得罪业主，可能给物业公司增加一个欠费对象，给业委会增加一个反对派；不管，其他业主有意见，认为物业公司和业委会不作为，同样可能增加欠费对象和反对派。行政执法力量拥有执法权，其介入有助于破解业主自治中的两难困境。但目前的基层行政执法力量很少直接介入小区事务，态度消极，执法被动。在治理重心下沉的背景下，要尽快完善业主自治体系同基层行政执法体系之间的协作机制，推动执法力量下沉到小区进行常规执法，将问题化解在平时，降低业主消极行为积累和扩散的概率。

其次，完善业主自治监督体系和监督机制，最大限度减少信息不对称的风险。信息不对称是少数消极分子进行有罪推定并煽动不明真相业主的基础，要从降低信息不对称程度出发，完善业主自治的监督体系和监督机制。为加强和完善社区基层组织督促与检查业委会信息公开的制度，弥补普通业主常规监督的不足，可探索设立由社区基层组织成员和业主代表组成的小区监督委员会（以下简称"监委会"）。目前，一些地方探索居委会与业委会交叉任职，但在法律上存在诸多限制，小区监委会的组织灵活性更高，更容易操作。小区设立监委会，能够大大强化业主通过正常合理渠道实现监督的能力，进而压缩消极分子不当监督的空间。

最后，建立组织化的积极分子保护机制，制衡消极分子的反激励机制。陌生人社会难以内生出对积极分子的保护机制，引入外部力量是最现实的办法。社区基层组织要为业主自治中的积极分子提供组织化的保护，在积极分子遭受消极分子的质疑、诋毁、攻击时，要及时介入，调查情况，澄清事实，维护积极分子的声誉和权威。社区基层组织在小区中没有直接利益，地位相对超脱，适合充当仲裁者和规则维护者。社区基层组织既可以直接提供保护，也可以通过发挥监委会的作用，由监委会承担保护职责。对积极分子的保护，实际上也是对消极分子的制衡和打击。每一次保护和制衡都是对正义的伸张，也将产生积极的示范效应，激励更多潜在积极分子没有顾虑地参与到业主自治事务中。

## 三、新生代社工与干部培养路径

正如第二章所述，现有研究几乎都认为新生代社工遭遇到了职业发展困境。笔者在多年的社区调研中也发现，新生代社工普遍表露出"诉苦""抱怨""不满"等情绪，许多人都对职业现状不满。可是，也有相当多的社工表达了较强的职业认同感与成就感。我们当然不能否认问题的真实性，但也不能把问题简单化、扩大化。目前，对于社工面临的所谓职业困境，应该辩证地看待，尤其是要注意到其背后被掩盖的职业分化与职业筛选功能。

**1. 职业发展与分化**

社工面临的职业困境，归结起来大致表现在以下方面：

①经济待遇问题。从绝对收入来看，笔者调研的部分城市，普通社工的月收入大致在 2 000～3 000 元，随工作年限增加和职务职级晋升而提升，做到社区主职干部，月收入可以比普通社工翻番。许多城市还制定了奖励政策，比如取得社会工作师资格可以给予每月不等的补贴，此外还有年终绩效奖金和一些不确定的奖励（如各类创建活动的奖金）。近年来各地都在提高社工收入。笔者所在的武汉市，就在 2020 年初新冠疫情暴发后，大幅提升了社工待遇，全市社区工作者年人均应发报酬增加了 3.41 万元，达到 7.36 万元。客观上，经济待遇在不断提高，可许多社工主观上仍有不满。这种不满主要来自"相对剥夺感"和"付出回报失衡"。存在相对剥夺感是因为许

多社工认为他们的工作负荷并不低于公务员，但经济待遇悬殊，认为不公平。认为付出回报失衡是因为一些社工认为其收入与工作投入不匹配，特别是连续遇到重大行政任务需要长期加班时，失衡感会加剧。

②发展前途问题。近年来，一些城市不断完善社区工作者管理制度，比如武汉制定了"四岗十八级"的职级体系，以便为社工提供更广阔的职业发展空间和更清晰的发展预期。职务职级既直接影响经济待遇，还意味着身份地位的改变。社工职业体系内部的职业流动通道是畅通的，普通社工到居委会成员再到副职、主职之间的职业流动通道是敞开的。社工对职业发展前途的主要不满来自编制壁垒。社工属于政府聘用人员，与公务员、事业编制存在难以打破的编制壁垒。多年来，一直有地方探索给予优秀社工事业编制或公务员编制的政策倾斜，但比例小，门槛高①。

③职业倦怠问题。社工的职业倦怠表现为工作懈怠、无力和低成就感。许多社工陷入文牍工作中无法抽身，疲于应付，以致形成一种工作"惯习"，即安于坐在办公室做文案工作而

---

① 以湖北省为例，全省在编社区工作者有 3.6 万多名，享受事业岗位待遇的有 2 493 名，有 546 名社区党组织书记被聘为事业编制人员。参见：湖北 546 名社区书记聘为事业编制人员.（2022-05-16）[2023-05-20]. http://news.hbtv.com.cn/p/2193978.html.

回避做群众工作，不敢直面居民事务中的各类矛盾和挑战，托词"行政事务缠身"。但是，这些工作难以产生价值和意义感，加剧了社工对职业的厌倦，并使其对待遇和发展问题产生更多抱怨。

与上述问题同时出现的，是新生代社工较高的职业不稳定现象。这主要表现在前文所说的初次就业的普通社工身上，他们中的一些人从入职开始就为换工作做准备，主要去向是参加公务员或事业编制考试。笔者在调研中遇到的许多社工都表示，只要年龄没有超限（一般是35岁，有的地方针对特定群体会放宽到40岁）就会一直考。其中也有政策导向的影响，从"大学生村官"计划开始，国家和地方政府就鼓励应届大学生到基层社区工作，应届大学生满足时间要求后可以享受公务员考试予以倾斜的照顾政策。按照一般的职业发展规律，初次就业的社工都是从负责某项公共服务工作开始的，经过几年岗位历练后，如果表现较好，就可以作为党委或居委会候选人，通过选举进入"两委"班子，成为"干部序列"。职业不稳定会打乱干部培养节奏，也会影响社工所在岗位的工作，毕竟新人需要从头开始熟悉政策和工作方法。另一类职业不稳定的群体是社区主职干部。笔者只在杭州调研时（2016年）发现过这一现象。当时上城区某街道在五年时间里先后有四五位社区党组织书记或居委会主任辞职，一位已经从事社工工作十年的社区党组织书记说"好多优秀的都走了","留下来的有七八个优秀的,都怨气很大"。这批人年富力强,他们的离职并非是考编制进体制,而是"下海",到企业工作。两个群体职业不稳定问题的性质是不同的,不能混为一谈。主职干部流失问题,笔者在其他地方调研时暂未发现,其涉及的干部培养选拔问题,后文再详细讨论。

新生代社工的职业不稳定现象是不是问题呢?既有研究对此的回答基本是肯定的,并将其与前述几个问题关联起来,认为应该通过提高待遇、拓展发展空间等方式解决问题。但在笔者看来,职业不稳定非但不是问题,反而是一种正常现象。职业不稳定恐怕并非社区工作独有,而是一种普遍现象。社工的职业不稳定主要发生在初次就业群体中,而在职业转型群体中并不明显。换句话说,构成新生代社工的两大主要群体,在职业发展过程中出现了分化或分流:初次就业群体的职业忠诚度较低,容易流失;职业转型群体的职业忠诚度较高,成为基层社工更可靠的中坚力量。把不稳定视为问题,进而提出的那些解决措施,实质上是在重塑社工职业。或者说,目前的经济待遇水平和职业发展前途,已经构成了社工的职业属性。笔者以为,我们需要在正确理解社工职业属性的前提下,重新认识职业不稳定背后的群体分化现象。

## 2. 职业筛选机制

任何职业都存在两种机制：筛选机制和激励机制。筛选机制是一种"推力"，将那些不完全适应职业需要的人筛选出去；激励机制是一种"拉力"，让那些适合职业需要的人留下来。两种机制共同作用，实现人与职业的双向匹配。当然，实践中两种机制不一定能完美发挥作用，难免出现错配或低效配置。具体到社区工作，笔者认为其筛选机制大体上是有效的，职业筛选结果便是初次就业群体的流失与职业转型群体的稳定，也就是前文所说的职业分化。相比之下，激励机制还没有充分释放其效能，不过，其主要影响不在职业分化，而在职业发展，或者说干部成长，这一内容笔者将在下一节讨论。

社区工作的筛选机制就是其内生的"职业门槛"，是由其职业特性产生的。社区工作兼具行政性和社会性两种属性。这是由社区处于国家与社会的接点所决定的。行政性体现在国家下沉的行政任务与公共服务职能，其所需要的职业素养可称为行政素养，要求从业人员具备较强的学习能力，能够及时掌握和不断调整日益精细化、专业化的政策和法规知识，具备适应日益现代化、规范化和技术化的常用办公技能，还要能够具备策划与组织项目和活动的能力。社会性体现在与基层社会中的各类群众打交道，其能力要求也就是通常所说的群众工作能力。群众工作能力对处理居民事务和完成国家任务来说都需要，是开展基层工作或者一线工作的一种基本能力。这两种职业素养不是静态不变的，而是可以在工作实践中逐步养成并提高的。从初始素养来看，行政素养可以通过学校教育和专门培训掌握，但社会素养即群众工作素养很难通过这种渠道获得，它更依赖个体在社会生活中的实践经验。职业素养的进一步提升，也需要个体主动、积极地参与工作实践，在实践中锻炼和积累经验。

初次就业群体职业素养的特点是行政素养强、社会素养弱。职业转型群体的行政素养并不一定比初次就业群体差，但其社会素养一般来说更强。社区在进行工作岗位分工时，一般是将初次就业群体安排在以行政事务为主的岗位上，将职业转型群体安排在兼顾居民事务或者以居民事务为主的岗位上。这种分工方式有利有弊。利在于能够发挥不同群体初始职业素养的比较优势，弊在于不利于社工职业素养的进一步提升。专职做行政事务的社工，尽管也要接触群众，但更多是照章办事，无法实质性地提高群众工作能力。相比之下，职业转型群体在工作实践中能够得到更多的社会素养提升机会，从而更加适应社区工作要求。在社区中心工作中，所有人都要打破日常分工，全部参与到群众工作中，这时社会素养的强弱就会充分显露出来。在社区工作环境中，中心工作比常规工作更容易产生出职场压力,这对初次就业的社工是不利的。正是在这个意义上,真正制约社工职业发展的,其实主要不是那些表面问题,而是其职业素养的进一步提升是否有充分的机会和畅通的渠道。在缺乏这种机会和渠道的情况下,社工的职业素养会被锁定在一定水平上"内卷",社工即使工作负荷再多,也只是做简单机械的重复劳动,从而难以对其产生正向激励,反而会放大其对待遇、压力等直接问题的敏感性,使其被"推力"推走。这是职业素养发挥筛选作用的一种表现。

职业素养的筛选作用还体现为让那些不适合或不喜欢群众工作的人主动选择离开。群众工作所需要的社会素养,与社交爱好和社交能力紧密相关。笔者在调研中经常听到老社工对年轻社工的一种评价——"现在有些年轻人比较宅,不够主动",这揭示了年轻社工的一种性格特质,即不够外向,社交意愿低。性格特质无所谓好坏,关键是看是否跟职业需要适配。社区工作的职业素养恰恰要求具备较高的社交意愿和能力,一些人在了解到这一点之后,选择主动退出也是正常的。

当然,除了上述两种筛选外,前述的待遇低等问题客观上也发挥了筛选作用——让那些更看重经济待遇和个人前途的人离开社工队伍,留下来的便是对社工职业相对可以接受和容忍,因而本质上对社工职业更具热情和忠诚的人。

正是通过这样三个方面的筛选,社工队伍不断进行着自我调整。这样的筛选当然难免会有"误伤"和差错,但总体而言,仍呈现出"局部流动、大局稳定"的结果。在一些地方,社工岗位甚至存在比较激烈的竞争,其职业吸引力并不低,这也说明不能将其存在的问题简单化。

### 3. 混合式激励与干部成长

社工职业的激励机制在既有研究中尚未得到充分揭示。既有研究大多只注意到经济待遇和职业发展空间。杨华认为基层人事激励存在"配套式激励"与"内涵式激励"两种类型[①]。配套式激励是指正式的、制度性的激励机制。经济待遇和职业发展空间就属于此类激励,其缺陷是越到基层激励资源越稀缺,激励效果越差,因此基层发展出内涵式激励机制,即将工作人员的内部因素作为动力和资源,通过激活其自我实现的内在需求和动力,弥补配套式激励的不足。两种激励类型的区分揭示出基层人事激励的特性。基层所拥有的配套式激励资源天然不足,这是由行政体制"责权利层级不对称"决定的。从某种意义上讲,这在短期内很难改变。经济待遇和职业发展空间等属于典型的配套式激励资源,其增加必然受"责权利层级不

---

① 杨华. 基层政府人事激励的类型及其逻辑. 华中师范大学学报(人文社会科学版), 2021, 60(2).

对称"原理的约束,存在"天花板",因而仅从这个角度认识社工职业的激励机制是不够的。

社工职业的激励机制是混合式的。不同于杨华的分类,笔者从激励来源角度将其区分为体制激励、自我激励和社会激励三个维度,认为社工职业的激励来源于体制、自我和社会三个方面。既有研究大多局限于体制激励,忽视了其他两种激励。应该说,所有职业激励都存在混合性,但三种激励的影响权重是不同的。从体制内工作来看,绝大多数职业的激励以体制激励为主,其他激励是附属性的。但对处于"体制边缘"位置的基层社工来说,自我激励和社会激励是主要的,体制激励反而是次要的。社工职业特有的混合式激励机制,也塑造出与之相适配的干部成长路径。

(1)混合式激励

体制激励即体制提供的物质待遇、职业发展、政治荣誉等激励。老一代社工的体制激励主要是政治荣誉,从中生代社工开始,物质待遇和职业发展的激励作用开始凸显。体制激励存在层级不对称,越到下层激励资源越少。基层社工获得体制激励存在明显的"天花板",其体制身份是半正式的,性质上属于聘用人员,进入体制内流动的渠道极其狭窄。按照正常的发展规律,一位基层社工如果能够进入社区干部培养序列,从入职开始大概十年左右可以成长为主职干部,这一时期正值其职业黄金期。其此后的职业发展只有两条路：一是在职位不变的情况下，更换到更重要的岗位，比如从普通社区调到重要社区、明星社区，苏南一些城市还开放了街道内设部门的中层领导岗位来"制造流动"[①]；二是获得正式的体制身份，或者获得相当于相应级别体制身份的待遇。实践中，第一种更容易操作，第二种渠道受到严格控制。

自我激励是社工从职业工作中获得的个性化体验与回报，主要包括情感反馈与价值实现两方面。社区工作具有较强的情感劳动特征，而且属于比较积极的情感劳动。社区工作的情感劳动是一种具有典型中国文化特色的人情化运作。它一方面是指社工与社区居民之间在日常工作中结成的非正式人情化关系及其情感反馈，另一方面是指其工作环境或者说职场环境的日常互动具有较强的人情化色彩。"社区"是一种不同于"公司""机关"等正式组织和科层组织的特殊职场，"分工不分家""都是兄弟姐妹"等实践话语的背后，是"社区"职场的合作性关系和工作氛围，这同一般职场中的竞争性关系与工作氛围存在重要差异。除了情感反馈外，社区工作提供的价值实现意义也不容忽视。社区工作中包含非常强的"助人""奉献"意义，社工能够产生被需要、被肯定的价值感。社区工作直接

---

① 杨华. "制造流动"：乡镇干部人事激励的一个新解释框架. 探索，2020（4）.

面向服务对象，价值实现同情感反馈可以即时获得、直接体验，并不断再生产。不过对情感反馈与价值实现的需求程度、收获情况具有较强的个体性，主要取决于社工本人，且具有一定的可选择性。

社会激励是指社工扮演的社会角色（主要是家庭角色）对其职业角色产生的正向反馈。任何人都同时扮演多重角色，其中职业角色和社会角色是最主要的。一般来说，工作与生活的张力很容易导致角色冲突，角色关系是否容易平衡是个人进行职业选择的重要考量。社工的重要职业优势就是这一职业更有利于平衡角色关系，对那些社会角色任务较重的人来说尤其如此。具体来说，社区工作同机关工作和企业工作相比，其比较优势表现在以下方面：工作强度相对较低，工作节奏周期性明显，往往只是在遇到中心工作时或在特定时间，会出现阶段性工作负荷骤增，比如每年低保年审期间相应岗位工作量较大。当然，遇到突发事件，社区进入应急状态后，工作负荷也会比常规时期骤增。2020年武汉就先后遭遇新冠疫情防控、防汛抗洪以及文明城市复检等不间断的中心工作。但这种情况比较少见。常规时期，社区工作还是比较从容的，社工是具有一定工作自主权的。因此，社工就可以比较好地兼顾家庭事务。这尤其表现在女性群体身上，现代社会的"母职密集化"造成女性职业角色与家庭角色严重冲突①。之所以会有大量女性在职业转型时选择社区工作，就是基于她们对社区工作比较优势的认同。另外，社区工作对社工社会角色的扮演也具有正反馈作用。社工社区工作的对象和工作方式等，与个体的社会生活高度重合，即社区这一工作环境与社工的日常生活环境都是居民小区，社工在社区工作中积累的经验有助于提高其对自身生活和角色扮演的反思能力与应对能力。

在体制激励相对较弱的情况下，自我激励和社会激励产生了替代效应，塑造了社工社区工作的职业形象：跟群众打交道，做琐碎的工作，能够照顾家庭。于是，全国各地普遍出现社区工作者女性化现象。混合式激励也会产生职业筛选作用，那些将体制激励看得比自我激励和社会激励更重要的群体，或者对自我激励与社会激励需求较弱的群体，更容易选择离开。新生代社工中的初次就业群体尚处于职业生涯的起步阶段，大多也还没有组成家庭，尚未面临职业角色与社会角色的冲突，其生命周期的阶段性任务是为职业发展和组建家庭尽可能积累更多的资源。他们自然会更看重体制激励，职业稳定性也就比较差，他们还需要通过试错进行职业选择。职业转型群体就不

---

① 金一虹，杨笛. 教育"拼妈"："家长主义"的盛行与母职再造. 南京社会科学，2015（2）.

同了，该群体大多处于家庭生命周期的关键阶段，养老育小的责任较重，家庭性别分工面临重新抉择。其结果就是女性选择职业转型。社区工作的自我激励和社会激励对这一群体的重要性就高于体制激励。

（2）干部成长

在筛选机制和混合式激励机制的共同作用下，社工职业与社工群体会实现双向匹配。那些喜欢并且善于社交、社会性职业素养较高的群体，能够从社区工作提供的自我激励和社会激励中获得足够的工作动力，成为社工队伍中比较稳定的组成力量。实践中，这个群体主要是通过职业转型进入社区工作的中青年女性。当然，这不是说初次就业群体都会流失，有一些人或者考编制失败，或者产生了职业认同，也会选择留下来。因此，简单说社工"两低一高"、职业稳定性差、吸引力不足，是不准确的。笔者在苏南和珠三角一些城市调研时发现，社工已成为当地年轻大学生初次就业的群体偏好之一。社工职业的社会形象并不差，前文所述的职业优势已得到越来越多的社会认可，社工职业已具备"准白领"的社会地位。当然，其中确有相当一部分人的选择具有明显的机会主义色彩，将社工职业作为进入体制的跳板。总体来看，从社区工作长远发展的需要来看，应该将职业转型群体作为培养社区干部的重点对象。

实践中，社区干部一般是指社区党组织与居委会成员，俗称"两委委员"。两委委员有主职、副职和普通委员,目前社区党组织书记和居委会主任一般实行"一肩挑",副职的设置一般是社区党组织和居委会各1～2名,副书记和副主任可交叉任职,普通委员也大多实行交叉任职。绝大多数城市的社区干部由专职社区工作者构成,通过社区党员和社区居民(或居民代表)选举产生。杭州多年前开始试行居民委员制度,将居委会的1～2个职位开放给社区居民。居民委员的主要职责是联系居民,定时值班,接待群众来访。居民委员可以直接解决群众反映的问题,也可以向社区其他干部和书记主任汇报居民所反映的问题,政府向居民委员发放一定的补贴。深圳曾实行居委会直选,即居委会成员全部从居民中直接选举产生。为保证党的领导,居委会主任由社区党组织书记兼任,副主任负责日常工作,主要就是组织居民开展文体活动和自治活动。社区工作者则进入社区工作站,承接上级政府安排的行政事务。深圳的"居站分设"改革在全国影响较大,被许多城市借鉴,但它们基本只是借鉴了社区工作站的经验,实行居委会直选的几乎没有。从笔者有限的调研经验来看,除深圳、杭州外,全国其他城市的社区干部基本都是从社区工作者成长起来的。

普通社工到社区干部的成长路径是比较清晰的。普通社工成长为社区干部,首先要在社区干事岗位上经过若干年多岗位历练。多岗位一般是指"条线工作"与"社区工作"相结合。

所谓"条线工作",即民政、社保、计生等自上而下下沉到社区的公共服务类工作,而"社区工作"则是党务、群团、文体宣传、环境卫生、综治调解等党群与管理类工作。条线工作具有较强的政策性和专业性,除非出现人员空缺,一般以稳定为主。近年来一些城市推行"AB岗""全科社工",即要求社区干事不仅能够办理本条线业务,还要熟悉其他条线工作,目的是让居民来社区办理相关业务时,可以找任何一位社工,提高办事的便利性。这种做法固然有利于锻炼社工的多方面能力,但也存在一定难度。所以,多岗位历练主要是调整和变换社区工作的分工,比如分管一段时间环境卫生工作后,再去做一段时间的综治调解,目的是锻炼工作能力,使社工熟悉更多的社区工作情况,同时发掘其专长。经过若干年的历练,较为成熟和优秀的社工就可以通过街道的考察,参与社区"两委"选举,若选举成功,就进入社区干部序列。社工进入干部序列后,一般就不再直接负责条线工作,而以分管社区工作为主,并且进入街道办事处的重点培养范围,可以在全街道范围内流动。一般来说,每逢任期届中或换届前,街道都会调整部分社区干部的岗位,调整一般意味着进一步使用或提拔。

从干部的成长阶段来看,社工在社区干事阶段负责条线工作,参与社区工作。此时社工做条线工作主要是与街道办事处对应部门打交道,面对群众时也是照章办事,锻炼的职业素养主要是行政素养；参与社区工作时只是在学习和熟悉群众工作方法，初步培养社会素养。在这个阶段，一名社工是否具备社区工作所需要的社会素养要求，或者其社会素养提升的空间有多大，通过其在社区工作中的表现，基本可以大体判定。社工本人也会对自己的职业素养确立自我认知，进而对职业发展空间形成判断。职业分化就发生在这个时期。在社区干部阶段，社区工作分工就从"参与"升级为"分管、负责"，对社工职业素养中的社会素养要求会大幅提高，同时社工能得到的群众工作锻炼机会也会增加，工作能力会迅速提高。

正如前文所述，对社工来说，社会素养要比行政素养更加重要。要想成为一名优秀的社区干部，社工必须具备较强的社会素养，善于做群众工作。一旦具备了这样的素养，从事社区工作的自我激励和社会激励也会产生更强的激励效应，社工将进入职业黄金期。

### 4. 社区干部培养路径

"政治路线确定以后，干部就是决定的因素。"[1] 实现党中央提出的社区治理现代化目标，需要一大批能够胜任社区治理现代化要求的社区干部。构建更加完善的社区干部激励机制和

---

[1] 毛泽东. 毛泽东选集：第 2 卷. 2 版. 北京：人民出版社，1991：526.

培养机制，应该是社区治理现代化建设的题中应有之义。

城市社区治理体制自 2000 年确立以来，一直深受"过度行政化"的困扰。过度行政化对社区工作的影响是，基层社工将主要精力分配在完成自上而下的行政任务和公共服务上，应对自下而上的居民事务的精力严重不足。其结果是：社区组织缺乏居民的广泛认同，缺乏对居民自治尤其是住宅小区业主自治的有效介入，社区组织几乎"悬浮"于基层社会之上；基层社工疲于应付各类行政事务，但由于职业成就感和居民认同度低，产生了不同程度的职业倦怠，混合式激励中的自我激励效应和社会激励效应无法充分发挥，体制激励不足的负面影响被放大，在一定程度上影响了社工的职业忠诚度；基层社工陷入行政事务，无法深度介入和参与居民自治尤其是业主自治，也就难以得到充分的群众工作锻炼，其职业素养中的社会素养的提升也就受到制约，进而影响了社区干部的培养和选拔。

因此，构建适应社区治理现代化要求的干部激励机制和培养机制，就不能仅从提高待遇、拓展职业发展空间等体制激励措施入手。此举治标不治本，且治标的短期效果也会很快被抵消。社工对体制激励的预期只会越来越高，直到触及"天花板"，届时治标方面也将无计可施。关键是要找到治本之策。治本之策，一破一立，相辅相成，缺一不可。

"破"就是"行政精简"，而非"去行政化"。多年来，各地一直在推进社区"去行政化"改革，但效果一直不理想，根本原因在于行政属性已构成社区组织属性之一，行政素养也是社工应具备的基本职业素养，"行政化"无法"去"掉。现实策略是精简社区承担的行政任务和公共服务职能，将街道办事处和社区作为基层治理共同体，对二者的职能分工进行统筹优化乃至重置，尤其是通过强化街道办事处的治理能力与公共服务能力，减轻社区一级的行政负担，将社区从烦冗的行政事务中适度解脱出来，使其将主要工作放在更能发挥其优势的居民自治事务上。

"破"的同时，要做好"立"的改革。过去一些地方在实施"去行政化"改革后，居委会被"边缘化"了，其原因就在于没有找到介入居民自治事务的有效路径。当前，社区居民自治最重要的领域是住宅小区管理，建立在物权法律体系基础上的业主自治是其具体实现形式。但一直以来，业主自治都陷入陌生人社会的"结构性困境"中，仅靠业主群体自身的力量难以克服普遍存在的"搭便车"问题，更难以建立集体行动成功所必需的"选择性激励机制"。对于社区组织有效介入业主自治的形式，笔者称之为"催化合作"，即社区组织承担奥斯特罗姆意义上的社会合作"催化者"角色。催化作用的发挥，关键在于识别和发现业主群体中的关键群体，将其动员出来，并为其提供有效激励和保护。按照集体行动理论，关键群体是集体行动得以成功的关键力量，关键群体发挥作用的前提是能够得到有效的激励，并在积极性受挫时能够得到保护。陌生人社会难以内生出选择性激励，容易造成关键群体因激励失效而退出。社区组织的优势在于，能够提供比陌生人社会更稳定、更有效的激励与保护。

实现催化合作需要社工做扎实的群众工作。在现代都市社会里，市民生活的独立性、私密性高，以频繁、亲密的面对面互动为特点的传统群众工作方法不再适用。群众工作方式必须转型，社工的群众工作能力也面临新挑战。老一代甚至中生代社工善于做群众工作，这与当时仍然处于单位制的时代环境有关，即单位内相对紧密的人际关系和生活方式，为社工做群众工作提供了客观上的便利条件。新生代社工必须适应现代社会和居民生活特点，创新群众工作方式。对新生代社区干部的培养，也应该重点锻炼其催化业主合作的能力。具体而言，就是要熟悉居民，将积极的关键群体识别出来，动员他们承担业主合作的组织者角色，在必要的时候为其提供激励和保护。以关键群体识别为例，传统的群众工作几乎可以做到熟悉群众的全部人格信息，比如家庭与工作情况、个人兴趣爱好、脾气秉性、社会关系等。现在居民的隐私意识增强，社工很难再去掌握群众的全部人格信息，熟悉群众只掌握其关键人格信息就可以了。关键人格信息就是影响社会合作的信息，比如其是否有公益心、是否具备担当社会合作组织者所需要的专业技能、是否遵守社区公共规则等，社工通过关键信息基本可以将关键群体识别出来。

在业主自治事务上发挥催化合作作用，就是说现在的社区工作和社工的群众工作不能平均用力，四面出击，而应抓住主要矛盾，有所侧重，从而起到四两拨千斤的效果。住宅小区管理是居民关切度最高的事务，社工若能够做好这件事情，就能够获得居民的认可，社工工作的自我激励和社会激励也就可以为其提供超过体制激励的工作动力和价值。再加上适度充实体制激励措施，就可以建立起比较完善的职业激励体系。如此一来，社工干部也能不断成长和涌现，社区治理就能实现正向循环。

# 第六章
## 社区治理现代化：定位与路径

本章是对全书论述的主要议题的总结性讨论，包括社区治理、党建引领和社区自治三大议题，回应的核心问题是，中国式社区的治理现代化应该如何实现。

社区治理现代化是国家治理现代化的基础组成部分。社区治理要在城市社会系统和国家治理体系中锚定方位，其承担着接应国家治理任务和回应社区内生需求的双重功能，是国家政权建设和社区自我完善双重动力机制共同形塑的产物。社区治理存在的问题是，治理任务下沉同治理资源配置严重失衡，社区回应能力弱化和缺乏有效的社区资源链接机制。社区治理现代化应遵循扁平化和简约化路径，构建能够有效响应社区需求的街居治理体系，吸纳积极分子促成社会合作，实现接应国家治理任务和回应社区内生需求双重功能的均衡。

党建引领社区治理现代化，关键是精准对接社区治理的实际问题。社区治理面临的主要现实挑战是社区自主治理能力弱和治理体系协作效率低，严重制约社区组织群众办好小事的能力。在此基础上，本书提出党建引领机制的两个维度：一是提升组织力，通过基层党组织催化群众合作，提高社区自主治理能力；二是强化领导力，通过基层党组织优化治理体系、提高协作效率，提高社区问题解决能力。基层党建同社区治理现代化精准对接、相互促进，不断巩固社区作为国家治理基本单元和基层党组织战斗堡垒的战略地位。

业主自治本质上是业主通过合作实现小区公共事务治理的过程，实践中却陷入多重困境。业主构成的陌生人社会，无法内生出有效的选择性激励，反而出现社会激励的严重不对称，这是业主自发合作难以达成的内在机制。破解业主自治困境，最现实的路径是发挥社区基层组织的催化作用；通过组织催化合作，实现基层组织对业主自治事务的有限介入和有效支持，最终激活业主的主体性，促成业主自治的有效实现。

## 一、社区治理现代化

### 1. 现代化命题

2017 年，中共中央、国务院颁布的《中共中央 国务院关于加强和完善城乡社区治理的意见》提出："坚持以基层党组织建设为关键、政府治理为主导、居民需求为导向、改革创新为动力,健全体系、整合资源、增强能力,完善城乡社区治理体制。"这是新中国历史上第一份关于社区治理的纲领性文件,为社区治理现代化建设明确了方向。

进入 21 世纪以来,我国城市社区治理体制最深刻的变革是从"街居制"向"社区制"转型。"社区制"的内涵可从两个层面理解:一是"社区"一般被认为是建立在地缘认同基础上的社会生活共同体;二是"多元共治"格局,也就是以社区基层党组织和居委会为核心,包括社区居民、社会组织、市场力量等多元力量在内,共同构成的治理结构。不过,上述变革似乎还很难说已经完成。一方面,社区显然距离"社会共同体"还比较远,社区居民之间更像是"互不相关的邻里",而非具有情感和精神认同的亲密"共同体"。另一方面,社区治理中的多元主体协同治理能力并不理想,社区"行政化"愈演愈烈,"去行政化"改革效果并不明显。"共治"未成还表现为所谓的多元主体在社区治理中的嵌入性不强,居民对社区事务的参与度持续走低。居民中的积极分子虽然参与度较高,却存在"精英替代"风险。近年来各地政府力推的社区社会组织,在实践中也大多只起到"锦上添花"的点缀作用,很难有实质性参与。曾被寄予厚望的业主自治也普遍陷入实践困境,"小区善治"状况非但没有出现,反而出现物业纠纷愈演愈烈趋势。上述社区治理状况,是探讨社区治理现代化的基本前提。

社区治理现代化的未来图景，也大致从上述两个层面展开。从社会共同体建设的层面来看，通过密切社会交往、缔结社会联结等构建以居住空间为载体的生活共同体，被认为是社区温度高低的决定力量和衡量城市治理的关键[1]；将分散的个体组织起来，改变社区的碎片化状况，从而在国家与个体之间建立组织化的中介，也是实现社会管理的前提和基础。从社区治理结构重塑的层面来看，扩大居民参与、培育社会组织、破除社区的"过度行政化"，进而实现"共建共治共享"，已成学界共识。与此同时，在缩小社区自治单元基础上探索更多"微自治"的可能性，实现治理单元和社区主体在社会服务、居民自治和社区协商等层面的动态匹配，也被认为是社区治理创新的新的空间。

综观学界既有研究，可以做以下三点讨论：一是社区治理现状，特别是对当前困境的讨论已经非常充分。不过，有两个方面尚需反思。其一是共同体建设难见效果，究竟是方法不对、力度不够还是这本身就只是学理上的某种"乌托邦"？若从实现社区善治的目标来衡量，现代社会的个体是否需要

---

[1] 刘建军. 社区中国：通过社区巩固国家治理之基. 上海大学学报（社会科学版），2016，33（6）.

"组织化"或"整合"到"共同体"的强度？其二是社区"去行政化"效果不彰甚至出现种种意外后果，是否表明这本就不应作为社区治理改革的目标？行政性是否已经成为我国社区基层组织的组织属性的一部分？二是社区治理的未来。学界关于这方面的讨论其背后都是对社区治理理想状况的"应然性"关照。若前述反思可以成立的话，那么自然要重新思考这一问题。"社区"是深嵌于整个国家治理体系中的，现有研究大多将其从体系中割裂出来，作为具有独立性和完整性的对象来讨论，有的甚至着意追求国家权力的退出。然而，我们必须面对和接受这样一个现实："治理重心下沉"不仅是长期以来的客观现实，而且作为政策目标将形塑未来的社区治理形态。因此，我们更加需要将社区治理现代化纳入整个治理体系变革中考量。三是当前研究对形塑社区治理变革的内在动力机制缺乏足够的分析，大多从"国家/社会"的"强/弱"角度进行解释，尚未深入探讨其内在机制。只有厘定内在机制，我们才能更加有的放矢地讨论社区治理现代化的实现路径问题。

本部分将要讨论的主要问题是，在重新认识社区治理现状的基础上，探讨社区治理在整个国家治理体系中的功能定位，辨析形塑并将继续影响社区治理变革的双重动力机制，进而提出社区治理现代化的可能实现路径。

## 2. 功能定位：接应国家与回应社会

（1）系统视域中的社区与社区治理

社区治理研究中存在一种"实体论"，把社区视为完整独立的社会空间，据此探讨社会共同体的可能性[①]。同样，社区治理体系也被视为完整独立的体系，是一个不应被国家权力干预的社会力量的自主运作空间。从现实经验来看，"实体论"可能会误导我们对社区和社区治理的认识。笔者以为，认识社区和社区治理的起点，是将其还原到城市社会系统和国家治理体系中，恰切厘定社区治理的功能定位。

社区是城市社会空间系统的组成单元之一。社区空间与城市社会空间的关系是非常紧密的。从实体要素来看，社区空间通过水、电、路、网等市政公用设施同整个城市系统高度"链合"为一体；从功能要素来看，社区所承担的居住和部分生活功能，同整个城市所提供的完整功能相辅相成。社区能够提供生活需求中的居住和部分社交休闲功能，居民大多数的生活需求需要借助超社区的生活圈和整个城市系统来满足，其中城市公共空间是最主要的社交、休闲场所。从居民城市化生活方式的主观意愿来看，私密且自由本就是城市生活的内在优

---

[①] 仇叶. 实体主义与关系主义视角下社区治理研究的分殊与融合. 南京农业大学学报（社会科学版），2016，16（1）.

越性。这内含了对居住空间过于亲密化的拒斥和对城市公共空间的亲和。居民所需要的社会交往的亲密情感满足和社会资本支持,并不主要依赖社区地缘关系提供,而是通过超社区的亲缘、业缘和趣缘群体实现。社区的有限性,决定了其"共同体化"的难度。当下的城市社区或者居住小区动辄数千上万人,这本就超出了形成共同体所必需的社会互动的合理规模。社区的有限性也决定了社区治理的内生需求和内在动力。社区治理并不一定要将构建社会共同体作为核心目标,并据此设计操作方案和配置资源,而是应聚焦于回应居民对社区的有限需求。

社区治理体系是国家治理体系的末端组成部分。社区治理体系是国家治理体系在社区这个新生城市社会空间的自然延伸,而并非完全由社区内在治理需求生发而成,这就决定了其天然同国家治理体系高度"链合"在一起。一方面,作为国家治理体系的末端组成部分,社区治理所要承担的治理功能并非完全来自内在需求,仅靠社区中的社会力量自发行动不可能完成;另一方面,社区的有限性使得社区治理事务同超社区的城市系统高度关联,这些事务的超社区性决定了社区治理必然要频繁同国家治理体系打交道,社区治理主体要通过"链接"相应的治理资源回应内生需求。

在系统视域中考察社区治理的功能定位,很容易发现其"双重性",即社区治理既要接应国家治理目标在社区层面的达成,又要有效回应社会内生需求，实现社区善治。接应国家和回应社会是不可分割、相辅相成的关系。接应国家治理要求，有助于提高社区回应社会内生需求的能力，但若过度也会对后者产生消极影响。回应社会内生需求，有助于国家治理目标的达成，但若抛开国家治理体系，很多内生需求仅凭社区根本无法回应。

（2）接应国家的治理要求

国家治理要求大致可以分为四个方面：一是基础信息传递；二是社会管理；三是公共服务递送；四是重大任务完成。

基础信息传递是社区作为国家和居民之间沟通桥梁的基本功能。一方面，社区要将法律法规、惠民政策等国家治理信息传递给居民；另一方面，国家治理复杂的社会，也需要及时全面准确地掌握社情民意，这是国家基础认证能力的重要组成部分。近年来，每逢重大事务，如重大节事活动、文明城市创建等，居民知晓率都成为社区最重要的考核要求之一。同时，国家也在通过"民情日记""大走访"等方式，推动社区工作人员乃至政府公务人员，主动走街入户，收集居民的诉求信息，辖区内的信息报送也成为社区日常工作任务量最大的内容之一。

社会管理最主要的职能是化解社区矛盾纠纷。"小事不出村（社区）、大事不出镇（街道）、矛盾不上交（化解在基层）"的"枫桥经验"便是对社区矛盾化解职能的经典概括。近年来包括垃圾分类等在内的社区环境卫生工作也越来越多。

此外，社区社会管理还有一项重要的应急管理职能，也就是在发生重大突发公共事件，如"非典"、台风等紧急情况时，协助政府和应急管理部门做好灾情摸底、社会稳定等应急措施的落实工作，保障紧急事态下社区秩序的稳定。

公共服务递送是社区常规工作中占比最大的内容，也是居民同社区打交道的最主要的渠道。绝大多数居民到社区办事，就是办理小孩上学和申领低保、领取老人福利等，社区中的民政、人社、计生等公共服务相对集中的条线自然最为繁忙。此外，社区还要通过开展居家养老、社区文化建设等方式，提高社区居民的公共服务获得感。

重大任务完成同日常工作一起构成社区接应国家治理要求的内容。所谓重大任务，主要是重大节事活动、各种城市创建活动、重大突发事件等。重大任务的特点是时间紧、任务重，多采取运动式治理方式，具有高度的政治性和综合性。社区治理面临的重要挑战之一，便是近年来重大任务越来越多。

（3）回应社会的内生需求

社会内生需求大致可以分为两个方面：一是居民对由国家提供的公共服务的需求；二是居民对社区生活秩序的需求。社会内生需求最显著的特点，是社会多元化带来的居民需求的个性化和差异化。而社区对居民需求的回应能力，则既取决于社区"链接"资源的能力，还依赖于社区组织居民实现社会合作的能力。

　　社区在国家公共服务供给与居民需求之间发挥着关键性的对接作用。首先，要能够准确识别居民需求，特别是要在差异化的需求中准确区分出哪些属于国家公共服务供给范围，防止公共服务"泛福利化"。其次，要能够将公共服务资源准确递送至目标对象，防止出现目标偏移，防止出现"会哭的孩子有奶吃"。近年来，地方政府更加倾向于将越来越多的公共服务外包给专业社会组织，由它们供给，试图借此弥补政府直接供给服务的不足。然而，从实践效果来看，社区居民所需的基础性服务其专业化程度并不高，由专业社会组织供给反而会出现供给成本增加、供给效果不佳的问题。社区基层组织具有在地化的信息优势，能够更好地掌握和识别目标人群及其需求类别，是更加合适的供给主体。

　　社区回应社会内生需求最重要的方面，是居民对社区良性秩序的需要。所谓社区良性秩序，主要是与居民日常生活有关的社会秩序，它直接关系到居民在社区中的居住与生活品质，往往与社区中频繁发生的日常性小事有关。这些事务的特点是体量不大，但发生频率和重复性很高，很难根绝。居民对社区的生活需求非常有限，但这种需求的有限性反而会放大这些事务的消极影响。因此，社区小事并不小。这些小事发生在陌生化的社会空间中，体量小但数量多，这就使得通过国家治理体系中的正式执法力量直接介入成本高且效率低。因此，执法力量一般采取消极执法策略。在有物业管理的小区，这些事务主要由物业公司负责。但是，由于业主同物业公司间的特殊关系，加上物业公司并不具备执法资格，所以物业公司很难对社区中的不当行为采取有效的措施。这个由生活化小事构成的治理空间，恰恰是社区自治的领域。社区自治，是指居民自我组织起来，自主管理社区中的小规模公共事务。从本质上看，社区自治便是社会合作，是分散且陌生的居民围绕共同利益达成集体行动，约束不当行为，营造宜居环境。社区自治解决的是国家办不了、办不好或办起来不经济的小事。但是，完全依赖社会自发合作是不现实的，特别是在一个高密度的陌生人社区中，合作成本之高完全可以将绝大多数集体行动扼杀在萌芽之中。社区基层组织的作用由此凸显出来，其在社区的社会合作中要发挥体制性的催化作用。当然，社区的有限性决定了其对很多事务的化解必须依赖超社区的治理体系。因此，在催化社会合作的基础上，社区应通过"链接"治理资源，与社会合作相辅相成，共同促成社区良性社会秩序的建立。

### 3. 双重动力机制与半正式治理体系

（1）双重动力机制

在社区治理体制的形成与演变中，有自上而下和自下而上两种动力机制在发挥作用。自上而下的动力机制即国家政权建设，国家将现代治理体系延伸到基层社会。自下而上的动力机制可以称为社区建设，这里所说的"社区建设"并非政府主导的社区共同体建设，而是指社区基层组织自觉且自主地组织与动员基层社会力量，并将其吸纳到社区治理体系中。在既有研究中，这样一个双重动力机制一般被简化为"国家-社会"关系的解释范式。这种解释范式遮蔽了实践本身的复杂性。国家政权建设确实意味着现代国家权力向基层社会的延伸，但这种延伸在某种程度上是"自我克制"的。社区基层组织"不得不"通过动员和吸纳基层社会力量来补充和完善社区治理体系，以接应国家治理任务和回应社区内生需求。"不得不"意味着社区基层组织的被动性和权宜性，其背后却是国家的有意为之，是简约治理传统的自然延续。经过长期的历史实践，国家"自我克制"与社区"自我完善"的双重动力因素已然成为社区治理体系的内在基因，社区基层组织的这种行为的被动性和权宜性也就转变为主动和自觉的行动逻辑。

国家政权建设及其"自我克制"的表现，可以归结为任务要求硬约束与组织建设软约束。任务要求硬约束，就是国家治理要求下沉后，社区基层组织必须要完成相应任务，这是硬要求。但是，社区基层组织始终没有演变为正式科层体系，其所拥有的权力和资源也长期不足，即国家并没有在不断提高治理任务要求时，彻底改变基层组织的组织属性。社区基层组织在法律上仍然属于群众自治组织，而非行政组织，它虽具有基层政权的性质，却并不属于基层政权。随着国家治理任务不断增加，社区行政化问题日益加剧，最典型的就是社区工作人员的职业化。尽管如此，国家仍然没有选择将基层组织正式化。"居站分设"[①]等化解上述矛盾的措施，既可以被视为权宜策略，也未尝不是有意为之，即国家通过日益严苛的控编控岗控制权力体系的蔓延。现在，"治理下沉"已经成为国家治理现代化建设的明确目标和现实实践，社区基层组织承担的国家治理任务仍会持续强化，但社区基层组织的正式化建设仍然没有质的改变。

　　国家政权建设的"自我克制"，造成社区治理体系必然面临"责权利层级不对称"的问题。治理责任、权力和资源分配在治理体系层级间分配不均衡，最基层的社区只能寻找非正式的权力和资源，以补充和完善自身，以便完成高强度的治理任务。而社区最方便调用的资源，无疑就是社会力量。在国家政权建设之初，发掘和动员居民积极分子，便是社区治理体系建

---

[①] "居站分设"的实践模式有两大类：一类是社区工作站与居委会分设，两个组织两套人马；另一类是"两块牌子一套人马"。后者的策略性色彩更加明显。但无论是否分设，社区工作人员的身份属性都没有发生质的改变，他们仍然不属于"公务员"或"事业编"这种正式的国家公务人员。

设最主要的方式。随着治理任务的增加，国家启动社区基层组织工作人员的职业化建设。职业化带来社区工作人员的"去社区化"，即社区工作者的职住分离，这必然会影响社区基层组织同本社区居民的互动，以及互动所积累的信息资源、情面资源等治理资源。因此，社区自我完善的动力非但没有消退，反而持续存在。社区仍然需要通过吸纳社会力量，形成一个由职业化社区工作者主导、居民积极分子辅助的主辅结合的混合性社区治理结构。依靠社会力量和社会性资源，社区治理才能更好地接应国家治理任务中那些必须与居民直接打交道却又不适合采用正式治理规则的工作，也才能更好地回应社区中小型公共事务的合作需要。社区自我完善的实现，需要社区基层组织在治理实践中同社区居民广泛打交道。打交道的途径主要有两种：第一种是在接应和完成国家治理任务的过程中，熟识社区和居民，发掘和吸纳积极分子。社区基层组织必须面对的现实是，大多数居民不办事是不会主动同社区打交道的，因而接应国家治理任务，尤其是供给公共服务，正是社区同居民打交道的制度化渠道。第二种是在回应社区内生需求的过程中，熟识社区和居民，发掘和吸纳积极分子。调解居民矛盾纠纷、组织居民开展小规模公共事务合作，都是回应内生需求的工作。通过这些工作，社区更容易了解社区居民的需求、居民合作的难点和优势，以及居民分化，从而真正积累社会资源，可持续地、有针对性地回应居民的诉求。

"自我克制"的国家政权建设同自我完善的社区建设合力塑造了社区治理体系的样态。社区治理体系不能简单归结为"行政性"或"自治性",因为从其接应国家治理任务来看,它确实有"行政性"的一面,但确实又不是行政体系的一部分。从其自身的组成力量和吸纳的社会资源来看,其同正式行政体系的差异更加明显。在这个意义上,社区治理体系兼具"行政性"和"自治性"双重属性,它确实延续了基层"简约治理"和基层组织"半正式性"的悠久历史传统。

(2) 半正式治理体系及其困境

"行政化"或者"自治不足"都不足以揭示社区治理的深层困境。作为双重动力机制合力形塑的产物,"混合性""半正式性"已成为社区治理体系的内在属性,而对组织纯度的过度偏好很可能会误导我们对实践本身的恰切理解。

衡量社区治理体系是否有效的关键,是其接应国家治理任务和回应社会内生需求这两个功能的实现程度。国家出于进行政权建设考虑会给社区配置一定的治理权力和资源,同时社区通过自我完善也会补充辅助性的社会性资源,从而社区治理就能合理"链接"和配置两类资源完成双重功能。随着近年来国家治理重心下沉力度不断加大,社会多元化和复杂化程度进一步增强,以及一些地方采用不适当的改革措施,社区治理陷入多重困境。这些困境择要来说有以下三点：

一是国家治理任务下沉与治理权力和资源配置不匹配问题日益突出。不断增加的公共服务供给、不断提高的社会管理要求以及日渐增多的重大治理任务，都在明显加重社区治理体系的任务负担，特别是其中存在相当多的不合理任务。但是，在控编控岗的刚性约束下，社区基层组织的规模长期受限，国家直接配置给社区基层组织的治理权力和资源严重滞后于任务下沉现状。合理的责权利不对称有助于激发基层治理的活力，发挥简约治理的优势。但这种不对称若过于失衡，则会产生消极后果。典型表现就是社区基层组织疲于应付国家治理任务，缺乏对社区内生需求的回应，应付上级任务甚至成为基层组织回避社区居民和社区需求的理由。

二是社区自我完善和社区需求回应能力严重弱化。社区自我完善依赖于社区基层组织同社区和社区居民的有效互动。接应国家治理任务固然有互动的内容，但过多完成这些任务却会减少基层组织通过回应社区需求同居民互动的机会。仅靠前一种形式的互动，社区基层组织只能掌握社区的部分情况，只能发现和动员起那些愿意配合社区工作的积极分子，却不能真正掌握社区内生需求的全面情况，不能掌握社区社会合作的痛点、难点和优势，更不能识别和发现那些能够在社区社会合作中发挥良性作用的积极分子，社区自我完善也就是不完整的，其回应社区内生需求的能力就会受到削弱。

三是社区治理资源"链接"机制尚未有效形成。社区治理资源"链接"的对象，主要是拥有正式治理权力或资源的基层政府和职能部门，以及社区内的社会力量。问题是，首先，社区自我完善能力的弱化制约了基层组织对社区社会力量的动员。其次，基层政府和职能部门对社区事务的介入与支持依然严重不足，这尤其表现为其对社区内生公共事务的回避，如执法力量几乎不主动介入对社区内部日常违法违规事件的处置。正式治理权力在社区日常治理中的不在场甚至刻意回避，已经成为制约社区有效治理的重要因素。最后，一些地方推动的"居站分设"、引入专业社会组织等改革措施，反而造成意外后果，即造成社区治理体系的组织复杂化，本来应该集中的稀缺治理资源被稀释，组织间的协调协作成本高昂，使得任何一方都难以有效整合和"链接"资源，无法集中力量办大事。

### 4. 实现路径

社区治理现代化，终究要看社区是否能大致均衡和有效地实现接应国家治理要求与回应社区内生需求的功能。二者不可割裂，更不能相互否定。偏执一端的"去行政化"脱离了社区治理需求本就是国家治理体系组成部分的现实，可能切断社区基层组织同社区居民的制度化互动渠道，削弱社区"链接"国家治理权力和资源的能力，也会损害社区回应内生需求的能力。过度且不对称的"治理重心下沉"，则会减少社区基层组织直接参与内生公共事务合作的机会，削弱社区治理体系自我完善的能力，进一步加剧社区治理体系的治理资源紧缺问题，也会损害其接应国家治理要求的能力。因此，应该探索一条兼具统筹性和辩证性的社区治理现代化实现路径。

（1）扁平化：街居治理体系优化路径

基层治理体系除了社区外，还有重要的一级，即街道。街道办事处尽管只是区政府派出机构，但已经俨然成为一级政府。政府职能部门在街道的派驻机构，掌握着行政执法权，是街道治理体系的重要组成部分。街道治理体系长期面临"条块矛盾"，即街道办事处承担着属地管理责任，但解决问题的行政权力却掌握在条线部门手中，条块之间协作不畅问题一直存在。随着治理重心下沉，矛盾更加突出。与此同时，街道治理体系也出现了比社区更加严重的机构臃肿膨胀的问题。《中共中央关于深化党和国家机构改革的决定》提出，要构建简约高效的基层管理体制，明确要求"整合基层的审批、服务、执法等方面力量，统筹机构编制资源，整合相关职能设立综合性机构，实行扁平化和网格化管理"。"扁平化"要求切中了街道治理体系的要害。从街道层面来讲，扁平化就是减少治理体系内部的层级关系，整合条块关系，从而减少体系内部的协作成本，进而提高治理体系的反应能力和行动效率。

本书将街道与社区所形成的治理体系称为"街居治理共同体"，简单来说就是：街道在资源硬约束下，需要依赖社区在调动社会性资源上的优势完成治理任务。社区在化解内部问题时，也需要街道正式治理权力和资源的支持。街居双方会因应不同类别的治理事务进行梯度化的行动策略安排。离开街道治理体系的支持，社区回应内生需求的能力将大为弱化，仅仅依靠将居民组织起来进行合作，实行纯粹的居民自治，是远远不够的。因此，国家政权建设不仅要推动街道治理体系的优化，还要在街道与社区之间构建扁平化的协作共治体系，尤其是提高街道治理体系响应社区治理需要的效率。

街道和社区构成了更为完整的治理体系。"完整"是指这个体系同时拥有基层治理必不可少的正式与非正式两大治理资源，街道和社区只要高效配合和协作，就能够取得较好的治理效果。街居治理体系的优化，同样要遵循扁平化原则。对扁平化体系的优化，不需要纠缠究竟是"指导与被指导"还是"领导与被领导"的名义关系问题，而是应重点围绕提高治理实践中二者之间"接应与响应"的协作效率推进治理机制变革。实现街居治理体系的扁平化要从以下两方面着手：一是密切双方的信息互通，关键是提高街道主动递送信息和采集信息的意识与能力。密切信息互通是街居治理协作的基础，责任主体在街道。街道既要改变仅通过开会、发通知来自上而下递送信息的方式，也要改变仅通过要求社区上报报表材料来自下而上采集信息的方式，要更多地直接"下沉"到社区一线，缩短信息传递链条，提高信息互通效率。二是提高街道响应效率。在优化街道治理体系的基础上，街道应该更加积极地回应社区寻求支持的诉求，改变目前比较消极的介入策略，更多介入社区日常疑难险重治理事务的处置全过程，使其掌握的正式治理权力和治理资源更多、更直接地为解决居民问题、回应居民诉求服务。这也是提高社区回应内生需求能力的重要方式。上述两个方面，都旨在解决街道一级行动策略过于科层化、官僚化的问题。街道是科层组织，但不能陷入官僚化。街居治理体系优化服务于社区治理能力的提高，并终将提高包括街道在内的基层组织机构的治理能力。

（2）简约化：社区治理体系建构路径

简约化是社区通过自我完善优化社区治理体系所应遵循的路径。日益繁重的治理任务，需要一个由职业化群体构成的社区治理力量来接应。但社区治理仅仅依靠职业化的社区力量仍显不足，因为其回应社区内生需求的能力仍严重受限，因此社区治理体系的自我完善仍然必不可少。但自我完善不能变成社区治理体系的臃肿化和复杂化，其只有严守简约化原则，才能保证对基层社会的灵敏感知和快速应变。况且，在资源的硬约束下，社区也无法支撑一个臃肿复杂的治理体系的运行。也就是说，要建立一个简约化的社区治理结构。

治理结构简约化就是在维持一个相对精简的职业化社区工作者队伍的基础上，将更有效的社会力量吸纳进治理体系。学界的共识是通过扩大社会参与来提高社区治理能力。但泛泛地讲扩大参与意义不大，关键是要形成有效参与。有效参与并不追求社会参与的广泛性，特别是居民直接参与的广泛性。广泛参与既无可能也无必要，大多数居民必然要专注于本职工作和私人生活。只有少数人具备参与条件，他们有时间、有精力，更有能力，尤其是具备公共精神。这样的人俗称"积极分子"。积极分子更加熟识社区情况，他们的参与不仅仅是为表达个人诉求，更主要的是为表达他人诉求和公共诉求。积极分子可以作为大多数普通居民实现社区参与的媒介，普通居民的诉求完全可以通过积极分子表达出来。当然这并不排斥普通居民通过其他方式表达个人诉求。积极分子被吸纳进社区治理体系后，可以作为社区基层组织的重要助手，协助完成国家治理任务。更重要的是，社区基层组织可以通过他们激活更多居民在社区小规模公共事务上的合作。积极分子的积极作为，可在一定程度上分担集体行动的合作成本，带动"沉默的大多数"，约束以搭便车者为代表的少数消极分子，从而提高社会合作的可能性。将积极分子吸纳进治理体系同样要注意简约化原则：首先是不追求积极分子的数量，而更重视其质量。积极分子的质量才是保障有效参与的前提。高质量的积极分子不一定是社区精英，但其真正具备参与条件，能够真正嵌入在基层社会之中，熟识社情民意，而不是脱离群众、脱嵌于基层社会、只是配合社区应付上级任务的人。其次是治理结构要简单。一些研究认为应该使社区自治单元下沉，在楼栋、小区等更低层级建立自治组织。笔者以为，这会使社区治理的层级结构变复杂，并不一定有利。实际上，楼栋等小尺度的自治单元并不一定要组织化，只要形成一支有力的积极分子队伍，在发生需要合作的事务时，依靠他们实现合作，事务处理后复归原位即可，这样仍可维持一个比较简单的社区治理结构。

社区治理体系简约化要解决的主要问题，是促成社会合作从而更有效回应社区内生需求。构建吸纳积极分子的简约化路径要比构建共同体更容易实现，后者是要将陌生化、原子化的社会重新整合起来，正如前文所述，这对"有限社区"来说，难度极高。吸纳积极分子促成社会合作，就是将社会中的少数群体识别和动员起来，通过他们的有效参与，在一定程度上替代普通居民日常化的广泛参与。普通居民的参与可以单纯化为具体事务的合作，这种合作不追求建立稳定和持续存在的自治组织，而是由稳定的积极分子群体来代替这种组织建设。社区基层组织作为积极分子群体的体制支撑,通过"链接"相关资源,为积极分子促成居民合作提供支持。这样就可以在比较精简的社区治理体系下,实现社区内各种类型、各种层次的小规模事务的简约化合作治理,而无须专门建立各种合作组织,增加组织运行成本和协作成本。

这样一来,社区基层组织要做的,就是在与社区的密切互动中,将真正的积极分子识别出来,并将其吸纳到社区治理体系中,然后给予积极分子组织化的保障与激励以带动社会合作,使其能够可持续地积极下去。

## 5. 现代化愿景

我国正在经历规模空前的快速城镇化,城市治理的重要性势必随着"乡村中国"向"城市中国"的转型而日益凸显。通过社区治理体系和治理能力的现代化实现社区善治,是国家治理现代化的内在要求,也是实现"城市让生活更美好"的保障。

谈及社区治理现代化,我们不能将"社区"割裂和孤立起来,就社区谈社区。社区的有限性,决定了必须要在城市社会系统和国家治理体系的系统视域中锚定社区治理的方位。社区治理现代化,并不是构筑在社会共同体的理想云层之上,而必须扎根于现代社会甚至后现代社会不可逆的原子化、陌生化的现实土壤中。社区治理现代化，也不应拘泥于社区自给自足、自我循环的理念预设，而要正视国家治理重心下沉的必然趋势。因此，社区治理现代化具有双重功能定位，即实现接应国家治理要求和回应社区内生需求的均衡。社区治理体系也同样受双重动力机制影响。国家政权建设，特别是治理重心下沉，不应简单理解为国家权力的扩张与渗透。从对社区治理体系的影响来看，硬任务约束与软组织建设是同时存在的，国家在对社区治理体系的科层化、正式化改造上始终是自我克制的。同时，社区治理体系也一直存在自我完善机制，通过吸纳社区积极分子等社会力量和社会资源来接应国家治理任务和回应社区内生需求，这就形塑出兼具行政性和自治性的混合性与半正式性的治理体系。需要正视的是，社区治理也出现了治理任务与治理资源严重错配、回应能力不足和缺乏有效资源"链接"机制的问题，制约了社区治理双重功能的有效实现。社区治理现代化，便是要解决上述问题，扁平化和简约化便是现代化路径的可行选择。

社区治理现代化或许是这样一种可能：国家政权建设持续推进，在治理重心下沉的同时，构建出能够有效响应社区需求的扁平化的街居治理体系，并通过社区治理体系的自我完善，使真正的居民积极分子被识别和吸纳到治理体系中来，他们的有效参与能够在社区内各种小规模公共事务上促成普通居民的合作,并在社区有效"链接"相关治理资源,特别是在街居治理体系积极响应的基础上,实现社区内生活小事的及时解决和国家治理任务的完成。

## 二、党建引领

### 1. 把政党带回来

社区治理现代化,就是继续创新和完善社区治理体制,使其更加适应"乡土中国"向"城市中国"的历史转型,更加适应国家治理现代化的新要求,更加适应人民群众对美好生活的向往。

正如本书一再强调的,中国特色的城市社区治理体制,尤其体现在两个方面:一是社区规模和社会结构的特点。我国的城市社区容纳了全世界最多的城市人口,截至2022年底,我国城镇常住人口已达9.2亿,远超所有发达国家,而且我国仍处于快速城镇化的过程中,城镇人口规模还将继续扩大。与之相关的是,城市社区数量也在不断增加,以社区居委会建制数来衡量,到2017年这一数字已超10万,并且还在逐年增长。这使得我国城市社区的治理规模和体量无比巨大。同时,我国城市的居住模式以高密度集合式居住为主,这也不同于发达国家主流的低密度独立式居住,使得单体社区的人口规模都在数千人乃至上万人，居民陌生化程度高，日常生活引发的社区治理问题数量多，但社会自发合作能力极弱。二是社区治理体制的独特性。首先，我国社区居民自治体系具有很强的国家政权建设色彩，不同于西方国家纯粹内生且自主性较高的社区自治。其次，中国共产党的组织体系延伸到社区中，政党基层组织构成社区治理体系的核心力量。这一点更为本质，更为重要。然而，国内社区治理研究多囿于西方治理理论的影响，有意无意忽视了上述特点。许多研究预设国家权力应该退出基层社会，并对所谓的公民社会抱有不切实际的期待，将社会能力弱归咎于国家权力过于强势，认为唯有国家退出，公民社会才能生长，社区自治才能实现，而枉顾高密度集合式居住形成的陌生人社区实现自发合作的现实困境，也缺乏对该理论隐含意识形态预设的警惕。不能准确认识社区治理特别是社区自治的问题症结所在，又错会了理论工具，自然难以提出有针对性的解决方案。这些研究受"国家-社会"关系、多中心治理理论和社会资本理论的影响，"忽视执政党作为最重要行动主体的现实，以致无法真正解释现实的基层治理"[1]。要认识和解决中国问题，不能脱离中国的实际，我们需要将社区特点和基层党

---

[1] 孙柏瑛，邓顺平．以执政党为核心的基层社会治理机制研究．教学与研究，2015（1）．

组织纳入研究框架，在此基础上探讨社区治理现代化问题。

在政府推动社区治理现代化的同时，党中央也对新时代的基层党建做出新的重大部署。首先，明确了基层党组织在基层治理中的领导地位。党的十九大明确提出基层党组织要"领导基层治理"，习近平总书记特别强调基层党组织"要强化政治引领，发挥党的群众工作优势和党员先锋模范作用，引领基层各类组织自觉贯彻党的主张，确保基层治理正确方向"[1]。最新颁布的《中国共产党支部工作条例（试行）》对社区党支部重点任务的要求也明确做出了相关规定："全面领导隶属本社区的各类组织和各项工作，围绕巩固党在城市执政基础、增进群众福祉开展工作，领导基层社会治理，组织整合辖区资源，服务社区群众、维护和谐稳定、建设美好家园。"党的二十大进一步强调"健全基层党组织领导的基层群众自治机制"，"加强城市社区党建工作，推进以党建引领基层治理"。其次，提出了基层党组织建设的主要要求，重点是提升组织力，突出政治功能，构建党组织统一领导、各类组织积极协同、广大群众广泛参与的基层治理体系。学界目前的相关研究，大多采用"吸纳－嵌入"的分析框架，探讨政党与社会之间的关系及其对基层治理的影响。归结起来，体制吸纳表现为代议性吸

---

[1] 习近平.在全国组织工作会议上的讲话.当代党员，2018（19）.

纳、商议性吸纳、机构性吸纳、精英性吸纳，以及吸纳社会资源和利益诉求等形式；组织嵌入社会则主要通过组织覆盖与资源整合、动员公职党员和老年党员、创制公共规则、供给公共服务等方式实现。近来，一些学者开始关注党组织引领作用的实现机制，有学者将价值引领同组织嵌入和体制吸纳共同作为政党整合基层治理的机制，另有学者则认为政党对基层社会治理的影响已经从"嵌入吸纳制"向"服务引领制"转型[1]，或从"嵌入式引领"向"兜底式服务"转变[2]，"一核多元"的治理格局正向"一核多能"的服务创新治理格局发展[3]。

不过，既有研究或多或少过于强调"党建"，而忽视了对社区治理的分析，即更关注如何实现党的基层组织建设目标，至于这些目标与社区治理是否契合，特别是能否有助于社区治理问题的解决，进而促进社区治理的完善，则欠缺相应分析。需要注意的是，"党建"并不是目的本身，目的是服务和服从于构建一个更加契合国家治理和社会需要、更能增进人民福祉的基层治理体系。否则，脱离社区治理现实和需要的党建，就

---

[1] 刘伟. 从"嵌入吸纳制"到"服务引领制"：中国共产党基层社会治理的体制转型与路径选择. 行政论坛, 2017, 24（5）.

[2] 蒋源. 吸纳式服务：基层党组织在社会治理转型中的一个过渡机制. 社会主义研究, 2016（5）.

[3] 曹海军. 党建引领下的社区治理和服务创新. 政治学研究, 2018（1）.

可能出现"表面的繁荣",甚至适得其反,即党的建设变成基层的形式主义任务和负担,不能为社区治理带来实实在在的助益。在这个意义上,基层党建必须与社区治理实现"精准对接",要将党建逻辑与社区治理逻辑有机结合起来。精准对接和有机结合的前提,是准确识别当下社区治理存在的主要问题或面临的主要挑战,在此基础上再来探讨基层党组织的组织优势如何发挥,以真正促进社区治理的不断创新与完善。基于这个思路,本书将辨析社区治理同国家治理的功能分工,指出社区治理现代化的核心,尝试提出基层党组织引领社区治理的实现机制。

### 2. 现实挑战:小事办不好

#### (1) 国家"办大事"与社区"办小事"

社区治理是国家治理的基础组成部分,但社区治理体系及其功能并非国家治理体系和功能的简单延伸。按照潘维的划分,国家治理体系可以分为两个层次:一是宏观政治生活层面的科层体系(行政组织),其功能是管理国家公共事务大事;二是微观社会生活层面的扁平组织,即基层群众自治体系(基层组织),其功能则是治理居民生活空间中发生的公共事务小事。若执政党连接并统合两层治理体系,科层体系和自治体系良性运转,相辅相成,执政党的执政基础就能够充分实现其社会领导权[①]。我国国家治理体系的优势在于，国家既能以超强的资源动员能力和政令执行能力，集中力量办好大事，也能通过基层党组织密切联系群众，将群众动员和组织起来，办好身边的小事。

科层体系能够应对大事，有时却不适合治理小事。科层体系的组织特性决定了其擅长处理标准化、格式化和普遍性的事务，而且科层体系内在的组织惰性使其感应社会的灵敏度相对较弱。中国共产党的政党组织体系具有内在的超越科层制的组织优势："全心全意为人民服务"的执政理念督促党组织要对人民群众的诉求保持足够的敏感，"从群众中来，到群众中去"的群众工作方法更是有助于构建跨越科层边界直接与群众对接的联系机制和主动深入群众的"逆向政治参与"机制。党的基层组织便是实践联系机制和逆向政治参与机制的最主要力量，是习近平总书记所说的"党的肌体的'神经末梢'"[②]和"战斗堡垒"。这也为社区治理体系办好小事奠定了基础。小事是群众日常生活中发生的事件，具有日常性、琐碎性、重复性和不规则性的特点，无法通过"规则之治"一揽子解决。在社区中，所谓小事就是楼上楼下漏水、噪声扰民、住改商、违章搭

---

① 潘维. 当前"国家治理"的核心任务. 人民论坛，2014（13）.
② 习近平. 在全国组织工作会议上的讲话. 北京：人民出版社，2018：13.

建、宠物饲养、高空抛物等鸡毛蒜皮的事情。这些事情确实不大，却直接关系到人民群众在社区中的生活质量。小事不小：一方面小事若不能得到及时有效的解决，就会积累成大事；另一方面，小事解决不好，直接影响人民群众对党和政府执政能力的认可度，动摇党的执政基础。

社区办好小事，将群众动员和组织起来，实现公共事务的自主治理是基础，科层体系响应和支持是保障。没有群众的有效合作，鸡毛蒜皮的小事就都要由政府包揽，其可能耗费的巨大治理成本难以想象。更重要的是，科层体系直接去办小事，效率必然低下，办不了、办不好或办起来不经济。但是，完全依靠群众合作，实现所谓纯粹的居民自治，也不可能解决所有问题。城市社区的特点是自足性很弱，而其与整个城市系统的关联性很强，这使得很多问题的发生并非完全由社区内生因素导致，所以其解决方法也必须有外部力量的支持。比如居民生活中的水、电、气、路等公用设施是市政体系的组成部分，出了问题自然需要相关运营机构和职能部门介入，而小区中的违章搭建、住改商等问题，涉及行政规划权、审批权等，同样离不开行政体系的介入。社区治理要解决的关键问题，就是一方面能够将群众组织起来实现自主治理，另一方面能够及时获得科层体系的响应与支持。基层党组织拥有做群众工作和超越科层组织的组织优势。党建引领社区治理的主要内容，就是将组织优势转化为良好的群众合作和自主治理以及科层体系的高效响应，也就是社区治理体系治理能力的提升。这样便能办好小事，增进群众福祉，巩固党的执政基础。

（2）小事办不好

社区治理面临的现实挑战是，其办小事的能力同群众对美好生活的期待相比还很不相称。快速的城镇化和社会变迁使社区治理规模不断扩大，社区治理面临的问题日益增多。随着居民收入水平的提高和居住方式的改变，人民群众对社区居住质量和生活品质的要求越来越高，加上住房已然成为城市居民最主要的家庭财产，这些都进一步提高了居民的权利意识。社区中的小事越来越多，社会矛盾纠纷，特别是物业管理纠纷也是随之增多，甚至有愈演愈烈的趋势。近年来由此引发的群体事件甚至暴力对抗事件屡屡见诸报端。更值得警惕的是，以业主自治和业主维权行动为代表的居民自主治理存在失控风险：一些小区的业委会利用业主无法监督而国家监察体系又未覆盖业主自治组织的漏洞，侵占小区公共财产，严重损害业主合法权益，透支小区自我修复和自我存续的资源基础；一些活跃分子通过煽动普通业主组织各种形式的集体行动向基层政府施加压力以谋取私利，扰乱政府工作秩序和社会稳定；甚至还出现了一些专门"指导"业主维权的所谓民间维权人士，他们有意误导业主同物业公司和政府对抗以实现利益最大化，一些维权人士则暗中同其他物业公司等结成利益同盟，通过煽动业主更换物业公司而谋利。小事办不好，引发大问题。究其根源，是社区治理体系未能及时办好小事，未能将矛盾纠纷化解在平时，致使矛盾累积和纠纷扩大化，也未能将社区治理秩序控驭在正常轨道上，使其被各种消极力量或破坏力量诱导而误入歧途。

小事办不好，首先是因为社区自主治理能力存在问题，核心是群众动员和合作问题。前文已述，社区社会结构的特点是高密度集合式居住组成的陌生人社会。陌生人社会缺乏内生的社会资本，社会信任度比较低，这使得能够促成集体行动的"选择性激励"难以内生出来。而根据奥尔森的集体行动理论，通过选择性激励对少数成员给予奖励或制裁，是集体行动得以可能实现的关键[1]。高密度意味着社会成员数量众多，而合作的前提是利益一致性，且合作收益高于合作成本。社会成员数量太多，则利益分化比利益一致更加常见，实现所有或者多数成员的合作成本太高，更加需要有人做出贡献，个体化地分担部分合作成本，并对搭便车者和破坏者予以约束和制裁，然而社区内生的选择性激励机制的不足决定了这一点很难实现。正是上述两个特点，使得依靠社会自我动员和群众自

---

[1] 奥尔森. 集体行动的逻辑. 陈郁，郭宇峰，李崇新，译. 上海：格致出版社，1995.

发合作，往往出现这样的结果：数量较少的积极分子挺身而出，却很容易因激励不足而难以持续；同样数量较少的消极分子或破坏分子却因社会约束和制裁不足，持续"搭便车"甚至破坏合作；数量最多的普通居民则保持沉默和相对消极，对公共事务参与不足。这样，积极有效的合作难以达成，社区自主治理能力自然不足。其次是行政体系响应效率低下，表现在对待社区自主治理事务上进退失据，要么过度介入而直接包办代替，要么平常消极介入，只在自主治理失灵后应急介入，却疲于应付。响应效率低下，充分暴露了科层组织直接应对小事时的组织缺陷：组织惰性使其对事情的发生和演变缺乏足够的敏感，而"不诉不理"和"不出事逻辑"进一步加剧了这一问题。客观上，基层科层体系的资源紧缺和权力碎片化，也为其消极响应提供了合理借口。响应效率低下，使得本应在萌芽状态被及时处理的事务不断累积。比如城管执法部门长期奉行"城管不进小区"的消极执法态度，使得违章搭建不断积累，工商等部门对住改商行为的放纵则加剧了社区矛盾的复杂化，等等。

社区治理出现的问题，表明基层党组织的组织力和领导力有所弱化。从实践来看，基层党建往往停留在"组织覆盖"和"仪式化参与"上："组织覆盖"尽管实现了党的组织体系对基层社会的充分渗透，但在提升组织体系的组织能力上相对滞后;"仪式化参与"表现为党员的党内生活和组织活动变成了同社区具体治理事务脱节的形式任务,在职党员到社区报到后参加的活动也多为与社区党员一起捡垃圾的类似的周期性志愿活动,但在参与社区实际治理工作,特别是在疑难险重问题的解决上却难以发挥实质作用,甚至一些党员刻意隐匿身份,乃至不交物业费等。组织力不足,导致群众自我动员失序,消极力量甚至破坏力量取代积极健康力量,主导了业主自治等群众合作事务,有的社区群众自治组织甚至被外部力量诱入歧途。领导力不足,导致科层体系的组织缺陷得不到有效控制,基层组织同社区自主治理脱节,基层有限的治理资源和治理权力得不到有效整合和优化配置,效率低下。因此,完善社区治理,实现社区治理现代化,就是有效解决社区治理面临的主要问题,而核心是提升基层党组织的组织力和领导力。这正是中央要求基层组织建设要以提升组织力为重点,突出政治引领的重要意义之所在。

### 3. 催化合作:以组织力提升自治能力

(1)催化合作的内涵及意义

在社区治理中,基层党组织的组织力就是将群众组织起来达成合作,办好小事。组织群众,是基层党组织发挥作用的关键。组织群众和动员群众是一体的,一直以来都是中国共产党的独特优势，是群众工作的重要组成部分。实践中，基层党组织的群众动员效果并不理想：在单位制延续下来的老旧社区中，表现为放弃动员，由政府和基层组织代替群众包办社区所有事务；在新型商品房社区中，表现为无法动员，基本处于放任状态。出现这种情况，实质上是因为基层党组织在群众自治中没有找到恰当的定位，以致进退失据。

笔者将基层党组织在群众自治和自主治理中的作用定位为催化作用。催化合作是基层党组织对群众自治的有限介入和柔性介入。催化机制由关键少数的动员机制、公共规则生产机制和应急事务救济机制组成，旨在提升和保障群众自发的合作能力，实现对社区小型公共事务的有效治理。催化作用的有限性即适度介入，是相对于基层组织的过度干预和消极干预而言的。过度干预也就是前文所述的组织替代合作，在群众自治的具体事务上以包办代替，没有放手发动群众，没有激发群众的主体性和积极性。消极干预恰恰相反，是在群众自治的常规事务治理中无所作为，只能疲于应付自治失灵的紧急事务，只能救火而不会防火。有限和适度的介入，是指基层党组织通过对群众中关键少数的动员和激励，通过对他们的高度组织化来带动多数普通群众实现合作。基层组织除积极参与公共规则生产和进行应急事务救济外，不介入群众自治的具体事务，而是将之开放给自治组织。催化作用的柔性介入，是指在社区治理资源有限的前提下，基层党组织主要依靠人情面子和公共荣誉等柔性资源实现对关键少数的选择性激励，其参与公共规则生产的方式也主要依靠常态化宣传、情理法交融的说服教育等柔性群众工作方法来实现，而引入行政权力和执法力量实施硬制裁只作为补充和辅助手段。

动员关键少数是由动员手段和动员对象的变化共同决定的。无论是革命时期还是计划经济时期，党组织掌握的可以激励群众的动员资源都比较丰富，比如革命时期有翻身解放的实质利益和政治效益，计划经济时期则有福利分配的实质利益和政治荣誉等资源。目前，这些动员资源要么已经失去，要么难以在当下的社会发挥效力，这使得动员规模必然受限。社会变迁使得群众分化程度空前加深，大多数居民特别是在职中青年人的生活重心在家庭和工作，客观上无法深度参与社区公共事务。而社会分化带来的利益诉求多样化进一步加剧了这种状况。但是，社会中总是存在一些或出于外向热情的个人性格，或出于自我实现的内在需求，或出于对个人利益更加敏感等各种内在动因而产生的潜在活跃群体。在动员资源有限的情况下，将潜在活跃群体准确识别出来并予以选择性激励，是比动员全部群众和追求广泛参与更为现实可行的选择。

公共规则生产旨在塑造社区正义。一个治理有效的社区，必然是风清气正、能够不断产生正能量的社区。将公共规则注入群众自治中，塑造社区正义，既有助于矛盾纠纷化解和公共事务治理，也能为关键少数中的积极分子提供陌生人社会稀缺的正向社会激励，使其可持续地积极下去，同时还能约束和制裁消极分子或破坏分子的行为。基层党组织参与和主导公共规则生产，是发挥党组织政治引领功能的必然要求，也是我国社区作为陌生人社会实现善治的必然要求。

应急事务救济则是应对群众自治失灵不可或缺的重要机制。实践是复杂的，再有效的群众自治都不可能将所有问题在平时解决，况且提升基层党组织组织力和群众自主治理能力必然需要一个过程。在这个过程中，更加需要基层组织在社区治理出现紧急事件时及时出手，这样既可以确保群众的正常生活秩序不陷入混乱，也可以防止社区事务扩大化，蔓延到社区之外，引发社会不稳定。

（2）催化机制的主要内容

①关键少数的动员机制。它包括识别机制和选择性激励机制两个部分。识别机制就是将群众中的关键少数同普通多数区别开来，将关键少数中的积极力量同消极力量、破坏力量区别开来。积极力量就是有热情、有公心又有能力的群众，消极力量或破坏力量则是活跃却缺乏公心、有一定能力的群众。关键少数不一定是社区精英，社区精英也不一定都是积极力量。除了在普通群众中识别关键少数外，大量的在职党员和退休党员

也是可以动员的重要资源。准确识别关键少数是群众动员的前提和基础，准确识别的前提则是基层党组织熟识社区群众。熟识方式就是践行群众路线，把每一项社区工作都变成结识和熟悉群众的机会，把每一次服务和解决问题都变成积累人情面子等社会性动员资源的机会。选择性激励机制就是在陌生人社会内生激励不足的情况下，通过动用人情面子等社会性资源和基于公共荣誉等资源，对积极力量予以正向激励，由他们构成群众自治的中坚力量，带动群众中的普通多数实现合作。选择性激励还包括对消极和破坏力量的约束和制裁，以及在积极力量遭受非议、误解时及时通过澄清事实、维护权威等方式予以保护。关键少数的动员机制，实际上就是党的基层组织将积极力量从群众中动员出来，然后将其稳定地输送到群众合作事务中的过程。

②公共规则生产机制。它包括常态化的规则宣传和特殊事件的规则宣示两个部分。所谓公共规则，既包括与群众办小事直接相关的《民法典》《物业管理条例》《城市居民委员会组织法》等成文法和《业主公约》《业主大会议事规则》等自治规则构成的硬规则，也包括有助于选择性激励实现的社会舆论等软规则。常态化的规则宣传，是指基层组织将公共规则特别是硬规则的普及作为日常重点工作：一是面向全体群众的直接宣传；二是将规则学习纳入组织生活、社区会议等，通过对

党员、居民代表、关键少数进行宣传，再由他们向群众间接宣传。特殊事件的规则宣示，就是在有居民做出违反规则的行为、破坏社区治理秩序时，基层党组织同群众自治组织一起，对不当行为人和事件进行公开处理，以宣示规则效力，同时进行规则宣传。同时，基层党组织要善于利用社区公共空间和微信群、QQ 群等传播手段，积极参与社区公共舆论的生产和引导。

③应急事务救济机制。它主要包括日常合作危机的化解和自治失灵的救济两个部分。合作危机事件主要发生在新型商品房社区中，主要是些仅靠业主自治体系和物业管理体系难以自我化解的矛盾纠纷。比如围绕小区某项设施设备维修责任的划分问题，物业方坚持属于大修范围，应该动用维修资金，业主方则坚持应由物业方从物业费和经营收入中支取。这类纠纷往往因为直接涉及双方切身利益，而难以妥协。基层组织的优势在于其在小区中不存在直接利益，身份相对比较超脱，客观上具备仲裁纠纷的中立地位。基层组织要及时介入，搭建利益协商平台，促成纠纷化解。只要日常合作危机能够得到及时化解，双方关系就能得到修复而不至于破裂，日常合作危机就不容易积累和扩大化到难以挽回的程度。相应地，自治失灵则是合作破裂到难以修复的程度：一是商品房社区中的业委会遭遇业主的普遍质疑，业主要求进行业委会重组；二是商品房社区中物业方和业主方的合作关系彻底破

裂,物业方主动撤出,或者业主方要求更换物业;三是商品房社区和老旧社区中都可能出现的,社区问题过于复杂,仅靠社区自身力量难以解决。一般来说,出现上述三种紧急情况时,基层党组织和居委会都已经无法靠社区力量应对,其恰当处置措施是尽早发现危机爆发苗头,及时上报信息,寻求政府行政力量的介入。这就牵涉到后文要讨论的科层体系响应效率问题了。基层党组织的作用是,发挥领导核心作用,确保大局稳定,防止各方做出过激行动,同时充分激活其识别和动员起来的积极力量,准确全面收集相关信息,为行政力量介入提供决策参考,并为组织重组、秩序恢复做好准备。

### 4. 优化协作:以领导力提升治理能力

(1)主辅协作及其优化

在社区治理体系中,基层党组织、居委会、业委会、物业公司、关键少数居民等构成了主要的组织架构,其中基层党组织发挥核心领导作用。除此之外,社区治理中还存在其他治理主体,并且需要其他治理主体的支持。本书第一章将社区治理体系的组织架构和运作逻辑概括为"主辅结构"与"主辅协作机制",以便更为准确地揭示不同治理主体在实践中的实然关系样态。"主辅协作"不同于"多元共治"。后者预设多元主体的均质化和平等化的治理效能,既不符合治理实践,也忽视了基层党组织在社区治理中的独特地位。"主辅协作"也不同于"一核多元"。后者把"社区"实体化为一个完整独立的治理单元，将社区治理体系同城市治理体系割裂开来，忽视了超社区力量对社区治理所具有的特殊意义。"主辅协作"是指基层党组织和居委会构成的社区基层组织作为核心主体同其他治理主体形成的主导-辅助协作关系。基层组织的核心作用是由我国的政治制度决定的。多元主体的客观存在并不意味着，也不可能形成多中心治理主体，主体的多元化必将导致"社区碎片化"问题[1]，而基层组织的核心和主导地位正可以通过整合碎片形成治理合力。社区基层组织处于治理体系最末端，治理资源稀缺，且没有行政权力，规则制定权也很小。社区要办好群众的小事，更需要集中有限资源并进行优化配置。社区治理体系中的其他主体，则需要在基层组织的统筹下，积极响应社区需要，予以资源、权力和规则供给的支持，协力办好群众的小事。基层党组织具备做群众工作和超越科层组织边界的组织优势，在采集群众诉求、发现社区需要并释放求援信号上行动能力更强，是优化主辅协作关系、提高治理体系响应能力的主要力量。这也是提升基层党组织政治领导力的必然要求。

---

[1] 李强，葛天任. 社区的碎片化：Y 市社区建设与城市社会治理的实证研究. 学术界，2013（12）.

主辅协作关系包括横向和纵向两个维度。横向关系是指基层组织同社区范围内其他治理主体的关系。社区内的其他治理主体主要是业委会、物业公司、社会组织、辖区单位等，它们是社区治理中的直接主体。当然其实际作用有大小之别，参与程度有高低之分。业委会、物业公司的作用前文已述，社会组织和辖区单位主要起补充作用，且效用有限。尽管这些年各地政府大力推动购买服务，引入专业社会组织进入社区服务群众，但其所供给的服务只能起到锦上添花的效果，很难嵌入社区疑难险重事务的治理中，且存在泛福利化、效率损失等各种问题。辖区单位的作用通过"区域化党建"有所加强，但从实践效果来看，它们最多提供资源支持，很难发挥更大作用。客观上，辖区单位的工作性质同社区迥然相异，二者基本上是各自独立运转的体系，辖区单位不可能熟悉社区情况，自然很难实质性嵌入社区治理中。不过，当二者在空间利用等事务上发生矛盾纠纷时，确实要更强调讲政治讲大局，避免狭隘的部门利益掣肘社区治理。横向关系中还有一种，即社区同在职党员所在单位（主要是机关事业单位）的关系。在职党员的组织关系和组织生活都在工作单位。这些年许多地方在建立在职党员"双报到"制度，要求在职党员向居住社区所在党组织报到，并参与社区活动。在职党员是社区治理中非常重要的资源，一直以来没有很好地激活。"双报到"制度意欲解决这个问题，但实践效果并不理想。在职党员向社区报到变成简单的参与社区志愿活动。在业主自治、社区矛盾纠纷化解等治理事务中，多数人仍然是隐身的。如何真正激活在职党员，是横向主辅协作关系中亟须解决的问题。

纵向关系是指治理体系中的层级关系，尤其是社区基层组织与街道办事处和政府职能部门的关系，也就是社区同基层行政组织的关系。基层行政组织是同基层社会和群众最接近的权力机构。一直以来，责权利层级不对称在基层表现尤甚。随着"治理重心下沉"成为国家治理现代化的重要战略部署，这一状况正在改善：基层行政组织的治理资源和治理权力正在不断充实和强化。社区治理体系同基层行政组织构成了一个相对完整的"街居治理共同体"，二者的协作关系对社区治理效能影响极大。然而，行政组织能否克服组织惰性，及时响应社区需求，仍然需要进一步考察。基于上述分析，笔者将基层党组织在推动社区主辅协作关系完善中的作用，定位为"优化协作"。优化协作，就是将其他治理主体对社区治理的协助作用发挥到最优，使其能够弥补社区基层组织治理资源和治理权力不足的缺陷，通过高效率的响应协助社区基层组织及时解决社区中依靠群众自治解决不了的问题。

（2）主要优化内容

①横向关系优化的主要内容。与群众自治有关的前文已有

讨论，不再赘述。对于同辖区单位的关系优化，笔者认为空间不大，不宜寄予太高期望，辖区单位能够在开放资源和资源支持上有所贡献已经足够了。关键是在激活在职党员这支社区治理潜在积极力量上，社区党组织与单位党组织的关系亟须优化①。要尽快深化"双报到""亮明身份"制度，探索在职党员实质性参与社区治理的方式，并建立与"双报到""亮明身份"制度相匹配的"双考评"制度，探索党员管理和纪律约束机制在社区和单位的衔接机制。具体而言，首先要将党员"亮明身份"制度落到实处，提高社区居民对党员群体的知晓率。其次，要加大在职党员发挥关键少数作用的力度。考虑到在职党员都有本职工作，参与社区事务的时间和精力必然有限，可以着重发挥其在业主自治中的顾问、咨询和政治把控作用，引导业主自治沿着正确方向发展。可以着重发挥其在社区重大矛盾纠纷化解中的协商谈判和矛盾调处作用。最后，加快建立社区党组织和单位党组织党建工作衔接机制，重点完善针对在职党员激励与纪律约束的考评机制，考评内容的重点是在职党员作

---

① 本书所说的在职党员主要是指机关事业单位中的具有国家公职身份的党员，特别是党员领导干部。具有公职身份的党员，理应承担更多公共责任，党员领导干部更是要在"亮明身份"和积极参与群众自治上率先垂范。激活在职党员，应首先从激活这部分党员，特别是党员领导干部入手，从而更容易在社区和党组织间建立顺畅的党建协作机制。

为关键少数所发挥的作用，以及在社区重大矛盾纠纷事件中的政治表现，以减少参与志愿活动等容易流于形式的社区参与要求。关键是要将社区党组织对在职党员的考评落到实处，提高其在党员综合考评中的权重。

②纵向关系优化的主要内容。借鉴北京"街乡吹哨、部门报到"党建引领基层治理创新的经验，完善现有网格管理体系，提高"社区吹哨、政府响应"的协作效率。具体而言，一是要进一步畅通社区诉求传递渠道。网格管理体系既要发挥收集群众诉求、发现社区问题的作用，还要增加发现社区困难、帮助社区解决问题的功能，要将网格管理体系建设成畅通社区公共问题和公共诉求表达的新渠道，使区街两级政府机构及时掌握社区治理的重难点问题，提高响应社区诉求的精准程度。二是要打通行政力量，尤其是行政执法力量要直接介入社区治理的"最后一公里"，将社区和街面公共空间同时作为城市综合执法的重点区域。行政执法力量进社区，重点是解决社会内生制裁力量和社区基层组织约束能力"双弱"的问题，通过行政执法力量制裁和矫正社区中少数居民不当行为对社区秩序造成的破坏，给予社区公共规则硬支撑，给规则武装上"牙齿"，让违法违规行为真正付出代价。三是要加快完善针对社区内破坏公共秩序、损害公共利益的不当行为的法律规则和制裁机制，尤其是对业主不当行为的制裁和对业委会成员的监督

监察机制。尽快将业主交纳物业费等纳入社会征信体系，提高少数业主"搭便车"的机会成本。探索建立覆盖业委会的财务审计制度和业委会成员离任审计制度。业委会及其成员，虽然不具有公职身份，但其工作性质却具有公共性，不应继续游离于公共审计体系之外。此外，要探索建立小区工程项目招投标制度，切断利益输送链条。

党建引领社区治理现代化已经成为我国城市社区治理的重要现实，将决定社区治理现代化的方向和效果。党建引领社区治理，不是简单地用党建逻辑取代治理逻辑，也不是抽象的形式主义口号，更不能高高在上，而只能是与解决具体问题相对接，这样引领作用才能落地生根，党的建设才能与社区治理现代化相互促进，强化社区作为国家治理基本单元的功能，强化基层党组织的战斗堡垒作用。本书结合对社区治理面临的主要现实挑战的分析，将党建引领机制的落实区分为组织力和领导力两个方面，分别探讨了其催化群众合作和优化组织协作的作用机制，希望能够为相关研究和实务操作提供一些思考。我国正处于快速城镇化过程中，城市社区治理现代化任重道远，如何更好地发挥党建引领作用，既是理论问题，也是实践问题。相信在这场治理现代化的历史实践中，终将生长出具有中国特色的城市社区治理理论。

## 三、自治融合

### 1. 业主自治三大事务

商品房小区这个新型社会空间的生活秩序如何形成？之所以引入新型社会空间这个概念，是因为：首先，居民拥有了住房产权。住房几乎成为普通城市家庭最重要的财产，住房的经济权益及其衍生的居住权益、生活权益必然激发出维护权益的行动，这已成为当下城市社会最活跃的社会现象之一。其次，房地产开发模式和小区规划设计模式催生了独特的居住模式，形成了高密度集合式居住的小型陌生人社会。这同大多数发达国家低密度独立式居住构成的社会空间有巨大差异。最典型的是高密度居住产生的高度复杂化的相邻关系，以及高密度陌生人聚集带来的合作难题。最后，这个新型社会空间也成为新型治理空间。市场化物业管理和业主自治制度塑造的治理空间，同既有的以居民自治制度为核心的城市基层治理体系如何衔接，成为我国城市社区治理面临的主要挑战。

业主自治的本质，是业主通过合作实现对小区公共事务的治理。业主自治实现与否，取决于业主合作的集体行动能否达成。考察业主自治或者说业主合作，必须注意两个基本现实条件的约束：一是业主合作发生在一个高密度集合式居住形成的陌生人社会中，数量众多、分化明显而又处于原子状态的个体如何能够达成合作？这是我们必须要回答的问题，目前这方面的研究还比较薄弱。二是业主自治发生在一个给定的城市社区治理体系中，这是一个多元治理主体并存的治理空间，业主自治不可能脱离社区治理体系独立运转，那么业主自治如何与社区治理体系（特别是社区居民自治组织）衔接？或者说社区治理体系在业主自治中发挥什么作用？其作用机制又是什么？

按照《民法典·物权编》的规定，业主自治是业主所享有的建筑物区分所有权的实现形式。业主通过自愿合作，组成自治组织——业主大会负责整个住宅小区的管理、使用、维护和经营事务。出于管理上的需要，业主大会通常设立常设执行机构，即业委会[①]，并选举合意的代理人——业委会委员——执行业主大会决议，负责常规事务的处理。业委会的组建、换届、罢免以及选聘物业公司、动用住宅专项维修资金等重大事务必须经由业主大会决议，常规事务则一般由业委会直接决策和实施，只是必须按规定向全体业主公示。依据法律规定，政府部门和基层群众自治组织并不介入业主自治的日常运行，只

---

[①] 当然，法律也规定，业主数量较少的可自行决定不成立业委会，直接由全体业主行使业主大会和业委会职责。一些地方还规定，业主数量较多的，可以成立业主代表大会。

在业委会组建、换届等重大事务中负有指导、筹备等职责，以及在业主自治失序或者出现重大突发事件时进行应急处置，以确保居民的正常生活秩序和社会稳定。也就是说，业主自治的实现，大致来说，主要取决于三大类事务能否得到有效处理：一是重大事务，二是常规事务，三是应急事务。从目前的实践情况来看，上述三大类事务中的业主自治状况都存在一些问题。

（1）重大事务合作困境

重大事务的特点是数量不多，但牵涉面广，往往是涉及全体业主利益的事项，有的还是决定业主自治能否实现的事项。重大事务又可大致分为两类，一类是组织问题，另一类是决策问题。

组织问题是业主自治组织，主要是业委会的成立、换届、罢免等问题。组织问题事关业主自治组织的命运，是业主自治能否实现的基础。组织问题主要表现为首次业主大会召开难、业委会成立难、业委会换届选举成本高和业委会罢免难。召开首次业主大会和成立业委会，是实现业主自治的第一步。只有完成这一步，才能正式结束前期物业管理时期，小区事务管理权才能真正转移到全体业主手中，业主自治才能正式开始。现行法律对该事项有具体规定，首次业主大会召开必须满足若干要件。各地物业管理法规的具体规定虽存在差异，但不外乎小区交付时间和入住率两条[①]。由于相关信息掌握在开发商和前期物业公司手中，法律规定其有义务向街道办事处（或乡镇人民政府）和主管部门报备，由后者负责筹备，当然业主也有权向政府部门提出书面申请。这就使得业委会成立受限于四重因素：是否满足法律要件；掌握信息的开发商或物业公司是否主动报备；政府部门是否主动筹备；业主是否有主观意愿。这些先决条件使得业主自治启动的不确定性非常大。罢免业委会是另一个非常重要的组织问题。某种意义上，罢免业委会是业主行使监督权的最后手段：在常规监督无效的情况下，业委会非经重组不能使业主自治重回正轨。但是，按照现行法律，重组的组织成本也很高，一般都要经过20%的业主联名同意，并向政府部门申请。这往往意味着要实现数百户业主的合作，再加上要准备房产证明、身份证明等各种证明材料，时间和物质成本使得罢免很难实现。当然，这个门槛也有其合理性，可以一定程度上遏制少数业主出于私利而扰乱业主自治秩序的行为。

---

[①] 比如，《湖北省物业服务和管理条例》的规定是满足下列条件之一：（1）交付的房屋专有部分面积达到建筑物总面积百分之五十的；（2）交付的房屋套数达到总套数百分之五十的；（3）自首位业主入住之日起满两年且已入住户数比例达到百分之二十的。而《武汉市物业管理条例》的规定则是满足下列条件之一：（1）交付的房屋专有部分面积达到建筑物总面积百分之五十以上的；（2）首次交付房屋专有部分之日起满两年且交付的房屋专有部分面积达到建筑物总面积百分之二十以上的；（3）交付的房屋套数达到总套数百分之五十以上的。

决策问题是业主自治中又一非常棘手的问题。《民法典》修改了《物权法》对业主共同决定事项的要求，旨在降低决策门槛。《民法典》将业主共同决定事项增加为9项，增设业主会议法定最低人数限制，要求所有事项均应当由专有部分面积占比2/3以上的业主且人数占比2/3以上的业主参与表决，即"双2/3"。降低门槛表现为将表决规则中的"全体业主"更改为"参与表决人员"，绝对多数由原"双2/3"降为"双1/2"（即双2/3的双3/4同意），简单多数由原"双过半"降为"双1/3"（即双2/3的双过半同意）。但新规也挤压了原规定留下的灵活空间，实践中并不一定真正取得降低决策成本的效果，反而可能适得其反。随着小区建成时间的推移，设施设备老化问题日益严重，维修甚至换新事务会增加，需要绝对多数表决的决策事项也会增加。但从实践来看，有两个问题严重制约着决策的达成：一是责任划分，即该事项是否属于重大事项，实质上就是该事项是应该动用业主的维修资金还是由物业公司从物业收费中列支。对该问题的意见分歧往往成为物业纠纷爆发的重要导火索，业主自然普遍倾向少用甚至不用维修资金。二是多数表决的操作难题。业主数量众多，即便是同一事项也会存在利益分化，在此基础上实现多数业主合意达成的成本之高可想而知。

重大事务合作的困境，会带来两个直接后果：一是组织问题严重影响业主维权和自治效果。业委会组建不成,则业主维权缺乏组织,集体行动能力必然很弱,合法权益难以得到有效维护;业委会重组不成,业主丧失对业委会的最后监督权,代理人失控风险会直接损害业主的合法权益。二是决策问题造成小区重大问题无法及时有效解决,不仅直接影响全体居民的居住品质和生活秩序,而且很容易激化物业矛盾,导致纠纷刚性化,业主自治陷入失序。

(2) 常规事务合作困境

常规事务合作是业主自治中占比最大的内容。常规事务合作,解决的是居民在小区居住和生活中发生得最频繁的事务,是业主、业委会、物业管理方之间围绕物业服务管理互动最多的领域。常规事务如果能够得到及时有效的处理,就能够保障居民的居住品质和生活秩序,也能够一定程度上延续小区的使用寿命,甚至提升房产的价值,更不会导致矛盾积累和扩大化。但是,从实践来看,常规阶段的业主自治却暴露出四大风险。

①监督不足和代理人失控风险。在常规阶段,在不涉及重大事务决策的情况下,小区日常事务基本由业主大会的执行机构——业委会决策和实施,这就存在一个明显的不对称结构:少数行动能力强的业委会委员对数量众多但行动能力弱的业主。由于精力有限和信息不对称,业主很难全面掌握常规事务决策和实施的全部情况,而业主的原子化和分散性进一步放大

了这种难度，这就使得业主难以对业委会的日常工作进行主动且有效的监督。在这种情况下，具有代理人属性的业委会就有足够的可能性寻租，而物业管理方也很容易通过利益输送同业委会结盟。严重时，业委会甚至可以在动用维修资金等重大事务决策中通过各种手段达到牟利目的，以致过度透支维修资金等，造成难以挽回的损失。业主监督不足造成的代理人失控，会极大地打击甚至瓦解业主的效能感，加上前文所述的重组成本高昂，造成业主自治解体且难以重建。

②激励不足和逆向淘汰风险。监督不足是指业主难以制约"作恶"的业委会；激励不足则相反，是指业主难以给"为善"的业委会正向激励，却可能给那些谋取私利或者扰乱秩序的人可乘之机，造成消极分子替代积极分子的"劣币驱逐良币"的后果。实践中，业主往往分化为三个群体：积极分子、消极分子和沉默分子。积极分子就是有公心、有热情又有能力的人，消极分子也有热情和一定的能力，却缺乏公心，而私心较重。这两个群体都是少数，大多数业主是对小区公共事务漠不关心也轻易不发声的沉默分子。良性的业主自治显然是积极分子主导的。代理人失控则是消极分子主导的结果。实践中常见的情况是，少数积极分子行动起来，组织和代表业主进行维权和日常管理。但是，往往会有一些消极分子，对业委会的工作能力、决策的正当性甚至业委会委员的人品进行无原则

攻击。积极分子的澄清和反击往往收效甚微，大多数业主或者选择继续沉默，或者附和和追随消极分子，很少出现对积极分子的公开支持。这种情况几乎在所有小区都会发生，其结果就是积极分子的积极性很快消退，最终选择退出。从某种意义上说，积极分子无法获得有力的社会激励，是制约业主自治发展的最大困境。

③约束不足和问题扩大化风险。在业主自治的常规事务中，有一类问题是由业主不当行为引发的。业主不当行为主要集中于相邻关系和共有产权空间。相邻关系中的不当行为，是业主对建筑物专有部分行使专有权影响到相邻业主的正当权益，比如房屋装修改变承重结构、住改商后侵扰他人生活、噪声扰民等。共有产权空间使用的不当行为，包括侵占公共空间的违章搭建、家养动物的环境污染和惊扰他人、户外活动（如跳广场舞）扰民等，此外还有高空抛物、乱扔垃圾、破坏公共设施设备等。业主不当行为会加速公共设施设备的损坏和老化，增加维护成本，是小区生活秩序被破坏的最直接原因。物业管理方没有执法权，缺乏管理手段，而且也不想得罪业主从而影响物业费收缴。根据业主公约，业主不当行为除应由物业公司劝止外，主要还是依靠业主自治。问题是，业主委员会同样缺乏约束能力，只能采取劝阻措施，若劝阻无效便没有其他办法。实践中业委会的类似行为很容易被误解为"帮物业公司说话""拿

了物业公司的好处",业委会难以避嫌。由于缺乏及时有效的约束和制止手段,不当行为造成的小问题、小矛盾便很容易累积,其他业主会认为物业管理方管理不当,不当行为也会产生负面示范效应,使矛盾纠纷最终扩大化到不可挽回的程度。

④能力不足和业委会被架空风险。业主自治在实践中,需要处理的事务涉及大量专业知识和专业能力,如果业主无法找到具备相应能力的代理人,就可能发生物业管理方利用专业知识和信息优势架空业委会的问题。能力不足主要表现在三个方面:一是物业管理必然涉及政策与法律知识,如《民法典》《物业管理条例》《民事诉讼法》等法律法规,建筑规划、市政管理、工商管理等方面的部门规章和地方法规,这些都是业主自治中必然会涉及的。二是工程招投标、设施设备的构造与使用原理及市场价格、财务管理与审计等专业性很强的知识,业主若不能有所了解,就可能被物业管理方利用其专业优势谋利,导致正常利益受损[1]。三是谈判协作能力,业主自治需要业委会同物业管理方、社区基层组织、政府部门、金融机构等打交道,这就特别考验其谈判协作能力。如果缺乏上述能力,即使业主选出了有热情有公心的积极分子,业委会仍然可能在处理

---

[1] 吴苏,刘能. 业主与物业公司之间控制权的分配逻辑. 社会发展研究,2021,8(3).

具体事务时捉襟见肘、应对失措，物业管理方则可能利用其专业优势架空业委会，从而使业委会由于缺乏甄别判断能力，蜕化为"橡皮图章"，被物业管理方牵着鼻子走。

（3）应急事务处置困境

应急事务特指业主自治失序导致的紧急事件。这类事件的发生是常规事务合作失效的结果，其典型表现是业主自治组织重组和物业管理方更替。无论哪种情况，小区管理都会出现真空期。期间，小区公共事务无人管理，居民正常生活秩序受到不同程度的影响，严重者会发生群体性事件，影响社会稳定。近年来，因为小区更换物业公司发生的群体事件越来越多。物业交接不畅，新旧物业公司发生对峙甚至冲突，造成生活垃圾无人清运，居民生活不便。从实践来看，业委会重组和物业公司更替往往相伴而生。问题的复杂性在于，重组和更替并不一定是全体业主的共同意志，少数消极分子可能为谋私利鼓动其他业主，并通过推动业委会重组，达到引入利益相关的物业公司的目的。问题的严重性在于：一方面，这是矛盾日积月累而集中爆发的结果，矛盾久拖而未能化解则意味着诱发因素错综复杂，矛盾化解难度日益上升；另一方面，这时往往会出现业主群体的撕裂，出现严重的派系斗争，相关各方陷入利益无法调和的严重对立境地，进一步增加应急处置难度。

应急处置的主要力量是政府。仅靠业主、物业公司等利益直接相关方化解矛盾难度极高，利益无涉又有维稳责任的政府自然成为兜底方。受业主自治和物业管理的法律限制，政府能够采取的应急处置措施其实并不多：一是通过行政权力，强制现物业公司维持基本服务[①]，直到业主重新选聘的物业公司入驻，确保该时期居民基本生活秩序得到保障；二是调处矛盾，尽快完成业委会重组。应急处置最终要靠重建业主自治组织实现，只有恢复业主自治秩序，政府才能退出。问题在于，除了前文所述的矛盾本身的复杂性使得应急处置难度很高外，居民对业主自治的信心能否重建，能否选出众望所归而又有能力的积极分子重组业委会，都不是容易的事情。由于政府在常规自治阶段基本不介入，而更多充当"救火队员"角色，这就会给政府造成一种"错觉"：业主自治缺乏积极意义，只会给政府出难题、甩包袱，成为"麻烦制造者"。

## 2. 不对称激励：自发合作的内生困境

业主自治的实践困境，可以从自治单元的特点和制度环境

---

[①] 比如北京设置了"应急物业"制度。在紧急事件发生，新旧物业公司交接的物业管理空白期，由政府指定的物业公司提供应急服务，待业主选聘的新物业公司入驻后再撤出。但从实践情况来看，应急物业公司在应急服务期间的合法权益能否得到保障是个大问题。一些业主会以应急物业公司非自愿选择为由，拒交物业费。

得到部分解释。业主自治发生在一个高密度集合式居住构成的社会空间中,这个社会空间作为自治单元,存在规模过大和复杂性过高两个先天不利因素。现在的商品房小区,入住规模一般都在几百上千户,人口过万的巨型小区也并不鲜见。规模过大,必然稀释社区的利益相关度。一般来说,利益相关度越高,人们达成合作的意愿也越高。利益相关度稀释,则合作动力不足。人数过多,个体更不容易与公共利益建立直接关联,小区管理的正负效果对个体的直接影响很弱,以致问题不积累到一定程度,难以激发居民关切。同时,高密度集合式居住大大增加了不当行为发生的数量,而公共空间中不当行为的发生又很容易因为小区规模过大而被隐匿,客观上造成问题频发却又难以追责的困境。实践表明,规模较小的小区,业主自治更容易实现。这反证了自治单元规模同业主自治效果的正相关关系。另外,业主自治受现行法律制度约束,前文所述的组织和决策问题,确与法律设定的实现成本过高有关[1]。不过,如果仅仅归于上述因素,可能会误导我们,使我们对业主自治形成误判:要么是对普遍存在的大中型商品房小区的业主自治过于悲观,要么就以为通过修法即可去掉枷锁,促成业主自治的顺利实现。业主自治,本质上是在一个陌

---

[1] 熊丙万. 私法的基础:从个人主义走向合作主义. 中国法学, 2014(3).

生人社会中实现有效合作。我们必须理清阻碍甚至消解陌生人社会自发合作达成的内在机制，在此基础上寻找可能的破解之道。

合作达成的前提是有足够多的业主认识到他们拥有共同利益，而合作有助于共同利益的实现。按照前文所述的业主群体划分和业主群体对合作事务的参与性质与程度来看，积极分子是深度参与且发挥建设作用的力量，消极分子是同样深度参与但发挥破坏性作用的力量，沉默分子则是有限参与且比较保守的力量。辨识出合作达成的关键力量后，问题就可以转化为奥尔森所说的"选择性激励机制"在业主自治中是否有效。

所谓"选择性激励"，按照奥尔森的解释，包括社会制裁和社会奖励。"它们属于可以用来动员一个潜在集团的激励。社会激励的本质就是它们能够对个人加以区别对待：不服从的个人受到排斥，合作的个人被邀请参加特权小集团。"[①] 选择性激励可以使激励与个人为共同利益的实现所做的贡献相匹配。正向激励即社会奖励，给予为共同利益实现做出贡献的人，这其实也是一种诱导性动员机制。反向激励即社会制裁，用来惩

---

① 奥尔森. 集体行动的逻辑. 陈郁，郭宇峰，李崇新，译. 上海：格致出版社，1995：71.

罚那些没有承担成本或破坏合作的人。选择性激励理论带来的启示是，当我们讨论集体行动或者合作何以可能这个问题时，不应预设一个"广泛参与"或"全民参与"的理想图景。更具现实意义的可能性是，通过社会提供的选择性激励机制，诱导和激发出少数积极分子，他们以个体形式承担部分合作成本，从而带动大多数的沉默分子在最低限度上参与合作，同时能够约束甚至制裁包括搭便车者和破坏者在内的消极分子，促成合作。

那么，具体到业主自治中，社会内生的选择性激励包括什么内容？效果如何呢？对积极分子来说，目前其实主要依靠自我激励，社会激励是非常弱的。所谓自我激励，就是积极分子之所以积极的内在禀赋。这个群体的成员大多性格外向，热心公益，通过参与公共事务能够获得较高的情感体验和价值体验，正如很多人说的"打发时间""可以锻炼身体""跟人打交道可以开阔心胸"等。自我激励也可以成为自我实现的需要。当然，也不排除一些人是出于自身利益考量。由于业委会委员基本都是无偿劳动，其物质激励几乎可以忽略不计，所以自我激励对积极分子就显得尤其重要。但是，自我激励的不确定性是比较高的，是很容易转移的。积极分子既可以在参与小区公共事务中实现自我，也可以通过其他方式实现自我。小区如果能够提供稳定且充分的社会激励，对积极分子是有吸引力的。问题是，这是一个陌生人社会，人际互动本就非常少，由互动而产生舆论评价很难，而且大多数人在事不关己时并不会主动关心公共事务，以致并不一定知道积极分子是谁、做了什么贡献，这就导致小区难以内生出对积极分子足够有力的正向评价。这是陌生人社会同村落熟人社会的根本性差异。在熟人社会中，热心助人和主持公道的人，会得到村庄内生舆论的正向评价，比如在筹办红白喜事时，会收到来自村民的直接反馈，其表现就是送礼和捧场的人多。这些在陌生人社会都难以实现。同样的道理，对消极分子来说，其不合作行为的社会代价是非常小的。一方面，很多人并不知情，也就是前文所说的行为本身的匿名性和沉默分子的不关心；另一方面，即使不当行为被曝光，社会也很难内生出有力的舆论约束和制裁方法。若是在村落熟人社会，对这样的人，社会舆论既可以给予负面评价，也可以通过切断对其的社会支持实施制裁，甚至令其"社会性死亡"（即农村俗称的"死门子"）。不合作的代价很低，但收益却可能是显而易见的。可见，依靠陌生人社会本身内生出选择性激励难度很大。

对合作更致命的打击在于，陌生人社会内生出选择性激励的可能性很小，但内生出选择性打击却容易得多。选择性打击不同于选择性激励内含的社会制裁，它是指被人为操控的定向的社会性攻击。在业主自治实践中，它主要表现为消极分子对积极分子的社会性攻击，也就是前文所述的逆向淘汰。消极分子很容易通过制造、引导、煽动舆论，消解甚至瓦解积极分子的积极性。在陌生人社会中消极分子何以更容易"带节奏"呢？根源仍在于陌生人社会的内在特性。小区这个社会空间是后天建构的，居民之间缺乏村落熟人社会那种经过长期实践积累的信任，社会信任的脆弱性是首要原因。个体理性决定了人们会选择性地筛选和解读信息，且更容易从对个体有利的角度筛选和解读信息，也就是宁可信其有不可信其无。这是第二个原因。人们对小区公共事务关切有限，这就产生了客观上的信息不对称：大多数人只知道极其有限的信息，现实中不知道业委会组成人员，不知道业委会做了什么事情的大有人在。这是第三个原因。在此基础上，一旦有人以维护业主权益的名义编造信息和煽动舆论，传播业委会侵犯业主权益谋取私利的信息，普通人就会基于个体理性做出选择性的信息筛选和解读。也就是说，人们更愿意基于个体理性相信有关他人的负面信息而非正面信息。在缺乏有效的舆论制衡的情况下，消极分子的选择性打击便更容易达到目的。

这就是陌生人社会内生的选择性激励和选择性打击的不对称性。笔者在调研中，听到更多的是"正能量打不过负能量""小区没有正气"等说法。这是陌生人社会的内生结构性困境。奥尔森认为"社会压力和社会激励只有在较小的集团中才起作用。这些集团很小，成员间有着面对面的接触"，也就是说，只有规模较小的熟人社会，才能内生出有效的选择性激励机制，规模较大的社会则只有存在"较小集团的联邦"[①]，选择性激励才能发挥作用。正是在这个意义上，降低自治单元层次、减小自治规模确实不失为一种选择。在实践中，楼栋等更小空间层次上的自发合作的效果也确实更好一些。问题是，规模较大的居住小区是客观存在的，规模较大的合作也是必需的，我们必须探寻在规模较大的社会单元实现自治的可能路径。

### 3. 基层组织与业主自治的融合

（1）外部力量介入业主自治的形式

在社会内生合作能力孱弱、业主自治仅靠自身力量难以有效实现的情况下，引入外部力量的支持就不失为现实的选择。从实践来看，外部力量介入促发业主自治大致有三种形式，各有其优缺点。一是民间力量介入。民间力量主要是一些具有专业知识甚至专职从事业主维权和业主自治事务的民间组织与个人，他们中有些是专门从事相关法律诉讼的职业律

---

[①] 奥尔森. 集体行动的逻辑. 陈郁, 郭宇峰, 李崇新, 译. 上海: 格致出版社, 1995: 71-72.

师，有些是有业委会或物业管理工作经历的民间人士。一些小区特别是资源相对丰富的小区，会通过购买服务方式，聘请他们做顾问。民间力量的作用是，指导业主大会成立、业委会选举、业主维权和业委会日常工作。其凭借法律知识和从业经验，帮助业主实现利益最大化，帮助业委会规避工作中的违法风险等。民间力量介入的优点非常明显，确实能够在上述方面给予业主特别是业委会直接帮助，但其存在的问题和风险也很明显。笔者在北京调研相关问题时，发现一些民间力量的不当介入某种程度上在扰乱业主自治的正常发展秩序。最突出的三个问题是：夸大业主同开发商和物业公司的对立关系，"维权"消解"自治"；谋利化趋势严重，将业主自治复杂化[①]；将业主自治绝对化，制造业主与政府相关部

---

① 谋利方式有很多，最常见的是指导某小区成立业委会，或鼓动业委会重组，并声称新业委会要更换物业公司。这至少可以带来如下谋利机会：一是想进入业委会的人的私人利益输送；二是现物业公司的利益输送，使物业更换或业委会组建（或重组）有利于己；三是新物业公司输送利益，即介绍新物业公司取代现物业公司。业委会成立（重组）和更换物业公司，意味着利益格局重构。具有谋利追求的特定维权人士介入后，会大大增加其复杂程度。陌生人社会本就存在巨大的信息不对称，这必然会增加业主自治被特殊利益绑架的风险。笔者在北京调研时，某小区业委会主任说，他们聘请的顾问（某知名维权人士）明确许诺，业委会只要听他的，就可以实现利益最大化。某区物业管理工作负责人说，特定维权人士介入和物业公司更换具有高度的相关性和规律性，即特定维权人士介入的小区引入的往往是同一家物业公司。

门的对立，引发社会不稳定①。在某种意义上，民间力量的介入缺乏有效监督，存在失控风险。"失控"并非从政府管理的角度来说，而是指在信息严重不对称的情况下，民间力量鱼龙混杂，一些组织或个人很可能利用其信息优势，将业主自治复杂化，反而不利于业主自治的健康发展。二是政府购买专业社会组织提供的服务，指导业主自治。专业社会组织一般是社工机构，其社工具有专业知识优势，可以协助召开业主大会、业委会换届等。但其劣势更加明显：其一，服务周期有限，难以扎根社区真正熟悉相关情况；其二，购买服务的周期性同业主自治的长期性存在根本矛盾，社工机构不可能长期参与到业主自治的常规事务合作中，所以效果非常有限。

相比之下，社区基层组织的优势更加突出，这就是外部力量介入的第三种形式。基层组织包括基层党组织和居委会，是

---

① 一些人夸大了"风能进，雨能进，皇帝不能进"的绝对私权理念，在业委会重组、更换物业公司等重大紧急情况发生时，敌视、否定政府采取的应急措施，甚至故意制造对立，鼓动业主发起向政府施压的群体行动以实现小区利益最大化。笔者在北京调研时了解到，这类事件近来时有发生。一位业委会委员说，他们小区在顾问的指导下，为实现业委会重组，召集数十位业主几次到街道办事处静坐、拉横幅，向政府施加压力，还抗议政府阻碍他们换届。经过数月的混乱，新一届业委会成立，他们才了解到其实不存在政府阻碍换届的问题，当时的过激行为实际上是被人误导了。

国家治理体系在社区的延伸。除了显而易见的政治权威性等优势外，笔者在这里想特别强调以下三点：首先，基层组织比任何外部社会力量都具有更强的社区嵌入性。基层组织具有以国家政权为保障的组织稳定性。所有新建小区在入住交付后，要么被纳入既有基层组织的管辖范围，要么新建基层组织，此后二者便形成稳定的匹配关系。稳定性使基层组织能够更加充分地掌握社区情况和信息，了解居民的构成和诉求。通过各种法定职能的展开，特别是代表国家供给公共服务和落实社会管理职责，基层组织深度嵌入和主导社区的治理实践，也包括业主自治实践。这种深度嵌入，为其有效支持业主自治奠定了基础。其次，基层组织具有其他社会力量所不具备的资源配置能力，特别是调动治理资源的能力。基层组织虽然拥有的治理资源有限，但作为国家治理体系的组成部分，其与基层政府和职能部门打交道的能力是其他社会力量所不具备的，这使其能够更有效地在业主自治组织和国家治理体系之间发挥信息传递和资源配置的作用，弥补业主自治自身能力不足的缺陷。最后，基层组织能够更好发挥纠纷仲裁和协作枢纽作用。目前，基层组织的正式工作人员完全实现了职业化，基本上都非社区居民，这使其在小区中没有具体利益牵绊，且不需要像其他社会力量那样追求自身利益。基层组织工作人员参与业主自治无须格外的物质激励和社会激励。这使基层组织能够在业主、业委会、物业公司、开发商之间处于相对超脱的地位，其在处理各方关系中能够更好地发挥作用，特别是进行纠纷仲裁和协调各主体的合作关系。

（2）基层组织的"催化合作"的内涵

越来越多的研究者认识到，包括基层组织在内的政治组织应该在业主自治中发挥积极作用。"没有传统的政治组织介入，商业小区的业主基本上就是一盘散沙"，仅有的治理资源是一些热衷维护小区权益的业主，但由其形成的治理结构却"带有很强的斗争色彩"[1]。问题的关键是，社区基层组织究竟应该怎样支持业主自治呢？目前，大致有三种主要观点和做法。一是应急介入。这是实践中比较普遍的状态，政府和基层组织只在重大事务特别是重大应急事务发生后来救急。一些学者也认为政府的作用就是治理冲突[2]，且应该仅限于此，要防止公权力侵权。二是合作治理。其主要实现形式是由基层组织牵头业委会、物业公司等各方主体建立协商制度，一些城市的"三驾马车"（居委会、业委会、物业公司）联席会议制度就是具体实

---

[1] 毛寿龙. 人类秩序、小区治理与公共参与的纯理论. 江苏行政学院学报，2016（4）.

[2] 黄蕾，李映辉，李海波. 社区物业管理中利益冲突的演变与启示. 城市问题，2015（10）.

践样本[1]。三是组织融合。近来一些城市尝试居委会和业委会的交叉任职与组织融合。组织融合在实践中会面临很多法律限制，可操作性有限。笔者认为，无论是研究还是具体实践，都未能针对业主自治的实践困境，建立社区基层组织支持业主自治的合理机制。

有鉴于此，笔者认为一种可能的实现路径是"组织催化合作"——既不仅限于应急，也不必刻意追求组织融合，而是将社区基层组织的作用机制定位为"催化"合作，也就是使基层组织成为业主自治的"催化剂"。作为催化剂，基层组织促成业主间发生"化学反应"，实现有效合作，但并不因此损害业主"化学反应"的产物——业主自治组织——的独立性。催化合作，首先强调基层组织对业主自治事务的有限介入。业主自治终究要靠业主合作来实现自我管理。基层组织的介入必须是自我克制的，不能以支持业主自治为名，滥用公权力干涉业主自治的正常运行。基层组织的介入也只能是有限的，业主自治事务高度复杂、高度敏感且高度专业化，基层组织的工作人员有限、专业知识有限，只能在有利于发挥其组织优势的方面予以支持，而不可以包办代替。催化合作，还强调基层组织介入

---

[1] 翟桂萍. 社区共治：合作主义视野下的社区治理：以上海浦东新区潍坊社区为例. 上海行政学院学报，2008（2）.

的有效性。实践中，许多地方的基层政府和社区居委会工作人员都对业主自治存在认识偏差，将其视为"麻烦制造者"，倾向于进行风险规避[①]。主要原因就是没有找到有效介入的方式，只是被动"应急"与"救火"。有效介入，就是要改变这种状况，通过合适的方式充分发挥社区基层组织的组织优势，以弥补业主自治的内生结构缺陷，变被动应急为主动支持，变"救火"为"防火"。社区基层组织和业主自治组织只有充分发挥各自的组织优势，小区善治和社区善治才能真正实现。

具体地，社区基层组织的催化作用可以从如下四个方面理解。首先是培育关键群体。关键群体是集体行动的启动者、示范者，是全体业主利益的代表者和日常事务的承担者。客观上，绝大多数业主对自治事务的参与程度是有限的，需要由积极的关键群体代表他们行使自治权利。再完善的制度最终都要依靠具体的人来执行，因此，关键群体在很大程度上决定了业主自治的成败。正如前文所述，任由业主自发形成关键群体的话，很容易出现公心不足、能力欠缺甚至别有用心的投机分子把持业委会的现象，造成"劣币驱逐良币"。基层组织的作用是，发现和培育业主群体中真正有公心、有能力的人，将他们

---

① 盛智明. 从小区到社区：城市业主行动及其结果. 上海：上海人民出版社，2019：109-145.

动员出来，并通过合法程序将他们组成业委会，从而促成良性的业主自治。基层组织与业主并无直接利益关联，其培育关键群体具有天然优势。这是催化和促成业主自治的第一步，也是关键一步。其次是提供组织保障。业主自治中业主难以监督业委会、业委会难以约束业主，以及最重要的不对称激励问题，本质上是自治组织同数量众多但分散的居民群体之间的结构失衡。利益中性的基层组织的介入有助于打破这一困局，促成结构均衡，且由于基层组织的稳定性，这种结构均衡也就有了组织保障。组织保障体现为三点：其一是为关键群体提供组织化激励，弥补陌生人社会内生激励不足的缺陷；其二是协助业主对业委会进行组织化监督，解决分散的业主监督能力弱的问题；其三是为业主自治中的相关主体搭建协作平台，促成主体间的制度化协商合作。再次是参与规则生产。规则是自治的保障，规则如何生产和再生产至为重要。规则既包括法律规章等正式规则或硬规则，也包括社会规范等非正式规则或软规则。前文所说的陌生人社会常见的"负能量压倒正能量"，就是典型的内生社会规范失效的表现。基层组织主动参与规则生产，一方面是通过有效方式促成正式规则的普及，另一方面则是促成良性规范的内生，其提供组织化激励和组织化监督本身就是促成良性规范生产的重要方式。最后是协助问题化解。业主自治的能力不足问题，决定了仅靠业主群体无法解决小区内的全部问题，而业委会不能及时解决问题，势必会削弱其权威性，也会引发小区矛盾的激化。这就需要引入外部力量，尤其是公权力机关进入小区执法，以提高问题解决效率。作为纯民间的自治组织，业委会直接向政府部门求援的能力在客观上是非常有限的。基层组织的作用就在于，积极协助上报问题和促成公权力机关的介入，尽量将问题化早化小，尽最大可能防止问题积累激化。

总之，基层组织的催化作用，并不是对业主自治具体运行过程的全方位干预，而是在若干重要环节和问题上，合理发挥其组织优势，促成业主合作的有效实现。这比"应急介入"更积极，比"组织融合"更全面，也比泛泛地讲"合作治理"更有操作性。

**4. 融合机制**

笔者以为，基层组织催化作用的实现，可以从以下四个方面进行探索（这四个方面也是对"催化作用"内涵的操作化解读）：

一是构建积极分子识别和保护机制。将真正的积极分子识别出来，是促成合作的基础工作。识别业主中的积极分子，应该成为社区基层组织的重点工作。基层组织要充分利用其组织嵌入性优势，主动储备和建设积极分子"资源库"。潜在的积极分子，包括刚刚退休的低龄老人、比较活跃且具有建设性的社区精英，以及基层党组织可以直接掌握的党员群体。除了识别，也要动员，从而将真正的积极分子动员起来并通过合法选举组成业主自治组织。识别和动员要求基层组织改变自身只是在业委会成立和换届中进行比较消极的资格审查，充当把关角色的做法，发挥更积极的建构性作用。在此基础之上，基层组织要探索建立对积极分子的保护和激励机制，使其可持续地积极下去。除了通过配置治理资源响应和支持积极分子的工作外，基层组织要在其遭受不合理争议和选择性攻击时，及时通过召开居民代表会议等方式澄清事实，主持公道，维护其权威；也要组织开展有助于激励业主合作的各种社区内部评比活动，通过荣誉激励等方式，持续为业主自治注入动力，以组织化激励弥补陌生人社会内生激励不足的缺陷。

二是建立对业委会和业委会成员的日常监督、财务管理和离任审计等制度，并构建消极分子监督和制衡机制。可尝试设立有居委会成员参加的组织灵活性更高的监委会，强化对业委会的监督作用。业委会受托代表业主管理资产，涉及成千上万居民的切身利益，具有极强的公共性，其行为不应继续游离于监察审计体系之外，将其纳入监察审计体系将有助于从根源上减少消极分子的投机和寻租空间。除了在业委会换届选举中把好资格审查关，最大限度阻止消极分子进入业委会，还要在小区日常管理过程中，注意发现和识别消极分子，在遇到争议事件和纠纷事件时，对消极分子散布的不利于业主合作和积极分子的言论要及时予以澄清和回击，同时保护积极分子和制衡消极分子。必要时，要引入执法力量对相关行为人进行制裁，弥补陌生人社会内生制裁不足的缺陷。此外，应尽快建立居住信用管理制度，并将其纳入征信体系，依法面向社会提供查询。

三是构建更加立体的社区公共规则生产机制。这方面工作主要是针对大多数普通居民。基层组织应该更加积极和创造性地开展《民法典·物权编》《物业管理条例》和业主公约等公共规则的宣传普及工作，要将其确立为社区的常态化工作，提高居民对公共规则的认知程度。这方面工作在当下的社区工作中还有待加强。基层组织要充分利用业主微信群、小区公共场所等网络和现实空间，把小区内的重大争议和纠纷事件转化为宣传规则的机会，参与和引导积极健康的社区公共舆论的生产，真正塑造出社区正气和正能量。正如前文所述，基层组织本身无利益牵绊，在引导舆论生产和公共规则的宣示上，比业委会、物业公司等其他力量更加超脱，因此更具公信力。

四是构建协作化的问题解决机制。业主自治的关键是有效解决问题，基层组织要充分发挥其协调治理力量、配置治理资源的优势，及时响应业主自治组织的求援，参与到那些仅靠业主合作无法解决的社区问题中。基层组织还要利用其相对超脱的组织优势,在业主、业委会、物业公司等多元主体间,发挥常态化的纠纷仲裁和协作枢纽作用,最大限度减少矛盾累积和扩大化,最大限度促成多元主体的共赢。

催化合作,是将基层组织的作用限定为激活社会内在力量,并通过合理配置资源协助合作的可持续运行。催化合作不是替代合作,不是基层组织取代业主自治组织实施小区治理,不需要基层组织直接介入业主自治的具体运行中。催化合作也不是简单的领导合作,不是只要能够将真正的积极分子识别和动员起来,业主自治的自主运行就不需要基层组织的具体领导。催化合作更不是补充合作,不是让基层组织只发挥消极的补充作用,在"社会失灵"、业主自治失败或发生紧急事件时去救火和兜底。催化合作的理想状态,是基层组织所代表的国家力量对基层社会的有限介入和有效激活。住宅小区良好生活秩序的形成,小区公共事务的有效治理,终究要靠业主的有效合作来实现。

# 第七章
## 结语：迈向治理共同体

中国式社区自诞生之初，就一直存在既相辅相成又有张力的两大建设目标，即基层政权建设和社会共同体建设。令人颇为"震惊"的是，对于前一个目标，社区治理研究几乎都有意无意地回避了，甚至在"国家/社会"的对立关系中，基层政权建设成了国家权力扩张、压抑社会成长的力量。笔者以为，回避是不应该的，这是社区治理研究应该正视的中国议题，我们需要研究国家如何实现与城市社会空间的有效对接。

对于后一个目标，学术界似乎达成了某种共识，那就是，在现代都市社会中，经典意义上的社会共同体即使不说是"乌托邦"，其建成至少也是"难于上青天"的。笔者部分同意这样的观点，但仍认为共同体的追求是可以期待的。只是，现代都市社会小共同体的实现形式，必须面对陌生人构成的新型邻里社群这个基本现实。

社会治理共同体为同时实现上述两大目标提供了可能。长期以来，社区建设实践中一直存在"强服务弱治理"问题，造成其理想目标均未充分实现：基层政权建设虽基本实现社会覆盖，但尚未实现社会嵌入，呈现"半悬浮化"；社会共同体建设浮于建制社区层面，自然社区则陷入"社会失灵"。新时代的社区建设，可以以构建治理共同体为抓手和目标，将重心转移到社区治理上来，发挥社区基层组织的催化作用，实现自然社区社会合作和自治的实质性突破，提升居民的社区责任意识和参与意识，最终形成一种新型的现代社会共同体。

## 一、社区建设二十年

社区是基层的基础。2000年，全国开启城市社区建设。经过二十多年持续推进，社区作为城市基层治理单元其地位日益巩固。中国特色社会主义进入新时代，人民对美好生活的追求对社区治理提出了更高要求，国家对社区治理现代化寄予了厚望。新冠疫情暴发以来，社区防控成为中国式抗疫的独特经验，"集中彰显了中国特色社会主义制度的优越性"[1]，推动了社区意识更加深入人心。站在当下的历史方位，我们需要思考城市社区治理如何适应城市社会发展与国家治理转型的需要，

---

[1] 中共民政部党组.坚决筑牢疫情防控社区防线.求是，2020（20）.

进一步释放制度潜能,更好实现治理现代化。

自党的十八届三中全会做出推进国家治理现代化的战略部署以来,社区治理顶层设计不断出台。2017年颁布的《中共中央 国务院关于加强和完善城乡社区治理的意见》首次提出社区治理现代化目标;2019年党的十九届四中全会首次提出构建社会治理共同体;2021年颁布的《中共中央 国务院关于加强基层治理体系和治理能力现代化建设的意见》首次统筹规划乡镇(街道)与城乡社区的基层治理现代化建设,提出建设基层治理共同体,用15年左右时间,基本实现基层治理现代化。

从2000年开启社区建设,到20多年后方兴未艾的社区治理,城市社区体制从创建到成形,有两大目标一直贯穿其中:一是将社区打造为国家治理的坚实基础,不断巩固党的执政基础,将国家治理要求和政府公共服务传递到城市居民家门口;二是将社区建设成城市居民守望相助、自我管理的社会生活共同体。两大目标可分别称为"基层政权建设"与"社会共同体建设"。在具体制度实践中,则是顶层设计中强调的"以加强基层政权建设和健全基层群众自治制度为重点"[1]。两大目标紧密相关,相辅相成,不可分割。离开社会共同体建设,基层政

---

[1] 中共中央国务院关于加强基层治理体系和治理能力现代化建设的意见.北京:人民出版社,2021:2.

权建设就失去载体和依托；离开基层政权建设，社会共同体建设就丧失动力，甚至偏离方向。尽管如此，我们依然不能无视二者在实践中存在的张力甚至一定程度上的冲突，其表现便是困扰社区建设多年的"行政－自治"难题。不可否认的是，社区建设一直存在基层政权建设与社会共同体建设不均衡的问题，从资源配置、具体措施到主要成效，基层政权建设都走在了社会共同体建设前面。其表现就是，社区早已获得体制内的高度认可，但其社会认同度却比较低。若非经历疫情防控这种应急事件，绝大多数城市居民甚至不知道自己属于哪个社区。疫情防控期间社区工作人员因为不熟悉居民，信息排查、特殊人员管控和生活物资保障等工作都一度非常被动，这表明社区即使能够及时响应自上而下的应急治理要求，但社会共同体建设基础的薄弱，仍会限制其应急治理效能。

更加饱受诟病的是，基层政权建设单向度的行政化还在相当程度上阻碍了社会共同体建设。多年来，各地普遍出现社区行政负担重的问题，"社区减负"早已成为各级各地政府的共识，虽不乏针对性的改革举措，也取得了一些成效。但是，一方面，国家治理转型要求将治理重心下沉，社区作为基层政权承担的治理负荷不断增加；另一方面，随着城市住宅小区物业管理纠纷进入高发期，业主自治进入新阶段，社区作为居民自治组织面临的自下而上的治理压力也在不断增加。两相叠加，

"社区减负"的具体成效很容易被稀释，社区工作人员的改革获得感并不高，社区工作人员仍然在无穷无尽的行政事务中忙得不可开交，也仍然遭受着一些居民的误解，职业成就感难以提升[①]。在这种情况下，社区工作者普遍分身乏术，本应自下而上从容展开的社会共同体建设，在实践中也异化为指标化、表演式的社区活动。衡量社会共同体建设成效的社区自治，长期无法取得实质性突破。

面对上述问题，学术界给予了充分的关注和研究。费孝通先生指出城市社区建设的新目标是实现"居民自治"，建成"多样化的、充满生机活力的、以群众自我管理为主的新型社区"[②]。众多研究普遍注意到社区兼具双重属性[③]，社区建设研究也大致形成社区行政化与社区自治两大议题。本书对这两大议

---

[①] 行政事务的文牍化与形式化，将社区工作者的职业形象塑造成了"准白领"，在居民看来则成了"天天坐办公室，不接地气"。一个有趣同时也值得深思的对比是，武汉在新冠疫情暴发初期，社区工作者承担了职业生涯以来最严重的压力和风险，但因为行政事务大幅减少，他们只是围绕疫情防控这项单一应急事务天天与居民打交道，反而获得了职业生涯以来最广泛的居民认可和空前的职业成就感。遗憾的是，随着疫情防控进入常态化，社区工作回归日常，社区工作者又被"困在了系统里"。笔者2020年4月在武汉调研时，一位社区党组织书记曾忧心忡忡地说："我最怕的就是疫情结束以后，一切又回到老样子。"
[②] 费孝通. 居民自治：中国城市社区建设的新目标. 江海学刊, 2002（3）.
[③] 蔡禾, 黄晓星. 城市社区二重性及其治理. 山东社会科学, 2020（4）.

题都进行了深入讨论，两大议题研究充分呈现了社区建设中基层政权建设与社会共同体建设的内在张力。我们既不能否认其持续存在和深刻影响，也不应夸大其不可调和性。笔者赞同部分学者的观点，即我们应当在正视城市社区双重属性的前提下，探讨社区建设与社区治理的方向。偏执一端，特别是追求"纯粹"的社区自治，既是对基本国情的忽视，也是对基层社会内在需要的误解。不过，单纯用合作治理等西方理论来指导我国的社区建设，又属隔靴搔痒，且缺乏可操作机制。我们不单单需要倡导"合作"，更应该尝试提出实现机制。实际上，在这二十多年的社区建设实践中，国家一直试图在实现基层政权建设与社会共同体建设的"双赢"，近年来各地大力推进的党建引领社区治理创新就是最新的实践努力。不过，由于缺乏对社区建设实践的梳理和反思，社区治理创新难免陷入路径依赖。一些研究者根据这些最新实践经验，乐观地提出"党领共治""政党链接社会""政党整合社区"等就稍显匆忙了。在笔者看来，新时代的社区建设和社区治理若不能摆脱路径依赖，基层政权建设与社会共同体建设的张力就无法真正消解，反而可能进一步显化。

党的十九届四中全会提出构建共建共治共享的社会治理共同体，为新时代的社区建设摆脱路径依赖、实现基层政权建设与社会共同体建设的有机融合提供了新的方向指引。遗憾的是，尽管有很多研究开始关注社会治理共同体建设，但大多仍局限在"合作治理"等西方理论预设里，没有注意到其与社区建设一脉相承又有所超越的内在关联。因此，本书在梳理社区建设实践经验的基础上，探讨治理共同体对社区建设所具有的路径意义。

## 二、社区建设双重目标

### 1. 基层政权建设与社会共同体建设

社区建设兼具基层政权建设和社会共同体建设双重目标。基层政权建设是指国家政权体系向基层社会的覆盖与嵌入，为实现国家政治统治职能与社会管理职能向基层延伸提供组织载体[1]。在中国的语境中，基层政权建设还同时承担着巩固执政党执政基础的战略功能，伴随基层政权建设开展的还有党的基层组织建设，党需要通过其组织体系的全覆盖，实现其社会组织和社会动员的需要[2]。社会共同体建设是指将居住在社区空

---

[1] 王沪宁. 政治的逻辑：马克思主义政治学原理. 上海：上海人民出版社，2004：146-152.
[2] 林尚立. 社区：中国政治建设的战略性空间. 毛泽东邓小平理论研究，2002（2）.

间范围内的人整合为具有利益、情感和精神认同的社会生活共同体,共同体成员能够通过协商合作实现内生公共事务治理,形成良性生活秩序。现代社会共同体同传统社会共同体的根本差异在于其开放性,传统社会共同体的社会认同是地方性的、封闭的,甚至是排他的,现代社会共同体则具有"脱域"性[①]。现代国家政权建设的目的之一,便是打破传统社会共同体的封闭性,建立国家与个人的直接联系。因此,社区建设塑造的社会共同体便具有为基层政权重塑社会基础的内在指向。

社区建设的双重目标,是世纪之交城市社会转型与国家治理转型的必然要求。在城市社会,事关亿万城市居民生计与生活的两大改革进入攻坚期:国有企业改革将数千万城市工人推向市场,个人获得就业自主权,要为自己的生计负责;住房制度改革推动房地产市场大发展,"买房"成为个人自主的市场行为,"居住的革命"由此发生。对城市居民来说,依附于分配体制的"安居乐业"本是他们同国家最紧密的关联纽带,如今,这个纽带不复存在。依附和庇护关系的解体,意味着"社会"从"国家"的笼罩中解脱,获得自身的独立性。

---

① 王小章,王志强. 从"社区"到"脱域的共同体":现代性视野下的社区和社区建设. 学术论坛,2003(6).

城市社会大转型，在实践层面引起的直接回应就是社区建设。新中国成立以后，伴随着计划经济体制的确立，城市居民全部被吸纳到国家分配体系中，单位制由此诞生。单位垄断着全部的工作分配、住房分配，以及全部的福利保障。城市社会经由单位制实现了高度组织化，国家也通过单位与每个人的全部生活建立起紧密关联。中国社会在这一时期也被称为"总体性社会"。在单位制之外，国家在城市的基层政权体系是街道办事处和居委会。不过，单位的超强存在，使得居委会长期处于附属地位，经由居委会辖区划定的社会空间和人口规模一直比较小，且居委会成员长期实行兼职，基本上由退休的老年女性担任，即所谓"居委会大妈"。从某种意义上讲，居委会更类似于半正式组织。

伴随着单位制的解体，国家需要重塑与城市居民对接的组织载体，这便是基层政权建设的意义。组织形式自然是宪法确定的居委会，不过，原居委会体制已不适应城市社会大变革的需要：第一，居委会管辖规模过小，房地产开发形成的动辄数千人的住宅小区，要求居委会调整管理空间的边界，扩大服务人口规模；第二，居委会成员的老龄化和兼职化，明显不适应海量新增事务的工作要求。重塑组织载体，意味着国家要在城市社会重新塑造基层政权体系。新的组织载体需要以一定的实体空间为依托，为流动性日增的城市社会划定社会空间，从而形成合理的治理单元[1]。这是国家启动社区建设的历史背景。

## 2、自然社区与建制社区

国家将城市基层政权空间载体的最小单元确立为"社区"。"社区"是一个社会学概念，具有深厚的学科基础，社区研究更对中国社会学的发展贡献了丰厚的本土理论积淀。这里的"社区"指的是自然形成的社群生活空间，比如村落，我们可称之为"自然社区"。后来官方借用这个概念，才产生了"社区建设""社区治理"意义上的"社区"，我们可称之为"建制社区"。"社区"被官方文件界定为"聚居在一定地域范围内的人们所组成的社会生活共同体"，其范围"一般是指经过社区体制改革后做了规模调整的居民委员会辖区"[2]。一般来说，应该先有自然社区，后有建制社区。但社区建设却是先制造出建制社区，于是"社区"的空间边界便是由居委会管辖边界决定的，而居委会管辖边界又是由国家根据治理需要确定的，其与

---

[1] 时任民政部部长多吉才让表示，"这个载体的最佳选择是社区"，新的管理模式的"最好选择就是社区式管理"。参见：多吉才让. 城市社区建设读本. 北京：中国社会出版社，2001。

[2] 参见《中共中央办公厅 国务院办公厅关于转发〈民政部关于在全国推进城市社区建设的意见〉的通知》。

城市社会自然的空间形态和地名之间并不必然重合。国家推进的社区建设希望在建制社区范围内实现社会生活共同体的塑造。然而，随着房地产市场的发展，居住小区成为市民主要的地域生活空间，成为事实上的自然社区，而建制社区的管辖范围往往包含若干自然社区，建制社区层面的社会共同体建设便陷入非常尴尬的境地。

从基层政权建设的角度看，选择以建制社区为基本单元有其合理性和必然性。基层政权承担着国家的社会管理与公共服务职能，"要求社区的行政成本和各项服务配套设施具有一定的规模效应"[1]。一些地方实施"居站分设"改革，通过成立社区工作站来承接政府下沉的行政事务和公共服务职能，在设置社工站服务范围时，也大多选择"一站多居"形式，其管辖范围甚至超过原建制社区，原因也在于此。若从社会共同体建设的需要考量，建制社区与自然社区重合是最理想的。之所以没有选择这种方式，除了规模效应的因素外，自然社区的非均质性也是重要原因。作为基层政权的基本单元，建制社区的规模要大致稳定和均衡。规模差异过大，会给实际工作带来不便甚至困难，比如工作考核的公平性。自然社区建立在房地产开发基础

---

[1] 彭庆军. 社会治理现代化中城市社区设置的困境生成与优化路径. 探索, 2022（1）.

上，其规模主要遵从土地开发价值的经济考量，但现实中居住小区间规模悬殊非常普遍。早期开发的居住小区可能只有几栋楼、几十上百户。随着房地产市场的发展，上千户甚至几千户的大型、巨型小区已经很普遍。建制社区完全匹配自然社区并不现实。当然，地方政府在设置建制社区时，会考虑尽可能使二者重合，大型居住小区单独设置社区的情况也不是没有。

因此，社区建设双重目标的实现，从一开始就注定因建制社区与自然社区的错位而产生张力。一些研究似乎将社区建设和社区治理遇到的问题都归结于此，由此提出要重组社区单元。这可能夸大了其影响。对社区建设成效影响更大的，应该是其具体举措的失衡，笔者称之为"强服务弱治理"。

## 三、社区建设的"强服务弱治理"

回顾二十余年的社区建设实践，具体措施不胜枚举，但最主要的逻辑不外"服务"和"治理"两个方面。"治理"以前是"管理"，话语更新背后的目的是强调更多主体参与，实质上其核心仍是维护社会秩序、解决社会问题。国家在启动社区建设时设定了"拓展社区服务"和"加强社区管理"同为重点，但在实践中，对二者却并非均匀用力，而是出现明显失衡。

**1. 强服务**

社区服务包含两方面主要内容，一是行政性的公共服务，二是社区性的公共服务。社区服务源自20世纪80年代初期，最初举措是民政部门实施的社会福利社会化改革。改革的目的很简单。社会福利长期依赖国家和单位，随着人口增加和服务需求增长，国家和单位不堪重负。社会化改革就是要将部分社会福利从国家和单位职能中剥离出去，而新的承接主体之一就是居委会。居委会为辖区居民提供部分福利化的服务，并收取合理费用。这既能为居民提供便利，也能通过居办企业、街办企业解决部分就业问题，还能增加居委会的收入，一举三得。最初的社区服务主要是家政服务类，比如接送小孩上下学、托幼养老、家电维修等。伴随着单位制的解体，更多的服务功能被剥离出去。社区建设启动后，社区服务的主要内容便固定为行政性和社区性两大类。

行政性服务是逐步增加的。伴随着国家社会保障和社会福利制度的完善以及公共服务的下沉，社区承接的行政性服务几乎涵盖了政府提供的所有公共服务类别。"行政性"意味着这些服务都是政策性的，供给主体是政府。社区作为最基层的服务平台，受权于政府，承担基础环节的工作，如信息发布、材料受理、初步甄别、数据录入等，没有审批权。行政性服务的特点是要求刚性，服务内容、服务流程、受益对象等都有严格的制度规定，社区没有自主权，也不可能有自主权，它只是作为服务供给体系的最末端，方便群众办事。行政性服务对社区建设的重要意义在于，它在社区基层组织与社区居民间建立起了制度性关联。居民必须通过社区基层组织，才能获取相关服务，这就使得居民必须同社区基层组织打交道。社区基层组织要获得居民的认同，这是基层政权建设目标的必然要求，而与居民打交道是建立认同的第一步。制度性关联尽管并非居民同社区基层组织打交道的唯一渠道，却无疑是最主要的渠道。对绝大多数居民来说，如果不是要获取服务，几乎不会同社区基层组织打交道。更重要的是，社区基层组织在为居民提供行政性服务的同时，也可以了解和熟悉居民，并积累情面资源，而这是社区治理中最重要的非正式治理资源。

社区性服务是指居民可直接从社区获取的服务，此时社区基层组织的供给自主权较大。换句话说，社区性服务由社区基层组织直接提供，不需要再经过上级政府审批。社区性服务既包括一些政策性服务，比如居家养老、青少年服务、残疾人服务等（这也是政府公共服务的一部分，但其供给主体是社区基层组织），也包括一些社区自主开展的服务，如环境卫生、社区治安等。社区性服务的特点是弹性较大，提供哪些服务、服务多少人群，各社区间差异很大，不像行政性服务是标准化的、刚性化的。社区性服务也是社区基层组织与居民打交道、建立认同、积累非正式治理资源的重要渠道，但因为其弹性特点，各社区的实践效果差异较大。近年来，政府越来越倾向于通过购买服务进社区的方式，将原本由社区基层组织承接的服务项目，交由专业社会组织来供给。不过，无论具体的供给形式如何改变，社区服务仍然主要是政府自上而下推动的，服务资源也主要由政府提供。在某种意义上，社区服务水平的高低，主要取决于供给侧，而政府通过持续的资源投入，大幅提高了社区服务供给水平。

**2. 弱治理**

社区治理同样由政府主导，但同社区服务不同，社区治理水平的高低，却不完全取决于供给侧，或者说主导方。社区治理面对的是居民生活中最日常化的生活需求，是漏水、噪声、停车、乱扔垃圾、宠物伤人等鸡毛蒜皮的小事。社区治理就是要通过解决好这些生活化的小事，维护好社区秩序，营造安全宜居的生活环境。办好这些小事，仅靠社区基层组织根本应付不来。理想的社区治理，是在社区基层组织的引导下，居民积极参与，使生活小事及时有效且低成本地得到解决。社区治理成效同理想目标是有距离的，其典型表现是社区参与水平长期维持在较低水平：一是参与率低，绝大多数居民对社区公共事务不关心、不参与；二是参与能力弱。以住宅小区业主自治为例，在这个最能体现居民自主参与能力的领域，恰恰出现了业主自治陷入困境、物业纠纷层出不穷的普遍问题。在这种情况下，社区治理几乎成为基层组织的独角戏，结果就是基层组织左支右绌，勉力维持。

也就是说，社区建设出现了非常吊诡的局面：社区服务供给水平高，但社区治理水平却比较低，呈现"强服务弱治理"样态。本应两手抓两手都硬，结果却是一手硬一手软、一头沉一头轻。服务水平主要取决于供给侧，但治理水平却更取决于社会参与。政府可以直接决定服务供给水平，却难凭一己之愿就推进社会参与。进言之，社区建设陷入的困境还在于，社区服务无法有效转化为社区治理能力，以致出现服务过度供给、治理低效运行的局面。

服务同治理的脱节，在实践中最典型的表现，就是居民的选择性参与。社区服务中有相当数量是通过组织居民开展活动提供的，比如社区文体活动，这些活动的参与效果是比较好的，特别是老年人非常积极。同时，为了扩大参与面，基层组织还会通过组织亲子活动等方式，想方设法吸引中青年人参与。近年来，各地政府通过购买服务的方式，推动专业社会组织进社区。社会组织的长处在于搞活动，通过增强活动丰富性，最大限度扩展社区参与群体。于是，很多社区出现了社区参与的繁荣局面。这被认为是社会共同体建设的有效途径，即通过活动增加居民互动，增进相互了解，进而培育社区社会资本，提高社区认同感。这里存在明显的误解，用文体活动类参与水平代替社区参与整体水平，忽视了公共事务类参与对社区治理的重要性。实际上，居民在社区参与上表现出了明显的选择性。简单来说，参与文体活动，是去享受权利甚至是福利，个人并不需要支付成本；相比之下，参与公共事务则必须要支付成本，是要去负责任。权利意识和责任意识是两码事，热衷享受权利和积极承担公共责任并不存在必然关系。在居民选择性参与不改变的情况下，社区服务水平很难转化为社区治理能力。

### 3. 未完成的社区建设：半悬浮化与社会失灵

服务与治理脱节，其直接后果就是社区建设的双重目标都未能充分实现。一方面，通过活动撬动的社区参与长期局限于少数特定群体，造成停留在建制社区层面的社会共同体建设无法对自然社区产生实质影响；另一方面，社区治理能力滞后于社区服务水平，社区服务在实践中仅能使有限群体受益，社区基层政权难以深度嵌入基层社会，陷入"半悬浮化"。

"半悬浮化"意在刻画社区基层组织同基层社会的这样一种关系：基层组织通过高水平供给服务，回应了基层社会的部分内生需求，同社区居民建立起一定的制度性关联。但由于解决问题水平低下，基层组织回应基层社会另外一些内生需求比较乏力，在居民日常生活中存在感比较低，作为基层政权的社会基础还不够巩固，党的基层组织的社会组织与社会动员能力也还比较脆弱。简单说，基层政权建设基本完成了"社会覆盖"，却尚未真正实现"社会嵌入"。

农村税费改革后，乡村治理中一度出现基层政权悬浮现象：乡村组织不再收取税费，主动同农民打交道的必要性大为减弱；同时，由于农业生产家庭化，农民也缺乏主动同乡村组织打交道的内生需求。双向互动大幅减少后，就出现政权悬浮[①]。社区基层组织的"半悬浮化"同乡村组织的"悬浮"不同。不同之处有三：第一，城市人口密集，社区服务的需求量远远多于村庄，居民必须通过社区基层组织获取相关公共服务，这就决定了基层组织不可能完全脱离社会，这就是行政性服务的制度性关联的意义所在。第二，城市治理要求也远高于乡村，大量的治理任务要通过基层组织在社区层面落实，特别是启动社区建设以来，社区工作人员全部专职化，社区基层组织成为压力体系的最末端，为完成上级任务必然要同居民打交道，也不可能完全悬浮。第三，乡村组织在乡村社会是垄断性存在，是除村民外唯一的治理主体。社区则不同，基层组织虽然也是主导力

---

① 周飞舟. 从汲取型政权到"悬浮型"政权：税费改革对国家与农民关系之影响. 社会学研究, 2006 (3).

量，但无论是社区服务还是社区治理，都有其他主体存在。比如执法部门在很多社区治理事务中就比基层组织更重要，再比如在住宅小区中，物业公司和业委会的主导作用也要强于基层组织。这就决定了基层组织在社区并非垄断性存在，基层组织如果处理不好同其他治理主体的关系，就可能在很多事务上无所作为，处于悬浮状态。近年来，一些地方政府加大购买服务的力度，将原本由或者应该由基层组织承担的社区服务，外包给专业社会组织，实际上会加剧基层组织的悬浮问题。

当然，这并不是说基层组织应该垄断所有社区事务。基层组织的半悬浮化之所以成为问题，主要是基于两个理由：一是基层组织不能有效嵌入社会，会造成很多社区治理问题。最典型的就是住宅小区治理，其主要由业主、物业公司和业委会主导，基层组织发挥的作用非常有限。问题是住宅小区是个陌生人社会，存在天然的信息不对称，上述三方主体又呈现结构不对称，实践中经常陷入双向弱约束，难以形成有序和有效治理，小区自治常常陷入困境。基层组织如果能够有效介入，就可以改变小区内生治理结构的不对称问题，有助于小区善治的实现。从基层来看，现代城市是一个典型的陌生人社会，社会内生秩序的能力很弱。社会秩序的形成，需要基层组织在其中发挥积极作用。而基层组织发挥作用的前提，是有效嵌入社会。二是，基层组织具有基层政权属性。新中国国家基层政权建设的成功经验之一，就在于将国家政权体系延伸到基层社会，并在基层社会扎根。当然这也要求基层组织真正嵌入社会，这样基层政权才能真正获得群众认同，政权基础才能稳固。"半悬浮化"显然说明基层政权建设没有彻底完成。

从建制社区层面看，社会共同体建设的目标显然没有达成。其实更重要的是，即使我们将视野下沉到居住小区这个自然社区层面，社会共同体建设仍然步履维艰。小区业主自治目前遭遇的困境，归结起来便是"社会失灵"，即社会无法内生出有效的选择性激励，支持积极分子和约束消极分子，实现合作治理小区公共事务[1]。"社会失灵"正是社会共同体未能形成的表现。

建制社区层面基层政权的"半悬浮化"与自然社区的"社会失灵"，充分表明社区建设的双重目标都没有完全实现。

### 4. 迈向治理共同体

我国正处于快速城镇化的进程中，且这一进程仍将持续相当长的时间。《中共中央 国务院关于建立健全城乡融合发展体

---

[1] 笔者曾分别撰文探讨业主中积极分子和消极分子由于选择性激励失效而影响小区业主自治的问题。参见：王德福.业主自治中的消极分子及其约束机制.华中农业大学学报（社会科学版），2019（3）；王德福.业主自治中积极分子的激励困境及其超越.暨南学报（哲学社会科学版），2021，43（7）。

制机制和政策体系的意见》明确要求到2022年消除城镇落户限制，旗帜鲜明地释放出推进城镇化的坚定信号。城镇化快速推进，城市物理空间重构，必然要求城市基层政权建设及时跟进。城市基层政权建设最直接的量化指标，就是街道办事处和社区居委会的设置。根据民政部每年公布的《社会服务发展统计公报》计算，近年来街道办事处每年都新增1 000个以上，社区居委会每年新增3 000个以上。其中，有些是改设，即乡镇改街道、村委会改居委会，有些是新设。无论是哪种形式，组织名称的更改都意味着服务和治理方式的转型，这便是城市基层政权建设面临的紧迫任务。从最基层来看，在新的历史起点上，社区建设仍然继续在路上。

正是在这个意义上，尽管近年来伴随国家顶层设计话语的改变，学术研究领域中"社区治理"大有压倒甚至取代"社区建设"议题的趋势，但笔者仍倾向选择"社区建设"。"社区建设"与"社区治理"并非相互取代的关系，而是说在国家治理现代化的时代主题下，社区建设重心要转移到治理上来，而社区治理也将产生出社区建设效果。这不是说社区服务不再重要，而是说在社区建设的注意力和资源分配重心上，以前更偏重社区服务，今后要向社区治理倾斜。社区服务当然还要继续，除了资源分配上还要随着居民需求的增加而做好增量供给外，今后更应该注意对服务供给内容和供给方式进行优化与完善。近年来，很多地方加大了购买服务力度，试图通过引入专业社会组织提供更高效的服务。单从供给效率来看，这种供给形式也是存在争议的，其新增的成本损耗（组织成本和监督成本）同获得的效率提升相比，不一定就比通过基层组织供给更优。服务外包客观上减少了基层组织直接同群众打交道的机会。若从基层政权建设维度来评价，这种供给形式就更值得讨论了。优化服务供给内容和供给形式，就是要直面"泛福利化"和"服务外包"问题，探索更合理的服务边界、更直接的服务形式，并在提高服务效率的同时，更充分地释放其基层政权建设意义。

更重要的是，社区治理还是实现社会共同体建设的突破口。破解居住小区自治的"社会失灵"困境，需要通过外部力量进行干预。以物业公司为代表的市场力量，本身是小区自治的相关方，也面临着"市场失灵"问题。在社会与市场之外，国家的力量就成为更合适的选项，正如新社群主义者所说，国家应该在"激活社群上扮演积极的角色"[1]。那么，社区治理如何才能与社会共同体建设有机融合起来呢？笔者以为，一个可能的融合机制是催化合作，即作为国家基层政权代表的

---

[1] 王俊，顾昕. 新社群主义社会思想与公共政策分析：以阿米泰·埃兹奥尼为中心. 国外理论动态，2017，(10).

建制社区的社区基层组织，在自然社区的社会合作中，发挥促进和支持合作达成与可持续运行的作用。显然，催化合作就是社区基层组织在社会合作中有所为有所不为——既不是包办代替，也不是置身事外，而是通过抓住关键环节实现有限但有效的介入。笔者以为，这也是社区治理现代化应该追求的一重境界[①]。

社区治理最需要的就是办好社区小事。所谓小事，就是居民日常生活中的事情，比如高空抛物、宠物伤人、垃圾分类、环境清洁、停车秩序等。城市社会大变革带来城市居民普遍的职住分离——生活空间同生产（工作）空间、休闲空间相对独立，而社区所对应的就是居民的生活空间。居民对生活空间的要求，是相对于职场和公共空间喧嚣复杂的清净简单，是自由与私密。这种生活方式对自然社区的社会共同体建设有利有弊。利在于，居民需要合作起来解决好这些迫切的小问题，这是社会共同体建设的契机；弊在于，仍然依靠传统的增加社会性交往机会的方式塑造共同体，居民参与积极性必然有限。笔者提出催化合作，就是希望探讨一种可能性。

---

[①] 贺雪峰教授认为基层治理有三重境界：第一重境界是为群众服务，第二重境界是在服务过程中提高治理能力，第三重境界是组织群众自己建设自己的美好生活。社区基层组织催化社会合作，就是贺教授所说的第三重境界。参见：贺雪峰.基层治理的三重境界.决策，2020（4）。

催化合作的具体机制，大致包括以下几点：一是识别和动员关键群体。关键群体是合作的决定力量，准确识别出居民中的积极分子、消极分子和沉默分子，将积极分子动员出来，是实现合作的第一步。基层组织应该在日常工作中建成"积极分子库"，储备积极分子，从而根据不同层面、不同形式合作的具体需要，制度性地"输送"积极分子。积极分子其实就是奥斯特罗姆所说的"制度组织者"、合作"催化剂"角色。二是建立激励和支持机制。陌生人社会难以内生出社会性激励，基层组织通过为积极分子提供制度化的激励和保护，使其能够可持续地发挥作用；同时通过有效链接资源，为社区自发合作提供外部支持，弥补社会合作能力的不足，提高社区解决小事的效率，增强居民合作的获得感和效能感。三是构建社区规则体系。社会自治需要地方性规则的"软法"，来应对国家规则覆盖不了的合法却不合情理且会影响地方秩序的事务。村落熟人社会在漫长的历史实践中发育出了地方性规则，而社区这个陌生人社会短期内难以内生出地方性规则，这就需要在具体的治理实践中塑造地方性规则，比如，真正制定出符合需要又能够有效落地的居民公约、业主公约。基层组织在构建社区规则体系中的作用，是通过政府权威，为那些被实践证明合理有效的内生规则"背书"，捍卫其严肃性和权威性。显然，催化合作不是让基层组织去干涉和代替居民合作，而是通过合理发挥其作用,真正实现社会合作能力的提升。在这个过程中,基层组织自然获得了居民的认同,这不正是社区建设中基层政权建设的目标吗?

在此基础上,社区服务也可以同社区治理紧密结合,在实现基层组织催化机制上发挥作用。社区治理需要的,便是社区服务需要供给的。比如,通过购买法律咨询和普及服务,让《民法典》《物业管理条例》等与居民生活直接相关且构建社区规则体系所需要的法律规则常识化。再比如,为业委会提供技能培训,提高其掌握法律知识、财务知识、管理技能甚至工程知识的水平等。在某种意义上讲,这才是更有"雪中送炭"意义的服务供给,也更适应社区内生需求。

通过社区基层组织的催化,自然社区的社会合作水平或许能够取得实质性突破。在每一次合作解决与自身利益密切相关的生活问题中,社区居民实现实质性互动,对自然社区的认同感和归属感也会逐步增强。一种不同于传统社会共同体的、以个人自由生活和适度社会距离为前提的现代社会共同体就可能发育出来。而且,在积极分子的带动下,更多居民对社区公共事务的责任意识和参与意识会在实践中得到提升,人人有责、人人尽责、人人享有的社会治理共同体就能在这些日常生活小事的合作中逐步形成。在某种意义上,治理共同体或许正是现代社会共同体的一种最可能的形式。

# 后　记

## 一、中国式社区的提出

八年前，我将研究重心从农村转向城市，研究领域的定位很明确——社区治理。可是，在相当长一段时间内，社区对我来说却总有点捉摸不透。是的，它就在那里，我却似乎看不清楚它的样子。再往前推八年，当第一次到农村调研时，我很快就能"抓住"村庄了。我能看见它，有房子、树木、农田，还有小河。我也能听见它，每个访谈对象都在讲"我们村"，讲村子里的那些人、那些事儿。再加上自身的农村成长经历，我便能感知、想象、拆解、重构。这么多年过去了，我几乎清晰地记得去过的每一个村庄。但在面对社区时，我却有点力不从心。当然，现在不同了。八年过去，粗略算来也去过20多个城市、100多个社区了，我已经可以像面对村庄那样，去看见、听见、感知、想象、拆解和重构了。

# 后 记

我对社区的认知变化，大致上是沿着一条从"社会学的社区"到"实践中的社区"再到"经验化的社区"的脉络。"社区"是我国早期社会学家翻译西方社会学作品时创造出的概念，是指有一定地理边界的基层社会单元。中国社会学最初的本土化探索正是受芝加哥学派启发从社区研究开始的。在相当长的时期内，社区研究中的社区主要是指村庄。学界在这一时期产生了不少能够代表本土研究水准的经典作品。社会学的社区，是德国社会学家滕尼斯"共同体"意义上的基层社会单元。在这样的社会单元内，成员同质化程度高、凝聚力强，有共享的地方性知识和高度的集体认同感。

后来，国家推动城市经济社会体制改革，并借用这个社会学概念，试图在"单位"之外建设一种新型的公共服务和社会管理单元，"社区"经由官方推动从书本落到了现实中，"实践中的社区"由此而成。在官方界定（其实也是政策目标）中，社区是指居住在一定地域内的人所形成的社会生活共同体，可见其"社会学含量"是非常之高的。可是，当我带着这样的预设去认识实践中的社区时，却发现根本不是这么回事。我在访谈普通居民时，他们所说的社区并不是社会生活单元的意思，而是社区党组织和居民委员会的简称。"社区在哪儿"，问的是社区居委会办公地点在哪儿。当讲到社会生活范畴内的事务时，他们用的是"小区""弄堂""院子"等。这就造成我在社区治理研究的初期，探讨的都是前一种意义上的社区治理，比如社区行政化/社区自治，其实就是社区居委会的行政化与自治，再比如去争论社区到底是不是共同体，等等。

我的社区治理研究进入第二年时，也就是2016年7月，我跟学友在杭州完成了对一个街道办事处近乎普查式的社区调研，加上之前去过的南京、上海、佛山、黄冈，我的调研终于集齐了几乎所有类型的社区：老旧型、商品型、过渡型、保障房型等。特别是，我对业主自治及其实践场域——居住小区开始形成初步的经验质感。我的问题意识开始更多转向居住小区这个新型社会生活单元的社会合作，及其与作为国家治理单元组织载体的社区基层组织的关系。于是，我开始形成对社区的经验化认识。

"社会学的社区"强调一定边界内基于群体认同形成的社会共同体，它可以用来指称所有具有类似特征的社会实体。无论是网络虚拟社区，还是市场营销中所说的社区商业，都是这种意义的应用。"实践中的社区"仍然主要是国家对城市治理基层单元的建构，与"村庄"采用的是两种不同类型的治理体制，所以才会有"村改居""转型社区/过渡社区"。其组织化载体是居民委员会。当然，在中国的治理情境中，它应该是包含基层党组织等其他国家建构的正式治理体系的，这些基层治理体系称为社区基层组织。"经验化的社区"则是对"实践中的社区"所涵盖的由包括社区基层组织（或正式社区治理体系）在内的基层治理单元、居住小区等新型市民社会生活单元共同构成的社会实体的社会学概括。简单说，"社会学的社区"强调基层社会生活单元，"实践中的社区"强调基层治理单元，"经验化的社区"则是对二者的整合。正是在这个意义上，我提出了本书所称的"中国式社区"。

## 二、中国式社区的问题与前途

我将"社会学的社区"——居住小区称为"自然社区"。"自然"的意思是社会客观存在，"自然社区"与"自然村"的说法类似，但又与其存在根本差别。中国式社区是集合建筑＋围合空间＋高密度居住形成的大规模陌生人社群，其社会认同度和整合度都比较低，是一个社会成员连弱关系都远未广泛结成的基层社会实体，远远无法同自然村落建立在强关系整合基础上的成熟的熟人社会相比。在这个意义上，自然社区只是初步成形，还需要长期的社会发育才能逐渐成熟。中国式社区将来究竟会发育成何种社会形态，还有待观察，但恐怕不大可能成为传统意义上的生活共同体。在我看来，作为都市社会基层单元的自然社区，将来或许会形成一个由若干弱关系圈子构成的新型邻里社群。

也是基于这样的判断,我对一些所谓"打造熟人社区"的说法和做法都保持着距离,总觉得它们不外乎是一些噱头、营销策略罢了。我倾向于现实主义,对这些浪漫主义、理想主义的东西有点距离感。当然,我是非常钦佩那些纯粹基于情怀、理想和公益目的而从事相关社区营造的实践者的。在与他们的接触中,我总能受到不小的感染,有时也会反思自己的理性与冷静是不是有点过头了。许多人的思路是通过打造熟人社区来推动自然社区的治理有效。我的思路是颠倒过来的,即通过有效治理来推动自然社区邻里社群的发育。其实,这个思路就是以治理共同体推动社会共同体,我后面还会进一步阐释。我以为,自然社区面临的真正挑战是陌生人社群的合作问题,陌生人社群只有合作起来,形成有效的业主自治,才能形成良好的小区治理局面。在这个过程中,居民要学会同其他陌生的邻居过好新型的社群生活。实际上,现在绝大多数自然社区正处于"社会失灵"状态。随着居住小区大面积地进入老化期,自然老化叠加社会失灵后便出现了被称为"中国式社区衰败"的局面。

至于"实践中的社区",我称其为"建制社区",或者也可称其为"行政社区",它是由国家建构出来的,其边界主要出于对公共服务与社会管理便利和成本的综合考量,与自然社区的物理边界重合度比较小。不管法律和制度话语如何为建制社区定性，在社会认知中，它的管理机构代表国家，是政府的派出机构。作为建制社区组织载体的居民委员会，其在名义上是自治组织，但实际上被高度行政化了。其名实不符问题一直是学界研究的焦点之一，我在书中也有讨论。近些年，随着社会治理重心下沉和党建引领社区治理的提出和落地，建制社区的行政负担有增无减。技术性的社区减负举措总是按下葫芦浮起瓢，治标不治本。建制社区几乎完全失去了简约性、灵活性，不适应自然社区对其提出的治理需求，陷入"组织悬浮"。

中国式社区的前途，是同时解决建制社区的组织悬浮问题与自然社区的社会失灵问题，形成二者有机融合的治理共同体。也就是说，将来的社区，可能既不是自然社区基础上的社会生活共同体，也不是建制社区层次上的正式治理体系，而是二者的融合产物：治理共同体形态的社区。

## 三、社区治理共同体

所谓治理共同体形态的社区，其构成逻辑就是我提出的"组织催化合作"，即通过社区基层组织的有效催化，达成自然社区的社会合作，破解社会失灵问题，与此同时形成一种新型的国家与社会关系，实现国家力量对都市基层社会的有机嵌入，破解建制社区的组织悬浮问题。

从政党话语的维度来讲，这也是一种新型的政党与基层社会的关系形态。作为使命型政党和先锋队组织，中国共产党天然承担着组织社会、塑造人民的政治责任，也就是将分散的社会组织成有力量的社会，将带有局限性的群众塑造为具有自我解放觉悟和能力的人民。这个高远目标在革命、建设、改革的不同阶段又有着不同的具体目标。当下的具体目标之一，用潘维教授的话说，就是组织群众办好社区小事。实现这样的责任和目标，需要构建独特的政党与基层社会的关系。其基础和前提是党的组织体系的全覆盖——纵向到底，横向到边。都市社会形态的复杂化、多元化，对党的组织覆盖提出了不小的挑战。近年来，除了继续夯实传统经济社会领域外，"两企三新"（"两企"即混合所有制企业、非公有制企业，"三新"即新经济组织、新社会组织、新就业群体）更是成为党组织覆盖的重点领域。总体来看，党组织覆盖目标的实现是比较好的。如此一来，党建引领基层治理也就有了组织载体。另一项重要工作就是激活党员，让9 800多万先锋队成员真正发挥先锋模范作用，成为群众生活的组织者。实践中的典型做法就是"支部建到小区上"和"在职党员下沉"。正如潘维教授所言，如果9 800多万党员都能发挥好模范带头作用，就能够把身边的13亿群众动员和组织起来，管理好身边的小事。组织覆盖和党员激活是实现党建引领的基础工作，我称之为党建引领1.0阶段。

现在，党建引领到了进入 2.0 阶段的时候。1.0 阶段是打基础，2.0 阶段则是发力起作用。组织健全了，党员们也准备好了，关键是如何发挥作用。在我看来，实践中存在明显的将党员"志愿者化"的趋势，就是动员党员去做那些本应该由群众自己负责的事情。比如最常见的捡垃圾、打扫卫生、治安巡逻，这些身边小事要么应该是群众付费请专业人员（如物业服务企业）来做，要么自己去做。党员当然也可以做，但一定是带动群众"一起做"，而不是代替群众"自己做"。单纯"志愿者"化的结果就是，"干部干、群众看"现象越来越严重，基层党组织和党员都心力交瘁。党建引领用了千斤之力，却可能只起到了拨动四两的效果。2.0 阶段要把这个现象或倾向颠倒过来，变"硬引领"为"软引领"，变"蛮动员"为"巧动员"，变"千斤拨四两"为"四两拨千斤"。

怎么办？我认为就是要发挥催化作用。要把自然社区中的关键群体识别和动员出来，在关键事件上给予他们组织化的保护和激励，促成社会合作的实现和可持续运行。在社区党组织和居民自治组织的引领下，把一部分人先动员和组织起来。这部分人当然不必局限于党员，但一定是关键群体，即有积极参与的意愿和能力的人。通过动员关键群体，把群众最关心的关键小事（环境卫生、停车秩序、共有设施设备维护、公共活动等）做好，以事功来解决陌生人社会最稀缺的信任赤字问题，从而实现大多数人对社区小事的底线参与，即遵守公共规则。对大多数普通党员来说，模范性地遵守公共规则即可，这是一个迫切而又可及的要求。

这就是我所说的组织催化合作的主要内涵。这样形成的一种建制社区与自然社区的关系形态，就是治理共同体。在治理共同体之外，大家在自然社区中过好自己想过的生活，至于能不能形成紧密的社会共同体，交给社会自己去成长就好了。其实，也正是因为有了治理共同体，自然社区的生活才会真正美好起来。或许，治理共同体的可持续存在，会慢慢激发社会共同体的形成。

## 四、结语

本书的全部内容，就是在探讨中国式社区的现状和可能。在理解建制社区方面，我提出了"街居治理共同体""主辅结构""简约治理""需求回应机制""强服务弱治理""人格化自治"以及针对社区工作者的"混合式激励"等概念，对街居关系、"行政/自治"等社区治理的一些经典议题提出了一些个人看法。在理解自然社区方面，我特别关注到了中国式社区的空间与社会特性，着重探讨了大规模陌生人社群的合作问题：一个方面是"行动者"，比如积极分子、消极分子；一个方面是"事"，比如复杂邻里、物业纠纷、生活事件；还有一个方面是"机制"，提出了"单向度生活""不对称激励""双向弱约束"，以此来解剖自然社区的内在机理。在建制社区与自然社区关系方面，我重点阐述的便是组织催化合作，它包括积极分子的识别与动员、保护与激励，还包括多组织多层级的融合机制、协作机制。我希望，这些概念以及观点，不是增加了读者的理解障碍，而是成为读者认识和理解中国式社区的有效工具。当然，这样的工具也只是一家之言。

八年前进入社区治理研究领域并非出于我个人的自觉，作为华中村治研究团队的一员，我的这种进入离不开集体学术的强大动能。在这些年的研究实践中，我也不断受益于集体学术。现在，整个研究团队正在积极进入所有经验领域，我个人的研究视野也正在从经典的社区治理向都市社会和城市基层治理领域拓展，同行者和同道者也越来越多。八年时间，不长也不短，实践本身的变化也催促着我们继续前行。在这个意义上，本书虽然在形式上有观点甚至有结论，但实际上却还远远未到下结论的时候。

通过社区治理研究，我也结识了不少学界和实践部门的良师益友，书中的一些发现如果还有点价值的话，都得益于与他们的交流和切磋，感谢他们！也相信他们在读到有关内容时，那些文字会还原为我们热烈讨论的场景。

我在开头说我可以清晰地忆及去过的每一个村庄,同样地,我现在可以清晰地回忆起去过的上百个社区。当然,这上百个社区并非对现实场景的复刻,而是"经验化"了的图景。我希望将来有这样一本书,它可以向大家图景化地呈现经验化的社区。或许,就是下一本?

王德福

2024 甲辰龙年春节期间于珞珈山

图书在版编目（CIP）数据

中国式社区 / 王德福著 . -- 北京：中国人民大学出版社，2024.5
ISBN 978-7-300-32820-1

Ⅰ. ①中… Ⅱ. ①王… Ⅲ. ①社区管理—研究—中国 Ⅳ. ① D669.3

中国国家版本馆 CIP 数据核字 (2024) 第 095183 号

### 中国式社区
王德福　著
Zhongguo Shi Shequ

| | | | |
|---|---|---|---|
| 出版发行 | 中国人民大学出版社 | | |
| 社　　址 | 北京中关村大街 31 号 | 邮政编码 | 100080 |
| 电　　话 | 010-62511242（总编室） | 010-62511770（质管部） | |
| | 010-82501766（邮购部） | 010-62514148（门市部） | |
| | 010-62515195（发行公司） | 010-62515275（盗版举报） | |
| 网　　址 | http://www.crup.com.cn | | |
| 经　　销 | 新华书店 | | |
| 印　　刷 | 涿州市星河印刷有限公司 | | |
| 开　　本 | 890 mm×1240 mm　1/32 | 版　　次 | 2024 年 5 月第 1 版 |
| 印　　张 | 12.25 插页 2 | 印　　次 | 2025 年 1 月第 3 次印刷 |
| 字　　数 | 219 000 | 定　　价 | 69.00 元 |

版权所有　侵权必究　印装差错　负责调换